JN272272

着せたい縫いたい赤ちゃん服

成 長 に あ わ せ た
衣 服 プ ラ ン と つ く り 方

子どもたちへ　手づくりのぬくもりと優しさを ──

出産を前にしたお母さんが「いつもは縫うことなどしないけれど、赤ちゃんが生まれると思うと、なにかつくりたくなる…」と話すのをききました。つくらなくても何でもそろう時代ですが、なにももたずに生まれてくる赤ちゃんを心づくしの一着を用意してむかえたいというその気持ちは、今も変わらずにあるようです。

　赤ちゃんの衣類は肌ざわり、吸湿性、通気性のよい素材、動きやすく、着替えやおむつ替えがしやすいこと、洗濯につよい縫製など、どの要素もかかせません。この本ではそれらを考慮し、さらに"子ども自身のかわいらしさ"がひきたつシンプルなデザインとその布えらびにも心を砕きました。また、これまで家庭では縫いにくいとされてきた伸縮性があって着やすい綿ジャージーも、布の種類や縫い糸、関連する小物類の充実で、家庭用ミシンでも気軽に縫えるようになりました。この本でもTシャツやブラウスなどに使っていますので、どうぞおためしください。
　巻頭では、これからママになる人のために「赤ちゃんをむかえる準備」の項をもうけ、赤ちゃんの衣服プランやおむつ、寝具のそろえ方なども詳しく説明しました。
　巻末には、上手に縫えるこつをまとめた「基礎」と、洋服全点の製図を掲載。1枚縫えたら次からはあなたのオリジナルの服を楽しむこともできるでしょう。

　「こんなに小さな赤ちゃんのものだからあっという間にできますね」「できあがったときの子どものうれしそうな顔を見るのが、楽しみ」「子どもが着ていると不思議とあったかい感じ…」とは、実際に手づくりをしている先輩お母さんたちの声。手づくりをする理由は、自分が見立てた布で、既製品にはない工夫を加えられること。そしてなにより、世界でただひとつのものができあがることへの満足感と、気持ちが豊かになることでしょうか。
　これから新しい家族をむかえる方、もう小さな子どもとの暮らしを楽しまれている方、皆さまの衣生活のお役に立てていただけることを願っています。

2002年10月　　　　　　　　　　　　　　　　　　　　　婦人之友社編集部

＊本の制作にあたっては、婦人之友社乳幼児グループの会員を中心に88人の方からのアンケートをはじめ、多くの方にご協力いただきました

着せたい 縫いたい 赤ちゃん服

赤ちゃんをむかえる準備
- 生まれ月別衣服プラン …………………6
- 成長とともに加えていくもの …………8
- 布おむつ?紙おむつ? ………………10・60
- 赤ちゃんとの生活に必要なもの／リスト ……12
- 寝る場所と寝具／そのほかの育児用品 ……14
- 1〜3歳までの衣生活 …………………16
- なぜ「手づくり」ですか? アンケートより ……17

愛らしく着心地のよい
ベビー服
	写真	つくり方
パイル地のツーウェイオール	18	48
おくるみがわりのツーウェイオール	18	50
はね袖のロンパース	19	54
セーラーカラーのロンパース	19	52

真っ白ふんわり
ニットのひとそろい
	写真	つくり方
ちょうちょのおくるみ	20	98
サックコート	21	96
帽子	21	98
くつした	21	97

手づくり人気の高い
やわらかベスト、おくるみ、肌着
	写真	つくり方
デージーもようのベスト	22	110
デージーもようのおくるみ	22	112
ガーター編みのベスト	23	99
一枚仕立てのベスト	23	51
コンビ肌着	23	59

誕生を祝う
記念のひとそろい
	写真	つくり方
よそゆきベビードレス	24	55
袖なしオーバードレスとケープ	24	56
キルティングのおくるみ	25	58
レースのよだれかけ	25	58
ボンネット	25	57

	つくり方
バスタオル1枚でつくるスリーパー	53
さらしの肌着	59
布団カバーとシーツ	60
フェルトのコロコロボール	71
かんたんスリップ	86
市販のタオルでつくる食事エプロン	92
ベビーカー用レッグカバー	93

"やんちゃ"もだいじょうぶ
遊び着
	写真	つくり方
オーバーオール	26	71
スモックブラウスとブルマース	26	75
ショートオーバーオール	26	70
肩ボタンのTシャツ ベーシック	26	67

ぬぎ着のらくな
シャツとパンツ
	写真	つくり方
肩ボタンのTシャツ スリット入り	28	67
肩ボタンのTシャツ ギンガムの肩あき	28	67
前あきのオーバーシャツ	28	68
ハイネックのオーバーシャツ	29	69
ショートパンツ	28	72
かんたん帽子	28	73
ハーフパンツ	28	73
スパッツ	28	74
ブーツカットのパンツ	29	74
コーデュロイのパンツ	29	74

だれにも似合う
ブラウスとジャンパースカート
	写真	つくり方
白コットンのブラウス	31	62
花柄の半袖ブラウス	31	64
綿ジャージーのブラウス	31	65
コーデュロイのジャンパースカート	31	76
デニムのジャンパースカート	31	77
チェックの前あきジャンパースカート	31	78

おとなの服から気軽にリフォーム
	つくり方
ショートパンツ	72
ブルマース	75
ジャンパースカート	78

写真に登場する子どもたちの年齢・身長・体重

なつきちゃん	ゆかなちゃん	みずきくん	めいちゃん	りゅうじくん	けんくん	まいちゃん
3カ月	9カ月	10カ月	1歳4カ月	1歳6カ月	1歳7カ月	2歳10カ月
身長 体重						
62cm＊5.9kg	67cm＊7.5kg	76cm＊9.5kg	80cm＊10.5kg	85cm＊12kg	82cm＊10.5kg	92cm＊14kg

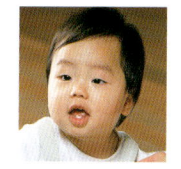

女の子の夢が広がる
ワンピース

	写真	つくり方
フレンチスリーブのワンピース	32	80
かぶって着られるワンピース	32	81
ボックスプリーツのワンピース	32	82
スモックししゅうのワンピース	32	84
チェリー柄の長袖ワンピース	33	85
ワッフル地のボレロ	33	86

スリーシーズン大活躍
ジャンパーとベスト

フードつきジャンパー	35	87
コーデュロイのふだん着ベスト	35	79
コーデュロイのパンツ	35	74
チェックのシャツ	35	66

小さなふたりの
セミフォーマル

バラ飾りのビロードワンピース	36	83
おめかしシャツとタイ	36	66
ウールのベストスーツ	36	88

いたずら盛りの必須アイテム
スモック、砂場着、食事エプロン

らくらくスモック	39	92
後ろあきの砂場着	39	93
タオル地のよだれかけ	38	94
ポケットつき食事エプロン	39	94
三枚仕立ての食事エプロン	39	94

お母さんのぬくもり
パジャマとプレイマット

	写真	つくり方
夏のパジャマ	41	91
胸あてボタンのパジャマ	41	90
パッチワークキルトのプレイマット	41	120

寒い冬の1枚に
セーター、カーディガン

縞もようのカーディガン	42	100
もよう編みの丸首セーター	42	104
細方眼編みのカーディガン	42	113
段染めセーター	43	102
ステッチししゅうのパンツ	43	103

四季を通して楽しめる編みもの
ベスト、サマーニット

アランもようのベスト	44	105
タイルもようの帽子	44	106
タイルもようのベスト	44	107
白のサマーカーディガン	45	108
レースのサマーワンピース	45	109

いつもそばに…
リュック、手縫いのこものたち

くまのぬいぐるみ	46	123
アップリケのミニタオル	46	124
アップリケのきんちゃく	46	124
はじめてのリュック	46	125
タオルのにぎにぎ	46	126

洋裁の基礎と製図
○道具 ……………………………128
○布の扱い ………………………128
○ミシン縫い ……………………130
○手縫い …………………………132
○バイアステープのつくり方と使い方 …133
○ボタン、ボタンホール、とめ具 ………134
○型紙と割合尺 …………………136
○掲載洋服全製図 ………………138

棒針編みの基礎 ……………………117

かぎ針編みの編み目記号と編み方 ……110

＊基礎の詳しい索引は次ページ参照

「縫い方・編み方・基礎」の索引

縫い方

あ
- アイロン（ひと仕事ひとアイロン）136

あき
- あきのつくり方（肩）67
- あきのつくり方（前）68
- あきのつくり方（脇・かぶって着られるワンピース）81
- あきのつくり方（脇・ジャンパースカート）77

い
- いせこみ132
- 糸（布に適した糸と針）128
- 糸ループ135

裏地
- 裏地の中とじの仕方89
- 裏地の縫い方・とめ方（きせについて）83

え
衿・衿ぐり
- 衿ぐり見返しのつけ方80
- 衿のつくり方（丸衿・角衿）65
- 衿のつくり方（レースつき）63
- 衿のつくり方・つけ方（セーラーカラー）53
- 衿のつけ方（後ろあきの場合）82
- 衿のつけ方（前あきの場合）63

お
- 落としミシン131
- 折り伏せ縫い131

か
- かぎホックのつけ方135

型紙
- 型紙のおき方129
- 型紙をつかう前に136
- 実物大型紙の対応サイズ136

- 基本寸法136
- ぐし縫い132
- くるみボタンのつくり方135
- 原型137

ゴム
- ゴム通し口のつくり方（ウエスト）72・89
- ゴム通し口のつくり方（袖口）49
- ゴムのこと129

さ
- サイズ（実物大型紙の対応サイズ）136
- 裁断129

ししゅう
- ししゅうのさし方126
- ししゅうのさし方（スモック）84
- ししゅうの図案51・53・69
- ししゅうの図案の写し方53

- しつけをきちんとかける136
- 印つけ129
- 伸縮性のある布を使うとき129

す
- 裾上げの仕方80
- 捨てミシン131
- スナップのつけ方135
- スモックししゅう84
- スリットの縫い方69

せ
- 接着芯のこと128

袖
- 袖のつくり方・つけ方64
- 袖のつくり方・つけ方（はね袖）54
- 袖のつくり方（パフスリーブ）82
- 袖のつけ方（シャツ袖仕立て）49
- 袖口のゴム通し49

た
- タイのつくり方66
- 裁ち目かがり132
- 千鳥がけ132
- 地直しのこと129

つ
つりひも
- つりひものつくり方70
- つりひものつりカンのつけ方77

- ドットボタンのつけ方135

と・な
- 並縫い132
- 布の見積もり方128

は
バイアステープ
- バイアステープのつくり方・はぎ方133
- バイアステープの布地133
- バイアス布のひものつくり方51

パイピング
- パイピング（厚地の場合）94
- パイピング（縁どり）の方法ABCD133

- 端ミシン131
- 針（布に適した糸と針）128

ひ
- ひだのつくり方83

ひも
- ひも通しのつくり方70
- ひも（バイアステープ）のつくり方51
- ひも（綿テープ）のつけ方51

ふ
ファスナー
- ファスナーのつけ方（後ろ中心片返し）82
- ファスナーのつけ方（オープンファスナー）79
- ファスナーのつけ方（つき合わせ）85

- フードのつくり方87
- 袋縫い131
- フリルのつくり方・つけ方（裾）57

ほ
ポケット
- ポケット（裏つき）のつくり方89
- ポケット（角）のつくり方73
- ポケット（角丸）のつくり方・つけ方92
- ポケットのつくり方 ベスト79
- ポケットのつくり方 ジャンパー87

- 星止め132

ボタン
- ボタンつけの位置と間隔134
- ボタンのつけ方134

ボタンホール
- ボタンホールかがり134
- ボタンホールの大きさと位置134

ま
- 股下の縫い代と補強72

み
- まつり縫い132

見返し
- 見返しのつけ方（衿ぐり）80
- 見返しのつけ方（ズボンの裾）73
- 見返しのつけ方（ベスト身頃）88

- ミシン縫いのポイント130
- 三つ折り縫い131

よ
- 洋裁道具128
- ヨークを縫い合わせる（ギャザー）48・80

れ
- レースのつけ方（衿）63
- レースのつけ方（衿ぐり）49
- レースのつけ方（切り替えにはさむ）48
- レースのつけ方（裾）86
- レースのつけ方（タックにはさむ）55

ろ
- ロックミシン131

わ
- 割合尺を使った製図方法137

編み方

あ
- 編み方記号（かぎ針）113
- 編み方図の見方（棒針）117
- 編み方と編み目記号（棒針）117・118

け
- ゲージとサイズについて（棒針）117

こ
- ゴム編み止め（棒針）101

す
- すくいとじ（棒針） メリヤス編み118・ガーター編み99

そ
- 袖のつけ方（棒針）101

た
- タッセルのつくり方（棒針）106

つ
- つくり目のほどき方（棒針）101

に
- 二重くさりのつくり方（かぎ針）111

ひ
- 引き返し編み（棒針）103
- 引き抜きとじ（かぎ針）116
- 引き抜きとじ（棒針）101
- 引き抜きはぎ（棒針）118

ふ
- 伏せ止め（棒針）118

ほ
- ボタンのつけ方101
- ボタンホール（棒針）99

め
- 目のつくり方（棒針）117
- メリヤスはぎ（棒針）118

も
- モチーフのつなぎ方（かぎ針）112

この本にでてくる記号

でき上がり線	原型基本線	わに裁つ印	見返し線	印つけ線	ミシン縫い線
つき合わせて裁つ	線の交差を区別する印	同寸		直角	
いせる	等分・同寸	縦地の目 毛並みの向き	バイアスに裁つ	合印	

W.L ウエスト線

赤ちゃんをむかえる準備

生まれ月別衣服プラン

成長とともに加えていくもの

布おむつ？紙おむつ？

赤ちゃんとの生活に必要なもの／リスト

寝る場所と寝具／そのほかの育児用品

1～3歳までの衣生活

なぜ「手づくり」ですか？
アンケートより

赤ちゃんという小さな家族をわが家にむかえる準備は、楽しく心はずむことです。数多い育児用品や衣類の中から、ほんとうに必要なよいものを、よく考えて整えていきたいですね。そして、その中にひとつでもふたつでもあなたのオリジナルを加えることは、"その日"までの生活を、期待に満ちた、心穏やかなものにしてくれることでしょう。

生まれ月別衣服プラン　赤ちゃんがさいしょに着るもの

生まれたての赤ちゃんは、おとなが思うよりずっと小さく、まだ自分で体温を調節することができません。ですから、室温にも注意した上で、着せすぎず、薄すぎずの配慮が必要です。初めてのベビーウェアは、赤ちゃんのしぜんな脚の形に合い、運動を妨げないよう、身幅や裾幅にゆとりがあるドレス型がよいでしょう。目覚めている時間が長くなり、手足の動きも活発になってくる2～3カ月になったら、裾のわかれたタイプにすると、足をばたつかせてもまくれ上がりません。

3・4・5・6月 春 生まれ
9・10・11月 秋 生まれ

肌着＋綿ニットなどの
ベビー服
短肌着1枚

ツーウェイオール
ドレス型

春、秋ともに朝夕は冷えこむなど、気温の変化の大きいときなので、衣服調節に気を配りましょう。「何℃だから何枚着せる」というより、赤ちゃんのそのときのようすに合わせることが大切です（下段）。

外出時（健診など）　サックコートまたはベスト

綿100％が一番。

赤ちゃんの敏感な肌には綿100％の服がいちばんです。皮膚を刺激しないやわらかいもの、たびたびの洗濯にたえるもの、水分を吸収しやすいものがよいでしょう。特に肌に直接ふれる肌着は、伸縮性、肌ざわりのよいものを（p.7）、上着は綿ニット、パイル、ワッフルなど、その上にはおるものはキルティングやウールの編みものがおすすめです。

アンケートでは、洗濯を繰り返すうちに形がゆがんだり、ゴムが伸びたりという経験をした人も多く、やはり赤ちゃんの服は、品質のよいものをそろえた方がよいとの声が多くありました。すぐ大きくなってしまうから安価なものですませるというよりは、よいものを選んで下の子や友人、知人にまわし合って着る、という知恵も大切にしたいものです。

赤ちゃんに合う色は？

白を基調にしてピンク、ブルー、クリームなどのやさしい色が、赤ちゃんの清潔なかわいらしさをひきたてます。濃い色は似合わず、汚れも目立たないのでさけましょう。

着せる枚数のめやす
○新生児期はお母さんより1枚多く
○2～3カ月はお母さんと同じくらい
○それ以降はおとなより1枚少なく
　を参考にしてください。
「鳥肌が立ったり、ふだんより顔色がすぐれなかったら衣服が薄すぎる」
「首のところに手を入れて汗ばんでいたら1枚脱がせる」
などもわかりやすいでしょう。

シンプルなデザインは
かわいらしさをひきたてます。

飾りが少なくシンプルで上品なベビー服が、赤ちゃんにはよく合います。また安全の面からも、衿元の大きなリボンやフリルはさけましょう。ボタンがしっかりついているか、糸のほころびがないか、袖口のゴムはきつくないかなども気をつけることです。

脱ぎ着させやすい形はやはり前あきです。ツーウェイオール、ロンパースなどベビー服定番のつなぎ型は、おなかが出なくてだっこしやすく、股がスナップあきなのでおむつ替えもらくです。

0〜2カ月くらいの赤ちゃん

7・8月 夏 生まれ

クレープ、ワッフル、
リップルなどのベビー服1枚
（または肌着1枚でも）

夏用ベビードレス

冷房は外気温より約5℃低く、25〜28℃がめやすです。床に近いほど温度が低くなるので、赤ちゃんの寝る位置の室温を確かめるようにします。

外出時　帽子（ボンネット）を忘れずに

12・1・2月 冬 生まれ

肌着＋パイル、厚手の綿ニットの
ベビー服（＋ベスト）
寒い日は肌着（長短）2枚に

ツーウェイオール
ドレス型

部屋の中が暖かですから、真冬でも何枚も重ね着させず、肌着＋厚手のベビー服で充分です。室温はお母さんが快適に感じる温度（16〜20℃）がめやす。それより低いときは、ベスト（ニット）が1枚あるとずいぶん役立ちます。

外出時　サックコート＋おくるみ

肌着のいろいろ

肌着の素材は、伸縮性、通気性に優れ、通年つかえる綿のフライス、保温性のよい綿メリヤス（スムース）、夏向きの天竺、ガーゼなどがあります。デザインは、ひも結びでゆったりめの着物式（裾はあいている）と、輸入品に多かったロンパース型（股下スナップどめ）、その中間型に分かれます。家着として着られるようなかわいらしい色柄のものが増えていますが、重ね着したときに透けない程度のやさしい色の方が、応用範囲が広くてよいでしょう。
さらっとした肌ざわりのさらしの肌着は手づくりしやすく、経済的です。p.59につくり方をのせました。

着ものタイプ

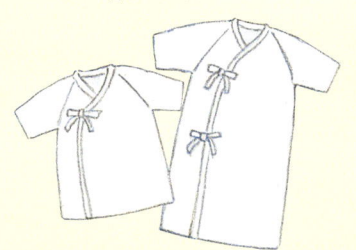

短肌着、長肌着
どんな季節にも対応でき、新生児から着られる短肌着は、赤ちゃんの肌着の基本形。裾があいているのでおむつ替えもらくです。長肌着は寒い季節、短肌着との重ね着用に。

中間タイプ

コンビ肌着（つくり方p.59）
M字型に開く赤ちゃんの自然な足の形に合ったデザイン。股下をスナップでとめるとまくれあがってきません。長肌着のかわりにもなります。

ロンパースタイプ

ボディースーツ
（ロンパース肌着）
「動きやすくおなかが出ない」と人気のかぶって着られる下着。生後3カ月くらいからがおすすめですが、新生児から着られる前あきタイプも。

ラップアップ肌着
上身頃は前あきのスナップどめ、パンツ部分は股下からくるりと包んでおなかのスナップをとめるユニークな形。おむつ替え、着替えがしやすくデザインもかわいらしい、と愛用者が増えています。

成長とともに加えていくもの　ベビー服を卒業してから歩けるようになるまで

赤ちゃんの成長はめざましく、身体がどんどん大きくなるばかりでなく、動きも日増しに活発になります。生後3～4カ月頃から徐々にゆったりしたベビー服は卒業。体にフィットする軽い服装にしていきます。また、夜はパジャマに着がえる、離乳食がはじまったら食事エプロン、と生活の変化に合った衣服を考え、準備していきます。

発達と生活に合わせて

1～2カ月頃　首がすわるまでは、寝かせて着がえをさせるので、前あきのベビー服が便利です。

3～9カ月頃　腹ばいで遊んだり、ハイハイの練習をはじめるようになったら、前ボタンがごろごろしないオーバーオール類も具合のよいものです。離乳食がはじまる5カ月頃には食事エプロンを。この時期からは、汚れたらさっとぬぎ着できる上下別のスタイルもおすすめです。おなかが出ないよう、シャツの上着丈は長め、パンツの股上は深いものを。

10カ月頃～　つたい歩き、ひとり歩きがはじまったら、活動範囲はぐっと広がります。つま先のやや上がったファーストシューズの用意（p.16）。また、冬ならセーターやジャンパーなど、身軽に外遊びのできる上着類があるとよいでしょう。

赤ちゃんの発達

1～2カ月
ねんねの時間が長い

3～4カ月頃
首がすわる
うつぶせにすると頭を上げるように

5～6カ月頃
寝返りができる。離乳食開始

そろえたい衣類

- ツーウェイオール
- ベスト
- ロンパース
- ショートオール
- よだれかけ
- オーバーオール
- Tシャツ
- ぼうし
- ショートパンツ
- スモックブラウスとブルマース
- 食事エプロン
- サックコート
- くつ下
- パジャマ
- 前あきシャツ
- スパッツ
- 長袖シャツ

ぬぎ着させやすい衣服とは

まだ自分で身体を自由に動かせない赤ちゃんにぬぎ着させやすいのは、ある程度のゆとりと伸縮性のあるものです。袖は、迎え手をするお母さんの手の入る余裕がほしいですし、首まわりもつまり過ぎでないものにします。首がすわる頃から着るかぶりのシャツやセーターは、頭がらくに通る肩あきのものを。

3カ月からは薄着で…

3カ月をすぎたら、あまり衣服を着せすぎていると、自分で体温を調節していく力が発達していかず、かえって風邪をひきやすくする原因ともいわれます。冬でも、布団の中では肌着とベビー服くらいでよく、抱き起こすときには、おとなより1枚くらい多い見当にします。

薄着にしていると、赤ちゃんが活発に運動できるのに加えて、肌が気温を敏感に感じとり、暑いときには汗をかき、寒いときには皮膚の血管を収縮させる自律神経の働きを促します。

色合わせと統一感

乳幼児は一日のうちに着がえることも多いので、種々雑多な色柄の服をそろえると、ちぐはぐな組み合わせになりがちです。その子に似合うメインカラーを決めておいたり、「ボトムスは無地で紺、ベージュ、グレー」など上下どちらかを何にでも合う色にすると、組み合わせがしやすくなります。乳児から幼児へ体つき顔つきも変化していくので、だんだんにベビーカラーだけでなく、はっきりした色を加えていくとよいでしょう。

夜はパジャマに着替えて

3〜4カ月頃から、夜はパジャマに着がえます。ゆとりのあるパジャマがよく、股上と上着丈を長めにすると、おなかが出ません。さらにボタンでとめるとよいでしょう。

7〜8カ月
ひとりすわり

9〜10カ月
ハイハイ、つかまり立ち

1歳
つたい歩きから
ひとり歩きへ

半袖ブラウス　ハーフパンツ　スモック　ワンピース
肌着　ベスト　ロングパンツ　長袖ブラウス　セーター　カーディガン　ジャンパー
ジャンパースカート　くつ下　くつ

布おむつ？　紙おむつ？　パンツがはける日まで

赤ちゃんがおふろに入るとき以外、ほぼ一日中身につけているおむつ。使い勝手のよい紙おむつが出回るようになりましたが、「肌ざわりがよさそう　経済的　ごみが出ず衛生的　環境にもやさしい」などの理由から、布と紙を併用する人も多いようです。月齢や季節、きょうだいのあるなしなど、さまざまな生活の条件に合わせて、おむつの使い方を選んでいきましょう。

おむつは何をどのように？

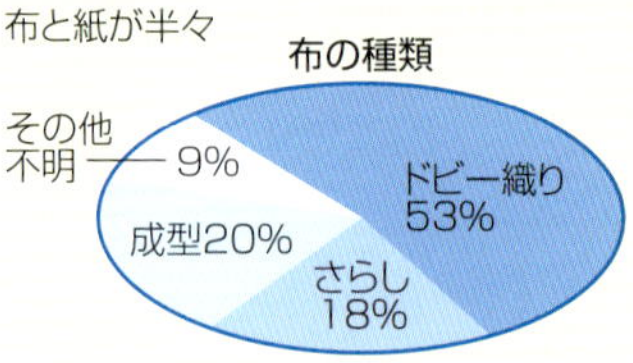

布、紙併用の人が77%

| 布と紙が半々 4% | 夜、外出時以外は布おむつ（布中心）47% | 1カ月過ぎてから布中心に 7% | 1～4カ月から紙おむつに 19% | ほとんど紙 23% |

布の種類
- ドビー織り 53%
- さらし 18%
- 成型 20%
- その他・不明 9%

アンケートでは、生後1～4カ月で布をあきらめる人が2割近くいました。母乳や睡眠、排便のリズムができる生後1～2カ月頃までは紙を使い、その後併用すると楽、という意見もあり、実際に7パーセントの人は生後1カ月過ぎてから布おむつを使っています。

布おむつの種類

●**長方形（輪型）おむつ**
二重にした状態で幅30～40cm、長さ65～70cm位が標準的な大きさです。四角い綾模様が見えるドビー織り素材は、吸水性、保水性に優れ、あたりも柔らかいようです。さらしは乾きやすく夏涼しいのが長所。腹帯を利用してつくる人もいます。20～50枚用意します。（縫い方p.60）

ドビー織りのシームレス（縫い目なし）おむつ

●**成形おむつ**
特殊編みの布を重ねて縁を縫い合わせたものです。やや割高で乾きにくいのが難点ですが、たたむ手間がいらずコンパクトなので、外出時など、利用者は増えているようです。水分の逆戻りを防ぐネット（メッシュ）との併用が具合がよい、という人もいました。

成形タイプのおむつ

おむつカバーの種類

布おむつを上手に使うには、カバー選びも重要です。おむつメーカーの老舗、ニシキ（株）によると、今のおむつカバーは、ムレにくくもれにくいという相反する条件を満たすように、素材（下表）が研究されています。大きすぎたりきつすぎたりするともれたり、動きを妨げたりするので、表示をみて、いつも身長、体重に合ったサイズをつかいましょう。

素材

ウール
新生児用に多い。主流はウールニット素材に加工をしたもので、伸縮性、通気性がよく、もれにくい。昔ながらのウールネル製品も通気性ではいちばん。肌の弱い赤ちゃんに。

着脱のかんたんな外ベルトタイプは新生児向き

ウールネルのおむつカバー外ベルトタイプ　サイズ50cm

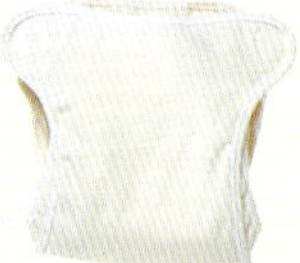

綿
薄くてさらっとした感触。春夏生まれの赤ちゃん向き。水分がしみやすいので、防水加工のしっかりしたものを。

ウールニットのおむつカバー内ベルトタイプ　サイズ70cm

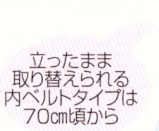

透湿素材
ゴアテックスなどの商品名で知られる、薄くて通気性のよい合成繊維でつくられたカバー。やや値段ははるが、洗ってもすぐ乾き、おすすめのお母さんが多い。

立ったまま取り替えられる内ベルトタイプは70cm頃から

透湿素材のおむつカバー内ベルトタイプ　サイズ80cm

紙おむつ？布おむつ？
♪先輩ママの声♪

♪自分が当てた感触を思うと布の方が気もちがよいだろうな、というのと、面倒だけどしょっちゅう子どものようすをみることになり、汚れるたびに洗って、忍耐力もできてゆくのだと考えて、布おむつを使っています。（M・H／1歳）

♪布おむつの方が経済的だし、ゴミのことを考えるとやはり、「地球にやさしい」と思う。洗濯は慣れればそんなに大変でもなく、ベランダにおむつがそよそよと風にゆれていると、とても心が落ち着く。（H・N／2歳・0歳）

♪ゴミ問題が気になるので、育児休業中は布でがんばった。ひんぱんにかえて手間はたいへんだったが、たくさんおむつを使う時期に、大量の資源を浪費し、有害物を発生させるゴミを少しでも減らせたと思うと満足。私の場合、洗濯について夫の協力があったのも大きかった。（F・I／2歳）

♪おむつがぬれたら泣くということも大事だと思うし、ゴミの問題もあるので布おむつがよいが、夜はぐっすり眠らせてやりたいので紙おむつを使っている。（Y・N／2歳・0歳）

布おむつ（輪型）のたたみ方、当て方

たたみ方

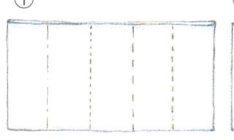

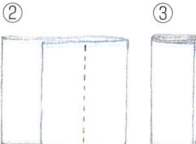

新生児のうちは1枚を5つ折りに。びょうぶだたみにして上の方の真ん中をやや厚くするのもよい。(a)

① ② ③ a

尿量の多くなる3カ月以降は2枚重ねて使い、おむつカバーの大きさによって4つ折りにしていきます。

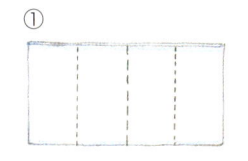

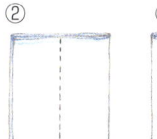

① ② ③

当て方

①お湯でしぼった脱脂綿などで、おしりのよごれを拭く。

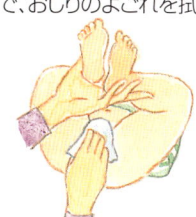

②おしりの下に手を入れて持ち上げ、おむつとおむつカバーをさし入れる。

③おむつの両端を内側に包むようしわをよせて当てる。

④カバーからはみ出さないように（特に背）、おへそにかからないように、まとめて当てる。

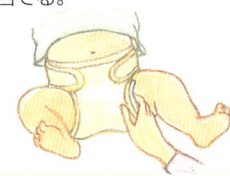

長く快適に使うために
おむつ、カバーの洗濯

● 使い終わったおむつは、おしっこはそのまま、うんちはトイレで流して便器の中で下洗いしてから、漂白剤液をはったふたつきのポリバケツに入れておくと臭いません。1日分がたまったら、水を流して、軽く脱水機にかけてから洗濯機で洗います。洗剤の量は通常の半量。柔軟仕上げ剤は被膜ができて吸水性が悪くなるので、使いません。

● おむつカバーはいたみやすいので、マジックテープ同士を合わせてネットに入れ、洗濯機へ。

● ウールは特に洗い過ぎると油分がとれて、もれやすくなるので、必ず中性洗剤、化学繊維は、弱アルカリ性で。

● 洗剤が繊維に残っていると、それを伝ってもれが起こるので、すすぎは充分過ぎるほど充分に。

● おむつカバーを塩素系漂白剤につけると、防水加工がとれてしまいます。ひどい汚れは洗剤とブラシで。

紙おむつについて

紙おむつは、パルプや合成樹脂の不織布などと、高分子吸収体を幾層にも重ね合わせてつくられています。水分をすばやく吸収して固め、逆戻りを起こさないので、おしりがぬれる不快感が少なく、通気性も保たれるように工夫されています。もれにくいこと、洗濯の手間が省けるのがメリットで、値段が高く、ゴミの出ることが欠点です。

新生児期～3カ月頃までは、排泄の間隔が短く、1日10～12枚が必要です。それ以降は8～6枚くらいに落ち着いてきます。

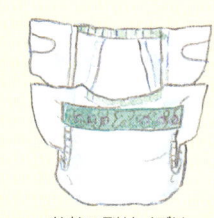

● 使用後の紙おむつは…
♪市販の脱臭ごみ箱は高価だし、使っている友人から室内ではやはり臭うときききました。うちではふたつきのごみ箱にごみ袋を入れてベランダに置き、便は必ずトイレに流し、小さく巻いて入れておきます（夏場だけ脱臭スプレーを使う）。捨てるときは、市の指定を確かめて、紙ごみとして週2回、回収に出しています。(M・W／0歳)

おむつ型サイズは新生児、S、M、Lと4段階

はかせるパンツ型はMサイズから。

♪今までのところ紙おむつを使用。生まれたのが梅雨時でしたからおむつの洗濯がないのは本当に助かりました。干し場のことや、おむつをたたむ手間を考えると紙おむつはやはり便利です。何種類かありますが通気性のよいものを選んで使っています。ただ費用の点が問題ですが。(K・S／0歳)

♪長女のときは4カ月頃まで布中心。ただ、授乳も排泄もひんぱんなので、負担に思うこともしばしばでした。二人目のときは上の子のこともしながらなので、手間の点を重視し、紙おむつ主流になりました。その方が子どもたちと接する時間が増え、カリカリすることを減らせたと思います。(J・S／7歳・9歳)

♪布おむつか紙おむつか、私もさんざん迷いました。紙おむつは手抜きなのではないかと罪悪感があったりして……。ある方が"大切なのはどんなおむつということより、どんなお母さんかということ。紙でもおしっこをしたらその都度とりかえてあげなければおしりはかぶれますから、取りかえる手間は一緒ですよ"と言われました。ゴミ問題などいろいろありますが、私は紙を選びました。たいへんなことがたくさんあるでしょうが、ママがいつも笑顔で元気で子育てできることが子どもにはいちばんいいと思うのです。(S・Y／5歳・2歳)

赤ちゃんとの生活に必要なもの

衣類のほかにも寝具、授乳用品など、生まれる前に何をどのくらい用意しておいたらよいか、初めての場合は特に心配なものです。といって早くからあれこれ用意してしまうと、あとで譲られたり贈られたりして、むだになってしまいがち。先輩お母さんたちの声をもとに、必要度別にリストアップしてみたので、参考にしながら当座必要なものをそろえ、赤ちゃんやお母さんのようすによって、少しずつプラスしてゆくとよいでしょう。

生まれる前に用意するものリスト

■ 必ず用意しておきたいもの　■ 生まれる季節、地方、赤ちゃんのようすや家庭によっては必要なもの　■ あれば便利なもの

	品名	数	備考	参照ページ
衣類	おくるみ	1～2	授乳時やベビーカーで外出時のひざかけ、お昼寝用にも	p.20・25
	短肌着	4～5	新生児の肌着として最適	p.7・59
	ツーウェイオール	3～4	ツーウェイオールは新生児でも70サイズが着られるので長く使える	p.18
	ベスト（胴着）	1～2	自分で体温調節のできない3カ月頃までは特に必要	p.22・23
	長肌着またはコンビ肌着	3～4	冬生まれの場合は必須。真冬は短肌着と重ねて	p.23
	防寒着（ジャンプスーツなど）	1	ベビーカーやチャイルドシートの股ベルトに対応する防寒着は必要	p.18
	サックコート、カーディガン	1	だっこやおんぶでおでかけのときや、真冬はコートの下に	p.21
	よだれかけ	2～5	よだれや溢乳の多い子は、多数必要。ようすをみながら揃える	p.38・58
	帽子	夏冬各1	夏は木綿のつばのあるもの、冬はウールを	p.21・28
	くつ下	1～2	外出時や、室内が冷えるときに。春夏秋は木綿、真冬はウールを	p.21
	ベビードレス	1～2	おむつ替えの回数が多い頃は便利	p.24
	手袋（ミトン）	1	寒冷地や真冬の外出用	
おむつ関係	布おむつ	20～50	紙おむつと併用しながら、ようすをみて増やしてもよい	p.10
	おむつカバー	3～5	〃	p.10
	紙おむつ	1パック	使う予定なら生まれる前に揃えておく	p.11
	おしりふき		ガーゼや布をぬるま湯でしぼっても	
	おむつネット	3～5	布おむつを使う場合に	
	ふたつきポリバケツ	1	使用済み布おむつのつけおき用または紙おむつを捨てるのに	
	おむつ入れ		脱衣かごや引き出し、ダンボール箱に紙を貼っても	
ベビー寝具と家具	ベッド	1	里帰り用の小さなベッドもレンタルできる	p.14
	しき布団、またはマットレス	1	マットレスのみレンタル可	p.14
	キルティングパッド	2～3	赤ちゃんの汗を吸うために。洗い替えは必要	p.14
	かけ布団（薄手）	1	毛布やタオルケットと組み合わせて	p.14
	シーツ	2～3	吸水性のよい木綿を	p.14
	かけ布団カバー	1～2	すっぽりおおえるものがよい	p.14
	防水シーツ	2	布団とパッドの間に	p.14
	かけ布団（厚手）	1	季節や室内の温度によっては必要ない	p.14
	毛布	1	洗える綿毛布が人気	p.14
	タオルケット	1	厚手のバスタオルでも代用できる	p.14
	毛布カバー	1～2	ウールの毛布には特におすすめ	p.14
	かや	1	蚊取り線香を使いたくないときに。レンタルでも	
	ベビー（スウィング）ラック	1	お母さんのそばで寝かせたりすわらせられる椅子。レンタルでも	p.15
	ベビータンス	1	大人のタンスや押入タンスを代用しても	

手づくりベスト5!

♪ ♪ ♪ ♪ ♪ ♪ ♪ ♪ ♪ ♪ ♪ ♪ ♪ ♪ ♪ アンケートから ♪ ♪ ♪ ♪ ♪ ♪ ♪ ♪ ♪ ♪ ♪ ♪ ♪ ♪ ♪ ♪

赤ちゃんのために手づくりで用意したもののうち、圧倒的に多かったのがおくるみ。ウールで編んだものを筆頭に、布ではキルティング、パイルと薄手コットンの2枚仕立てなど、季節によって各々工夫しているようです。

2位以下はベスト、肌着、ベビー服、おむつと、気軽にとりかかれて生まれてすぐ役立ちそうなもの。続いてよだれかけ、帽子、寝具、くつ下、カーディガン、おむつマット、おもちゃなどでした。

自分でつくったものはどれも愛着があり、手づくりをしたお母さんのほとんどが「つくってよかった」とこたえています。何をつくろうか迷っている人は、まずはこのベスト5の中から選んでみては?

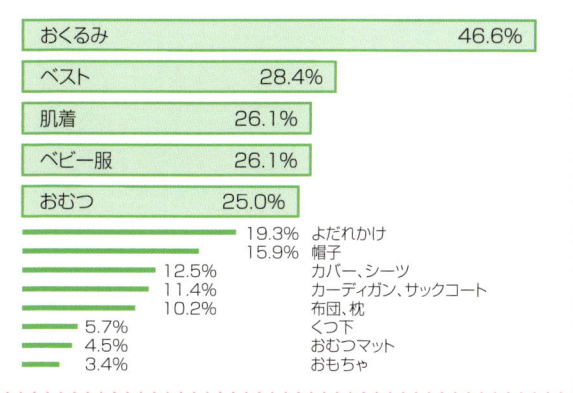

- おくるみ　46.6%
- ベスト　28.4%
- 肌着　26.1%
- ベビー服　26.1%
- おむつ　25.0%
- よだれかけ　19.3%
- 帽子　15.9%
- カバー、シーツ　12.5%
- カーディガン、サックコート　11.4%
- 布団、枕　10.2%
- くつ下　5.7%
- おむつマット　4.5%
- おもちゃ　3.4%

	品名	数	備考	参照ページ
母乳・調乳	☐ ほ乳びん100cc	1	白湯、果汁用に	
	☐ 乳首	2〜	Sサイズからはじめて、吸う力や飲む量によってMサイズに	
	☐ ほ乳びん洗いブラシ	1	びんや乳首のミルクかすをとるために	
	☐ 母乳パッド	1	洗濯して何度も使えるものもある	
	☐ ほ乳びん消毒器(消毒液)	1	鍋で煮沸する場合は、ほ乳びんばさみがあるとよい	
	☐ 清浄綿	1	授乳前の乳首の消毒用	
	☐ 搾乳器	1	手でしぼるのがつらいときに。レンタルでも	
	☐ ミルカー	1	外出時に適量のミルクを分けて携帯できる容器	
	☐ ほ乳びんケース	1	保温力もあり、家でミルクをつくって外出するときに便利	
	☐ ほ乳びん200cc	2	母乳の場合は必要ない	
おふろと衛生用品	☐ ガーゼハンカチ	10〜20	授乳のとき、よだれふき、汗ふきと何枚も使う。取りやすいところに	
	☐ ベビーバス	1	場所をとるのでレンタルがおすすめ	
	☐ 石けん	1	香りのきつくないふつうのものでも代用できる	
	☐ ベビーオイル		入浴後、肌の乾燥しやすいところにぬったり、耳そうじに	
	☐ 赤ちゃん用つめ切り	1	4、5日に1度は爪切りが必要	
	☐ 綿棒		入浴後の耳や鼻のそうじ、便秘のときに	
	☐ 体温計	1	短時間で測れるベビー用が便利。大人用の1分計でも	
	☐ ガーゼタオル(浴用布)	2	入浴のとき上半身にかける	
	☐ ヘアブラシ	1	毛先のやわらかいもの。髪の毛の多い赤ちゃんに	
	☐ 湯温計	1	慣れてくれば手加減でもだいじょうぶ	
生活雑貨など	☐ だっこ(おんぶ)ひも	1	肩や腰に負担のかからないものを	p.15
	☐ A型ベビーカー	1	6カ月までは寝かせて使うことのできるA型を。	p.15
	☐ ベビーシート	1	新生児期から義務づけられている	p.15
	☐ ママコート	1	1歳前に自転車で移動するときなどに便利	
	☐ プレイマット(おむつ替えマット)	1	お出かけのときに携帯しても	p.41
	☐ ベビー体重計	1	毎日の変化に一喜一憂せず、心配なときは医師に相談を。レンタルでも	
	☐ 寒暖計、湿度計	1	室内の気温差が激しい場合に	
	☐ 加湿器	1	乾燥しやすい冬に。レンタルでも	
	☐ 育児日記	1	小さなことでも記録の積み重ねが、育児の力に	巻末

寝る場所と寝具

赤ちゃんをどこに寝かせるか、また、どんな寝具を揃えるかも、生まれる前によく考えて準備しておきたいことです。赤ちゃんは床に直接布団をしいて寝かせるより、ベッドの方がほこりをかぶらないし、お母さんの腰への負担もかるく、世話もしやすくなります。
一方で、母乳育児がしやすい、夜泣きをするなどの理由から、案外早く添い寝に移行してしまうことも多いものです。使わなくなったあとのことも考えると、6～12カ月のレンタルでようすをみるのがよいでしょう。

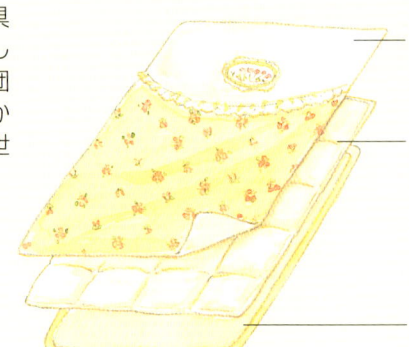

かけ布団カバー
かけ布団にじかに柄がついたものは額縁タイプのカバー、無地の場合は袋型タイプ（つくり方p.60）を。

かけ布団
詰めものは羽毛かポリエステルが軽くてそいがよい。薄、厚2枚がセットの場合が多いが、室内が暖かい場合は、冬でもタオルケット＋毛布＋かけ布団1枚（薄）で充分。単品で組み合わせて。

毛布またはタオルケット
洗える綿毛布が人気。ウールの毛布は木綿のカバーを。

寝具は何をそろえる？

長年にわたりベビー寝具を研究している西川産業（株）によると、赤ちゃんは、汗腺の発達する2カ月を過ぎると、体表面積あたり大人の2～3倍の汗をかくようになるそうです。大人の寝具以上に、吸湿性、通気性のよいものが求められます。また安全面への配慮から、敷き布団やマットレスは固めのものがすすめられています。

枕 新生児用にごく薄いものが出ているが、浴用タオルを四つ折りにして代用してもよい。顔などにかからないように気をつけて。

シーツ 直接肌にふれるので、綿100％を。しわがないようにピンと伸ばし、敷き布団の側面をすっぽりくるんで、端を裏へ回してとめます。ゴム入りのラップシーツも便利。（つくり方p.60）。

キルトパッド 木綿の表地に薄いわたをはさんだもの。赤ちゃんの汗を吸うため、布団でもベッドでも必需品。布団が干せなくてもパッドはこまめに干して、よく乾かします。

防水シーツ 汗やおしっこから敷き布団を守るために。素材は表地がパイルや綿ネル、裏はポリウレタンなど。

敷き布団（またはベッドマットレス） うつぶせになったときに鼻や口をふさがないように、固めのもの。布団の中わたはポリエステル、またはウレタンフォームが主流。ベッドにも直接敷けるので敷き布団があればマットレスは不要。

赤ちゃんの寝るところ

ベッドや布団で過ごす時間の長い赤ちゃんの居場所は、なるべく明るくて換気のよいところにしましょう。新生児に適当な室温は18～20℃と言われますが、この室温ならかける布団もごく薄いものでよいでしょう。室内が冷える場合は、かけ布団や衣服で調節しますが、逆にあたためすぎないように気をつけ、背中に手を入れて汗ばんでいるようなら、布団を1枚減らします。
夏はクーラーを長時間つけるのは避け、なるべく短時間の除湿で。外気との温度差は5℃くらいに保ち、冷えすぎないようにします。夏も冬も冷暖房をしているからと、換気を忘れないようにしましょう。

ベッドについて

新しくそろえるなら、3歳ころまで使えるサイズの堅牢なもの。ジュニアまで使えるタイプもあります。レンタルに多いサークル兼用タイプは、床板の位置を3段階に調節できます。寝返りやつかまりだちは、急にできるようになることも多いので、動きが活発になってきたら前扉をきちんとしめ、床板も早めに下げるようにしましょう。

お父さんのつくったベビーシーツ

このシーツは妻が図案を描き、私がししゅうをしたものです。新生児が認識しやすいという彩度の高い色を使い、寝ているとき左右に図案がくるよう配置しています。子どもたちは眠りに落ちるまで指先で感触を楽しんでいたようです。元来手仕事が好きで、キルト（p.41）やおむつ、衣類の製作も手伝い、子どもをむかえるにあたり、楽しく夫婦の時間を過ごしました。それは子どもの成長にとってもたいへん有意義だったように思います。（渡辺晋哉）

そのほかの育児用品

退院時マイカーを使う場合はその日から必要なベビーシートをはじめ、赤ちゃん連れの外出のために必要なものもいろいろあります。外出時はお父さんの出番も多いので、情報集めや、購入のときの機能チェックなど、ぜひ協力してもらいましょう。説明書はよく読み、正しく使うことも大切です。

ベビーシート

2000年から法律で着用を義務づけられています。新生児から使うなら、軽くて使い勝手のいい乳児専用タイプ（下図）が便利です。眠っていても抱き起こさずに、そっとキャリーをはずして室内に運ぶことができ、兼用タイプより載せ下ろしの手間がかかりません。ただし、体重9〜10kg位までしか使えないので、レンタルの方が経済的にはよいでしょう。
ベビーシートがきつくなってきたら「チャイルドシート」を。

装着時
後部座席に進行方向と逆向きに取りつける

キャリーとして

だっこひも

上の子どもの送迎や1カ月健診などで、早い内に使い始める場合は、横抱きにできるだっこひもがあると助かります。下図の横抱き、たて抱き、おんぶのできる3ウェイタイプは、部品が多く装着に慣れが必要ですが、どの姿勢にも安定感があります。
首がすわってから使うなら、だっこ、おんぶ両用の、なるべくシンプルなデザインのものを。譲っていただく場合は、ベルトの装着、調節方法などを、指南してもらっておくと、いざというときあわてません。

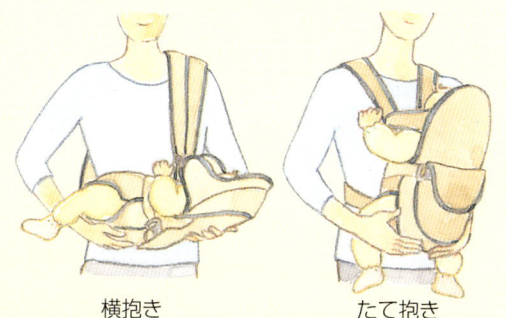

横抱き　　たて抱き

ベビーカー

生後2カ月から使えるA型ベビーカーは、車輪が大きく衝撃が少ないのと、水平に近くリクライニングできるのが特徴です。7カ月頃からはコンパクトなB型に移行する場合が多いので、レンタルでもよいでしょう。お父さんが押すことも考えると、ハンドルの高さが調節できるかどうかは要チェック。きょうだいの年が近い場合は、幼児用のステップ台がついているものもおすすめです。

（京増純芽　消費生活アドバイザー）

こんなとき助かりました！

スウィングラック
リクライニングシートの角度を変えて、寝かせたり、もたれさせておける椅子。自動または手動で座面がゆらせる。

♪ベッドに置くとすぐ泣いてしまう長男も、ラックに寝かせて座面をゆらすとスヤスヤ眠るときもあり、"ほとんどだっこ"の状態から、気持ちに余裕ができました。6カ月以降は食事椅子としても活躍しました。（A・Y／4歳・1歳）

ベッドメリー
オルゴール音と共にゆらゆらと回る。

プレイジム
ぶらさがっている鏡や人形がとりはずせるものも。

♪ベッドメリーは長女が眠りにつくときのお気に入り。ジムは長男が2〜3カ月頃、盛んにパンチしてキャッキャと声をたてていました。どちらもハイハイ、おすわりのできない頃の赤ちゃんの生活を、豊かにしてくれると思います（T・A／3歳・1歳）

リクライニングバスチェアー
♪おふろ用の椅子は、パパの帰りが遅くてひとりで赤ちゃんの世話をしなければならないママには重宝する品だと思います。まだおすわりもできない赤ちゃんをここに寝かせたりすわらせたりしている間に自分のからだを洗うことができます。（R・M―祖母）

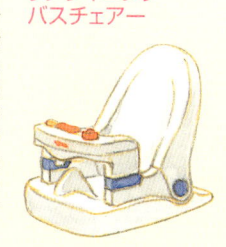

調乳ポット
一旦沸騰させたお湯を調乳適温に保温するポット。

♪産後、体調が悪く母乳もあまり出なかったとき、友人がこのポットを貸してくれました。深夜の調乳がとてもかんたんで、夫にも気軽に頼むことができました。魔法瓶と較べて洗いやすく、清潔に保てるのもありがたかったです。（S・S／1歳）

このページの製品はすべてレンタルもできます。

1〜3歳までの衣生活　そろえたいもの、工夫したいこと

歩けるようになると行動範囲が広がり、生活の中でもできることが増えてきます。この時期に必要になってくる衣服や、子どもの発達に合わせて工夫できることいろいろをご紹介します。

パンツの用意を
2歳頃から昼間のおむつが徐々にはずれ、いよいよパンツですごす時間が長くなります。おむつがとれることは、身がかるくなるだけでなく、親子にとっても、成長過程の大きな1歩としてうれしいできごとです。始めのうちはおもらしもありますから、パンツは最低でも4〜5枚は用意しておきましょう。

ひとりでぬぎ着したい子どもに合わせて
片方のズボンに両足を入れてしまっても、自分ではけたことがうれしくて本人は大満足…、「自分でしたい」が始まる1歳半をすぎた頃から、こんな光景がくり広げられるでしょう。そのうち上手にはけるようになりますが、前後がわからず間違えてしまうことは多いもの。判別ができるよう、お気に入りの動物、食べもの、お花などをおなかのところにアップリケやししゅうで縫いつけます（図案p.53、p.69）。

3歳ごろになるとボタンはめにも挑戦。ブラウスのボタンなどは直径1cm位が一般的ですが、1.5cmにすると、ぐっとボタンがはめやすくなるようです。パジャマのボタンを大きくしてボタンはめの練習を、というお母さんの工夫もきかれます。

＊『子どもの生活　遊びのせかい』（本社刊）にも"楽しく自分で着る"ことについて詳しく出ています

足に合ったくつを選んで
足に合わないくつをはいていると、体全体の健康にまで影響することは、よく知られるようになりました。次のようなことに気をつけてくつえらびをし、子どものうちからしっかりケアしていきましょう。
　○つま先が少しそり上がっている
　○かかとがしっかりしている
　○足裏の曲がりに応じてくつ底が曲がる
　○くるぶしまで包むブーツ型
　○マジックテープやひもで足にしっかりとフィットする
　○通気性のある素材
　　汗を吸収して通気性のある素材は、革か布

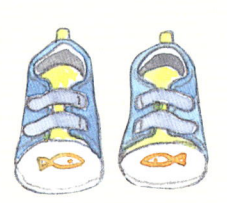

印をつけてわかりやすく
くつをはくことも「ジブンで、ジブンで」。でも左右を間違えないことは、ズボンと同じで難しいもの。そこで、くつにもマークをつけましょう。ゴムの部分に絵を描いたり、親指のところにアップリケをしたり。動物の顔が"コンニチハ"をしたり、ひとつの絵ができ上がるようになったり、楽しんでできる方法を考えてください。

雨の日の外出には、目立つ色を着る
どんよりとして視界の悪い雨の日。外出時には安全を考えて、遠くからでもパッと目に入ってくるような明るい色のレインコート、かさ、長ぐつを用意しましょう。レインコートはフードつきで、そろいのズボンがあるとなお便利。まだまだ上手にかさをさせませんから足までぬれてしまったり、大好きな水たまりで遊んだり。また、自転車の後部シートに乗せる場合もあることを考えても、ズボンつきは役立ちます。
1歳代ではかさをさして歩くことはむずかしいので、レインハットもおすすめ。どしゃぶりでなければ、かさをさすよりもかえって両手が使えて危なくありません。

スカートの形はTPOに合わせて
女の子はジャンパースカートやワンピースなど、スカートをはく機会がぐっと増えるでしょう。ギャザーやフレアーで裾幅のたっぷりした、女の子らしいラインのものはお出かけ用に。タイトすぎず、広がりすぎないラインのジャンパースカートなら、外遊びにも向きます。

出かけるときは必ず帽子を
ひとりで歩けるようになり、外遊びが増えれば増えるほどかかせないのが、帽子です。1枚かぶっているだけで、直射日光や紫外線をさえぎり、転倒しても頭を保護するなどの効果があります。この本でも、つくりやすくかぶりやすい帽子を掲載していますので、どうぞおつくりください。

なぜ「手づくり」ですか？

アンケートより

出産前、生まれてから、赤ちゃんのために手づくりをしたお母さんたちの声です。
つくるきっかけ、ヒントになりますように…。

つくる楽しみ、着せる楽しみ

♪ぬくもりを伝えたい 既製品は、価格も手頃でしっかりしたものも多く、求めやすいので利用するが、デザインがこっていたり、キャラクターのプリントなどが多く、色も強すぎて子どもらしさがあまりなくなっているように思う。やはり手づくりのものはぬくもりと優しさがある。私自身、よく母がつくってくれて、製作中は早くできないかとワクワクしながら仕上がりを待っていた。そういう楽しみを娘にも持たせてあげたい。（N・I／1歳）

♪"もったいない"が創る意欲に 何といっても、私の満足である。自分自身のつくる楽しみと、子に着せる喜びである（縫い方はかなりいい加減ですが）。それから、"もったいない"と思う気もちから…おとなの服は、布地としては充分使えるうちにもう着なくなるので、それを生かせたらと、リフォームを試みた（義母にお願いすることも）。編みものも、手もちの余り糸を有効にと、つくった。（S・K／6歳・3歳）

♪幸せな気分になれる 長男が生まれるときは、ずっと仕事（助産婦）をしており、産休に入ってやれやれ…としたとたん、家にずっといる生活はさみしいものだと感じた。何もしていないと落ち着かない性分なので、「よーし何かつくってみよう！」と思い立ち、つくり始めたらけっこう楽しかった。赤ちゃんが使ってくれる日が来るのを考えると幸せな気分でいっぱいになった。（K・O／7歳・4歳・1歳）

♪メリットいろいろ 子どもが2歳頃、店で「試着」をさせる余裕がないし、買ってみたらサイズが合わないということがしばしばあった。体型に合った服を着せてやりたくてつくることに。また、子どもが自分で脱ぎ着できる服は市販品には少ないので、手づくりの服を着せていてほめられたとき、親も子も嬉しかった。上手ではないけれど、自分のつくった服を着ているとき、わが子がいつもよりかわいく感じられた。怒る回数も少なかったように思う。（M・M／4歳・0歳）

オリジナルの満足感

♪子どもの注文もとり入れて 基本的に私がつくったものは子どもたちが「つくってもらった」ということで喜んでくれたり、兄妹お揃いがうれしかったりして着てくれる。子どもの注文もとり入れられる（ポケットをたくさんetc.）。（H・K／4歳・3歳・1歳）

♪シンプルなデザインを 好みのものが欲しいため。既製品ではいかにも赤ちゃんという絵や、ブランド名が大きくプリントされているのがいやなので。（A・Y／6歳・3歳）

♪買えないものをつくる 子どもが小さいうちは外に出られないので、何かをつくりイライラを解消していました。欲しくても売っていないデザイン、もしくは高いものがリーズナブルにつくれる。親子お揃いもうれしい。（H・E／3歳）

♪経済も考えて 使用する時期が短かったり、思っていた以上に値がはるものは、自分でつくったほうが経済的。（A・M／3歳・1歳）

こんなことで"手づくり気分"

♪ワンポイントのししゅう 私は、気持ちだけで、思うほどできませんでしたが…。生まれてからはかなり忙しい毎日ですが、既製品にワンポイントのししゅうなどでもよいと思っています。（J・S／7歳・4歳）

♪大好きな犬を 小さいながらも手づくりしたものはわかるらしく、快く着てくれます。娘は犬が好きなので、どこかに犬を用いると、ぐずったときも着ます。その子の好みに合わせて、ひと工夫できます。（N・M／1歳）

♪2～3日で 洋裁は得意ですが、子どものものは凝ったものにせず、2～3日で縫うようにしています。すぐつくらないと必要なくなってしまうので。少々できが悪くても、子どもって着こなしてくれるんです。子どもの好きな色、好きなものをモチーフにしたり…。子どものまわりには少しずつ手づくりのもの、親の工夫したものを置くようにしています。小さな労働に対する身近な、素朴な気持ちを育てることを大事にしたいし、大きくなってふりかえる子ども時代が、生き生きとした明るいものにできたら、彼らのぶつかるであろう現実を少しでも楽なものにできるのではないかと思うからです。（A・O／2歳・8カ月）

A・Oさんのつくったものから

- おくるみ
- よだれかけ
- セレモニー用の帽子、ドレス
- おやすみベスト
- おでかけ3点セット（綿）
- パパのトレーナーからカバーオールとボール
- 私のスカートからベスト

愛らしく着心地のよい
ベビー服

小さな足をどんなに
バタバタさせても
だいじょうぶ！

パイル地のツーウェイオール
0〜9カ月　p.48 型紙-A1

おくるみがわりのツーウェイオール
0〜9カ月　p.50 型紙-A2

（にぎにぎ p.46）

ドットボタンをはめなおすと
おむつ替えのしやすい
ドレス型に。

毎日着るベビー服はツーウェイオールやロンパース。ゆったりとして、おなかの出ないつなぎ型で、おむつ替えがしやすく足の動きを妨げないのが特長です。
おむつ替えの多い新生児期にはドレス型、足の動きが活発になる頃はパンツ型として長く使えるツーウェイオール。キルティングのツーウェイオールは肌寒い季節の外出に大活躍。ベビーカーやチャイルドシートの股下ベルトもスムーズに着脱でき、抱っこのときにもはだけません。

暑い季節にぴったり。

起きている時間の
多くなる9カ月以降に。

はね袖のロンパース
3～9カ月　p.54 型紙-A5

セーラーカラーのロンパース
9～15カ月　p.52 型紙-A4

ちょうちょのおくるみ
p.98

(くまのぬいぐるみ p.46)

おくるみは、ベビーカーでのひざかけにもお昼寝の毛布にもなります。

真っ白ふんわり
ニットのひとそろい
サイズ0〜6カ月

天使のような赤ちゃんをつつみこむのは、やわらかなベビーヤーンで編んだひとそろい。メリヤス編みをベースにやさしい交差編みでちょうちょもようをつけました。誕生を心待ちにする思いをこめて、編み上げましょう。

くつした　p.97

帽子　p.98

サックコート　p.96

♪手編みのサックコートはとっておきの1枚として大事に着せ、下の子どもにも使いました。(K・M／6歳・6歳・2歳)

手づくり人気の高い
やわらかベスト、おくるみ、肌着
サイズ0カ月〜

♪冬生まれなのでベストを編みました。
着せた姿を想像しながらひと目ひと目編むのは、
とても楽しいこと。赤ちゃんをむかえる
精神的な準備にもなったよう。
（M・M／4歳・2歳）

デージーもようの
ベストとおくるみ（かぎ針）
p.110

お母さん達のアンケートで
「つくってよかったもの」1位のベスト。
ガーター編みは楽に編めて
やわらかく仕上がる

布でつくるよさは
気軽にせんたくできること。
キルティングでもOK

ガーター編みのベスト（棒針）
p.99

一枚仕立てのベスト（ふくれ織り地）
p.51 型紙-A3

♪夏生まれだったので、
1日、これ1枚
着せていればよく、
重宝しました。
（M・K／3歳）

コンビ肌着
サイズ0〜6カ月
p.59 型紙-A11

アンケートによると、手づくりする人が多く、着せる頻度も高いのがベスト、おくるみ、肌着です。ベストは、体温調節が未発達な赤ちゃんのために1枚はそろえたいもの。脱ぎ着させやすい前あきが便利です。初心者にも向くガーター編み、かぎ針の得意な人はデージーもようをモチーフ編みしたおくるみとセットで。ふくれ織りの布ベストには楽しいししゅうをほどこしました。股下ボタンのついたコンビ肌着は、足をばたつかせてもまくれ上がってこないので、ツーウェイオールの下に着せるのに愛用している人も多いようです。薄手のスムースニットでつくってみましょう。

誕生を祝う
記念の
ひとそろい

サイズ0〜6カ月

「記念になるので」「既製品は高価なので」というお母さん達の声にこたえてできた縫いやすいひとそろい。さらっと軽いボイル地のベビードレスに、袖なしのオーバードレスを重ね、小花柄のレースのケープでふんわりと衿もとを包みます。同じサテン地でつくるよだれかけとボンネット、おくるみも合わせて。

よそゆきベビードレス
p.55 型紙-A6

袖なしオーバードレスとケープ
p.56 型紙-A7・A8

キルティングのおくるみ
p.58
(にぎにぎ p.46)

ボンネット
p.57 型紙-A9

レースの
よだれかけ
p.58 型紙-A10

(ミニタオル p.46)

"やんちゃ"もだいじょうぶ
遊び着

サイズ1〜2歳(80〜90cm)

オーバーオール
p.71 型紙-39
(肩ボタンのTシャツ p.28)

スモックブラウスとブルマース
p.75 型紙-40・41

ショートオーバーオール
p.70 型紙-38
肩ボタンのTシャツ(ベーシック)
p.67 型紙-35

首がすわり、寝返り、おすわり、ハイハイと動きが活発になってきたら、そろそろベビー服は卒業。おなかをすっぽり覆えるオーバーオールがおすすめです。
夏には、身幅がたっぷりしてさっとかぶれるスモックブラウスと、おむつをつけたおしりもかわいいブルマース。どんな動きにも対応でき、つくるのもかんたんです。

ウエストまわりはゴムなので、肩ひもをはずすだけでぬぎ着もしやすい。
股下は、おむつがえもらくなボタン止めに。

27

（フェルトのコロコロボール p.71 ／ プレイマット p.41）

ぬぎ着のらくな
シャツとパンツ

サイズ1〜3歳（80〜100cm）

肩ボタンのTシャツ
（スリット入り）
p.67 型紙-35

前あきのオーバーシャツ
p.68 型紙-36

肩ボタンのTシャツ
（ギンガムの肩あき）
p.67 型紙-35

ショートパンツとかんたん帽子
p.72 型紙-A12・A13

スパッツ
p.74 型紙-A17

ハーフパンツ
p.73 型紙-A14

ぬぎ着がらくで思いっきり遊べるTシャツとパンツ。綿ジャージーやストレッチ素材が一番生かされるアイテムです。洗い替えのいるふだん着なのでシンプルなデザインにし、着まわしのきく色や素材を選びます。

♪子どもを寝かしつけたあと、
　縫いやすそうな綿ジャージーでTシャツづくり。
　数時間で完成。朝には、テーブルに置かれたシャツを見て、
　夫も子どもも「スゴイ、ママ！」。
　（A・O／4歳・1歳）

ハイネックの
オーバーシャツ
p.69 型紙-37

（きんちゃく p.46）

ブーツカットのパンツ
p.74 型紙-A16

コーデュロイの
パンツ
p.74 型紙-A15

♪トイレトレーニングを始めてからは、
　さっと脱げるウエストゴムのズボンが便利。
　トレーナーからのリフォームもしました。
　（H・K／4歳・3歳・1歳）

（リュック p.46）

だれにも似合う
ブラウスとジャンパースカート

サイズ1〜3歳（80〜100cm）

デザインの同じブラウスも、素材や衿の形ひとつで雰囲気がかわります。おなかが出なくて動きやすいジャンパースカートは女の子の定番スタイル。丈夫なデニム地や、コーデュロイなどでつくります。子どもに似合う色や柄、合わせるブラウスなどを考えて布を選びましょう。

白コットンの
ブラウス
p.62 型紙-31

コーデュロイの
ジャンパースカート
p.76 型紙-42

後ろウエストにゴムが入っているので、
ぬぎ着がらくで、
着たときのシルエットも
かわいらしい。

花柄の半袖ブラウス
p.64 型紙-32

デニムの
ジャンパースカート
p.77 型紙-43

肩ひもの長さを
調節できるのがポイント。

綿ジャージーの
ブラウス
p.65 型紙-33

チェックの前あき
ジャンパースカート
p.78 型紙-44

オーソドックスな形のブラウスは、
レースやししゅうをあしらって、
楽し気に。

女の子の夢が広がる
ワンピース
サイズ1〜3歳（80〜100cm）

袖つけなしで
気軽につくれます

クラシカルな
プリーツスタイル

フレンチスリーブのワンピース　p.80 型紙-46

ボックスプリーツのワンピース　p.82 型紙-48

Tシャツにスカートを
くみ合わせたワンピース

一度はつくってみたい…
スモッキング

かぶって着られるワンピース　p.81 型紙-47

スモックししゅうのワンピース　p.84 型紙-50

ワッフル地の
ボレロ
p.86 型紙-52

チェリー柄の長袖ワンピース
p.85 型紙-51

着たとたんにクルクルまわりたくなるようなワンピース。その姿を、想像するだけでも楽しく、デザインに布選びに…と一番迷うものかもしれません。どれにもそろいのブルマースがついています。夏の外出に1枚あると便利な白のボレロは、変わりワッフル地でつくりました。

スリーシーズン大活躍
ジャンパーとベスト

サイズ1〜3歳（80〜100cm）

秋から春先まで、とにかく1枚着せておけば安心で便利なベスト。なんにでも合うベーシックな色でつくります。元気に公園に飛び出して行くときは、コットン二枚仕立てのフードつきジャンパーを1枚はおって。ゴム入りのフードなら風にあおられても脱げません。

フードつきジャンパー
p.87 型紙-53

♪ポケットは拾った葉っぱや石ころ、
たたんだおり紙…なんでも入る宝箱。
かんたんなはりポケットをつけるように
しています。(K・Y／4歳)

前ファスナーは着せやすく、
3歳頃になると
自分でぬぎ着できるようにもなります。

チェックのシャツ
p.66 型紙-34

コーデュロイのふだん着ベスト
p.79 型紙-45
コーデュロイのパンツ p.29

小さなふたりの
セミフォーマル

サイズ1～3歳（80～100cm）

バラ飾りのビロードワンピース
p.83 型紙-49

おめかしシャツとタイ
p.66 型紙-34

同じ形でつくった夏用が、ピンクの
「ボックスプリーツのワンピース」
（p.32）

アイロンのきいた白いシャツと
上質なウールで、小さな紳士に。

ウールのベストスーツ
p.88 型紙-A18・54

幼い子どもにも1枚はあると便利なセミフォーマルスタイル。子ども自身のかわいさがひきたつものを考えました。ピンクや赤でつくれば慶事向き、紺、黒、グレー、白などならどちらにも。布の風合いや衿の色、形、アクセントになる飾りのあしらい方で服の表情がかわります。男の子には身軽なベストスーツがおすすめ。Vネックのベストとハーフ丈のパンツなら濃い色でも重く見えません。

37

♪ボタンが後ろでなく、肩位置についているものが使いやすい。脇ひもがないとまわってしまうので、体に固定できるひもつきがおすすめ。
（M・T／11カ月）

タオル地のよだれかけ　p.94 型紙-A19

いたずら盛りの必須アイテム
スモック 砂場着 食事エプロン

サイズ1～3歳（80～100cm）

後ろあきの砂場着
p.93 型紙-58

ポケットつき
食事エプロン
p.94 型紙-A20

三枚仕立ての
食事エプロン
p.94 型紙-A21

♪かぶるスモックは何枚もつくり、
とっても重宝しています。
遊びだけでなく、
食事エプロンがわりや防寒着、
けが防止にも役立っています。
（A・T／3歳・2歳）

らくらくスモック
p.92 型紙-57

ブルーはポケットつき、
オレンジは間にナイロンをはさんで
水分を通しにくくした三枚仕立て。

♪お砂場着は後ろファスナーが断然便利。
腕やおなかが一番汚れるので、
比較的きれいな背中から
そっとぬがせれば、汚れも散らしません。
（S・A／6歳・5歳）

"遊びが仕事"の子どもの作業着、スモックと砂場着はぜひ用意したいものです。
食事エプロンは、肌ざわりのよいパイル地に、小花のプリント地でパイピングし、お出かけ用にもなるデザインです。マジックテープ止めなら、つけるのもかんたん、1歳すぎには「ごちそうさま」の挨拶とともに自分ではずせるようにもなるでしょう。タオル地のよだれかけは、食事エプロンがわりにもなり、何枚あっても重宝です。

♪市販のパジャマは、色柄がよく、
機能的で手頃なお値段のものを
さがすのにとても苦労します。
形のよい型紙があれば、
手づくりしたい！(H・T／4歳)

(くまのぬいぐるみ p.46)

お母さんのぬくもり
パジャマとプレイマット

サイズ1〜3歳（80〜100cm）

夏のパジャマ
p.91 型紙-56

胸あてボタンのパジャマ
p.90 型紙-55

パッチワークキルトの
プレイマット
p.120 型紙-A22

パジャマは着心地と肌触りが大切。冬はやわらかくて温かい綿ジャージーやネル、夏は涼しいリップルやサッカーなどで。寝ているうちにおなかが出ないように、ズボンを止めるおなかのボタンはかかせません。

寝返りのおけいこをはじめた赤ちゃんの遊び場や、おふろ上がりの着替え、ピクニックシートにもなる便利なプレイマット。ママの想い出のつまった端切れをつないでパッチワークキルトに挑戦してみませんか？

寒い冬の1枚に
セーター カーディガン

オーソドックスな編みこみで、
上品な色づかいの正統派

縞もようのカーディガン
p.100

かんたんに編めるもよう編み

もよう編みの丸首セーター
p.104

身頃と袖をひとつづきに編める
ユニークなストライプ

こまほうがん
細方眼編みのカーディガン
p.113

編みものは時間がかかると思われがちですが、なにしろ小さいので、思いのほか早く編めます。カーディガンは、オーバーオールやジャンパースカートなど、背中や胸あてのあるものの上に着せられるので、1枚あると重宝です。セーターは、頭の大きい幼児に合わせて肩あきに。
洗えるウールの毛糸も出まわっているので、多少の汚れは気にせず、セットで着られるパンツを編むのも楽しいでしょう。

(リュック p.46)

(フェルトのコロコロボール p.71)

段染めセーターと
ステッチししゅうのパンツ
p.102

♪手づくりが苦手な私でしたが、長女になにかつくりたいと思い、
唯一編んだのがベスト。その後、長女から次女、三女、
そして12年たった今、長男もそのベストを着ています。
(S・Y／14歳・12歳・8歳・2歳)

アランもようのベスト
p.105

タイルもようの
ベストと帽子
p.106

白のサマーカーディガン　p.108　／　レースのサマーワンピース　p.109

四季を通して楽しめる編みもの
ベスト サマーニット

ガーター編みのベスト(p.23)を卒業したら、個性的なもよう編みや柄もののベストも着こなせるようになります。帽子とセットでつくるのも楽しいでしょう。白のサマーヤーンで編んだカーディガンとワンピースは、清楚でだれにでも似合うデザインです。真夏のお出かけにも。

いつもそばに…
リュック 手縫いのこものたち

タオルのにぎにぎ
p.126

着替えやお気にいりの
おもちゃなど"自分のもの"を
しょってのお出かけに。

アップリケのミニタオル
p.124

はじめての
リュック
p.125

アップリケの
きんちゃく
p.124

くまのぬいぐるみ
p.123 型紙-A23

手縫いでチクチク気軽に縫えるミニタオルやきんちゃく、鈴入りのにぎにぎ。やわらかなタオル地に布と糸だけでアップリケするので、赤ちゃんにやさしいこものたちです。くまのぬいぐるみは手足が動くので、おすわりもねんねもできます。できるだけ直線縫いでつくれるデザインにしました。よちよち歩きの背中にもかわいいリュックは、ミシンでさっとでき上がり。

How to Make　生まれてすぐに着るもの

肌着、ベビー服、ロンパースにベスト、編みもののひとそろい…、
生まれる前に用意しておきたい、
小さな小さな赤ちゃん服のつくり方ページです。
ベビー服につつまれてぐっすりと眠る顔、
ふんわりとおくるみにくるまれた姿…を思い浮かべて、
楽しみながら縫い進めてください。

●ここに掲載のベビー用実物大型紙（A面）は1サイズですが、少し大きくなってもつくれるようにp.138に製図を掲載しました。

●最初に掲載した「パイル地のツーウェイオール（p.48）」は、基礎的なことがわかるようにつくり方をくわしく説明しました。
P.128に、つかう道具や地直し、印つけ、縫い方の基礎や伸縮素材を上手に縫うこつなどをまとめましたので、お役立てください。

＊縫い代の始末―ロックミシンの場合
縫い代の始末は、直線ミシンと手縫いでできる方法を記しましたが、ロックミシンがあると作業はぐんとはかどります。また、ロックミシン用の糸は本縫い糸よりもずっと細いため、ジグザグミシンと違い、仕上がりがソフトで赤ちゃんの服をつくるのには適しています。
ロックミシンをお使いになる場合、縫い代の始末は次のようにするとよいでしょう。（縫い方順序も変わってくる場合があります）
○袋縫い、折り伏せ縫い
　＝2枚の縫い代を一緒にロック
○割って端ミシン
　＝割ってそれぞれの端にロック
○捨てミシン+手でかがる、捨てミシンのみ
　＝2枚の縫い代を一緒にロック

パイル地のツーウェイオール

カラーp.18 型紙-A1

赤ちゃんが毎日着るものは、肌ざわりのよい布地とシンプルなデザインで。

材料

パイル地(ポリノジック) 200cm幅 60cm
レース 110cm
バイアステープ 幅12mm(両折)40cm
接着芯 45cm
ドットボタン 10mm12組
ソフトゴムテープ 4mm幅65cm
ニット用ミシン糸

縫い始める前に (基礎p.128参照)

1 型紙A1番をルレットなどで、別紙に写し、切りとります。
2 パイル地には毛並みの向きがはっきりしているものがあるので、ビロードと同様に型紙は向きをそろえておきます(裁ち方図)。
3 縫い代(裁ち方図)をつけて裁断、水溶性の両面チャコペーパーまたはチャコを使って印をつけます。

縫い方順序

1 接着芯をはる
2 ヨークを縫い合わせる
3 まちをつける
4 肩を縫う
5 袖をつける
6 脇と袖下を縫う
7 袖口を折り上げる
8 裾の始末
9 見返しの始末
10 衿ぐりの始末
11 ドットボタンをつける
12 袖口にゴムテープを通す

縫い方 (基礎p.128参照)

1 接着芯をはる

前身頃、まち、ヨークそれぞれの見返しとヨークの肩縫い代に接着芯をはる。(裁ち方図)

2 ヨークを縫い合わせる(図A)

①前身頃切り替え位置に仕上がり線をはさんで、ぐし縫いを2本して片身頃3cm分のギャザーをよせる。レースも本縫い線のきわにぐし縫いを1本して3cm分のギャザーをよせる。
②前身頃とヨークの切り替えにレースをはさんで仕上がり線を縫う。
③ヨークを起こして(縫い代は上にたおす)、本縫い線より0.5cmのところにステッチをかける。

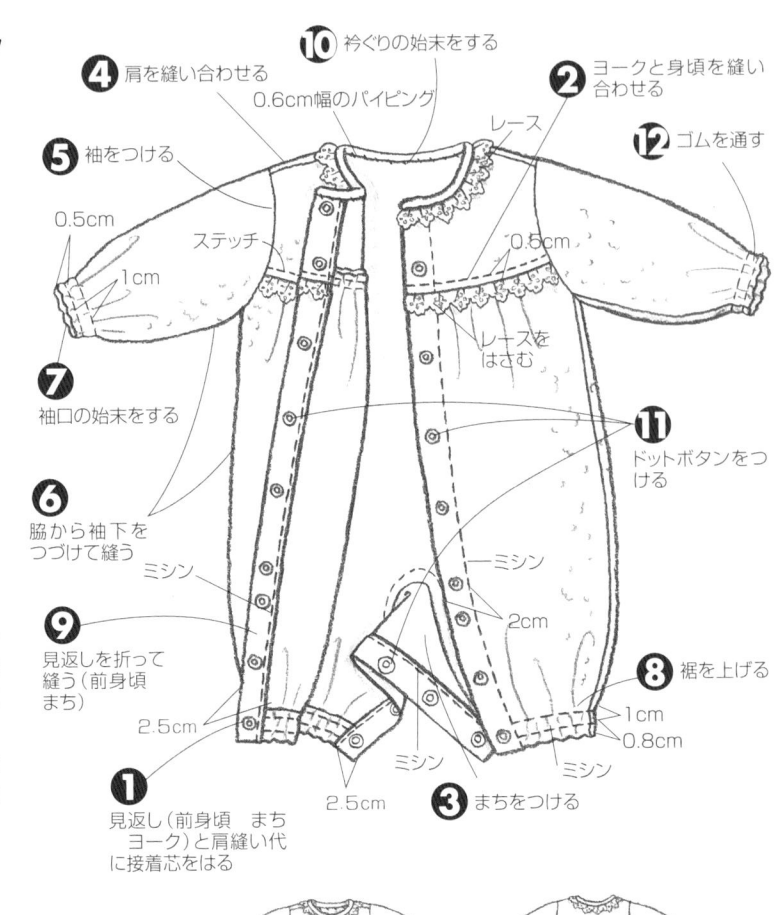

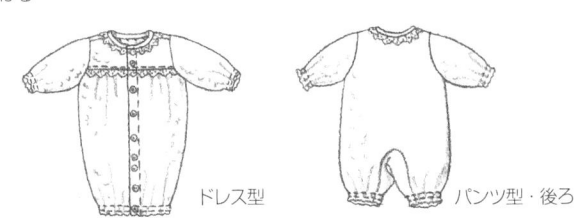

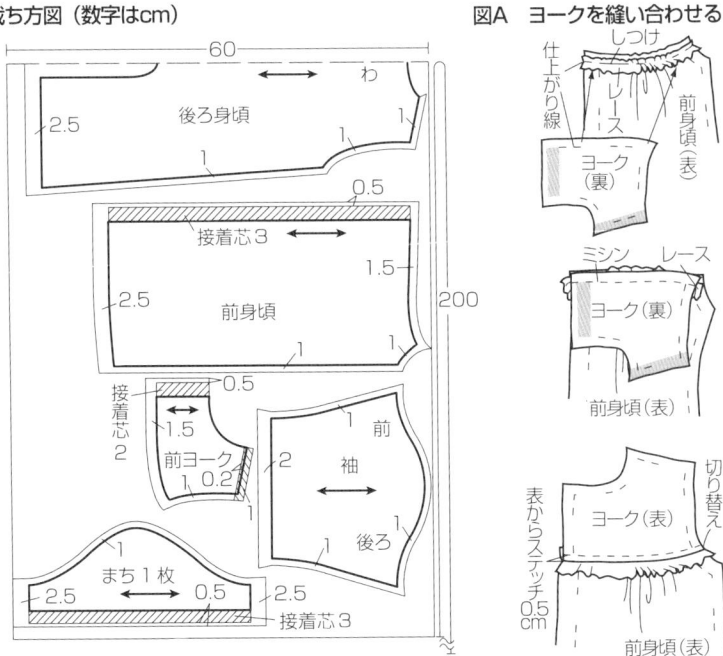

3 まちをつける(図B)
身頃下の股部分とまちを縫い合わせる。本縫いの外側0.5cmのところに捨てミシンをかける。

4 肩を縫い合わせる(図C)
前後身頃の肩の仕上がり線を合わせてミシンをかけ、本縫い線の0.5cm外側の縫い代に捨てミシンをかける。縫い代は前身頃の方にたおす。

5 袖をつける(図D)
肩と袖山を合わせてミシンをかける。

6 脇、袖下を縫う(図E)
袖口のゴム通し口分を縫い残して、脇と袖下をつづけて縫い合わせる。本縫いの0.5cm外側に捨てミシンをかけ、縫い代は後ろ袖側にたおす。

7 袖口の始末(ゴム通し)(図F)
袖口を折り返して図のように2本ミシンをかける。

8 裾を上げる(図G)
裾を2.5cm折り上げてミシンを2本かけ、18cm長さのゴムテープを通して両端を縫い止める。

9 見返しを縫う(図GH)
裾部分の端4カ所の縫い代を図のように切り落とし、前身頃中央とまちの見返しを折り返し、ミシンをかける。ゴムテープの上にもミシンがかかる。

10 衿ぐりをパイピング(図I)
①レースの縫い代にぐし縫いをしてかるくギャザーをよせる。
②衿ぐり線からパイピング幅の0.6cmをひかえたところにレースを合わせ(表を上にして)、しつけをかける。
レースの端は下前の端は前立て幅分の2.5cmをひかえ、上前は前立ての端に合わせ、どちらも半模様分ほど内側に折り返してまつる。
③レースの上にバイアステープを中表にして重ね、仕上がり線にミシンをかける。
④バイアステープの両端を内側に折り返し、衿ぐりに0.6cm幅のきれいなパイピングになるよう、内側に折り返す。本縫いのミシン線の内側にまつる。

11 ドットボタンをつける
ドレス型にもパンツ型にもなるようにするため、前立て9組、まちに3組つける(つける位置は型紙に)。(基礎p.135参照)

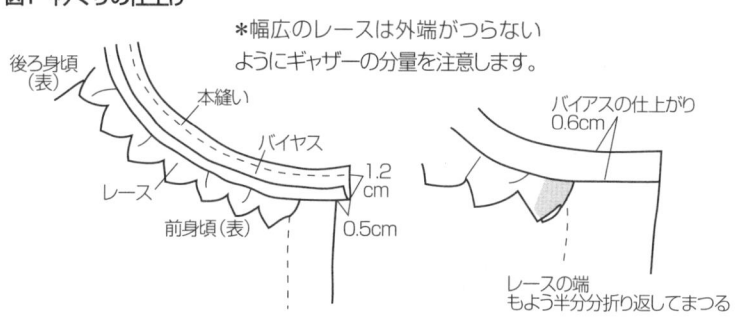

12 袖口にゴムテープを通す(図J)
ゴムテープの長さは手首の太さ+1cm(縫い代分)。ゴム端を1cm重ねて縫い止める。

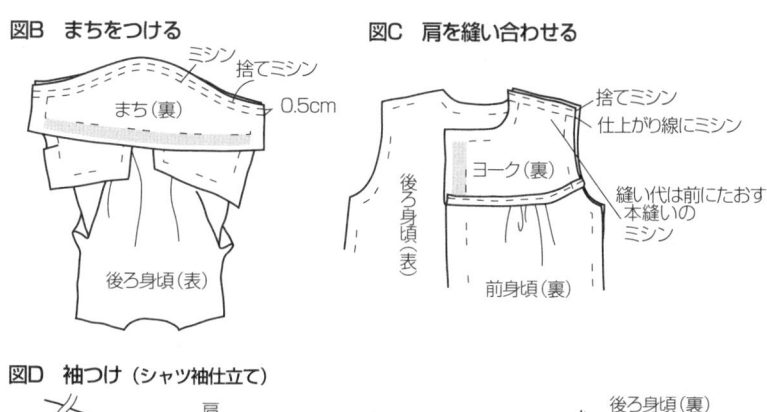

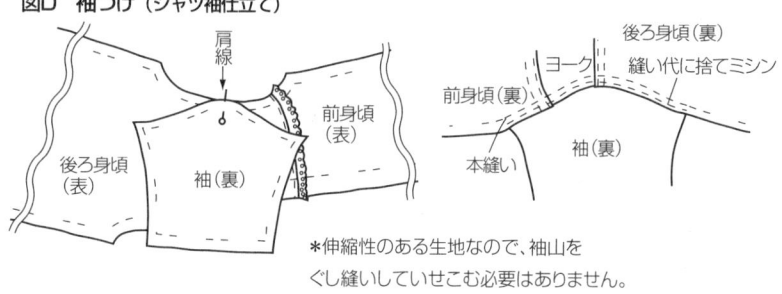

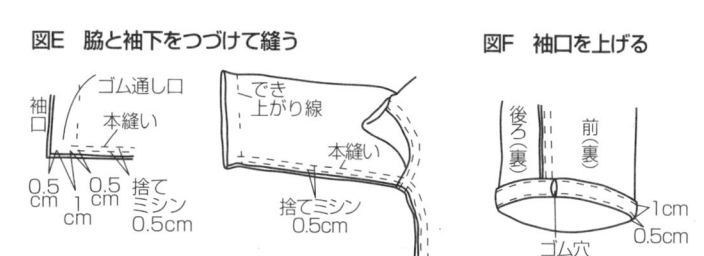

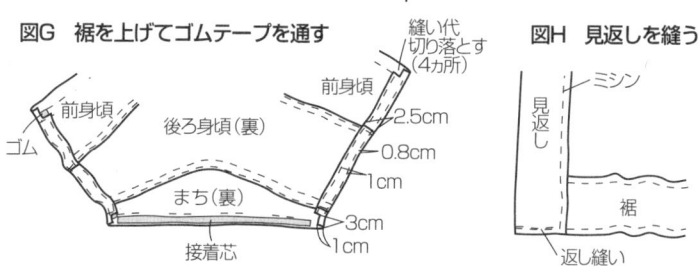

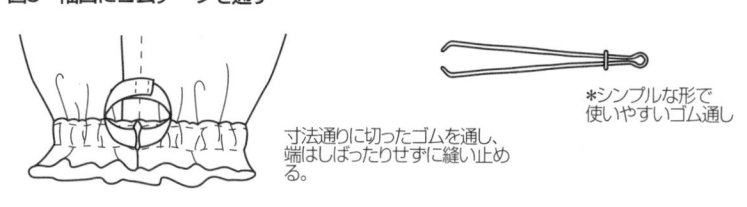

おくるみがわりの ツーウェイオール

カラー p.18 型紙-A2

木綿のキルティング地でつくりました。中綿が入っていますが洗濯機で丸洗いできます。

材料

木綿キルティング地　200cm幅65cm
レース　100cm
バイアステープ（ニット）
　　　　　　　　11mm幅（両折）40cm
接着芯　50cm
ドットボタン　10mm13組
ソフトゴムテープ　6mm幅約80cm

縫い方ガイド

パイル地のツーウェイオールとほぼ同じつくり方、縫い代の始末をかねている伏せ縫いは、キルティング地ならではの方法です。
ドットボタンは布地が厚くなりすぎるとはずれやすいので、布によっては見返し部分の中綿をドットボタンの部分だけはずしてもよいでしょう。

❶ 前身頃切り替え線にタックをとる
❷ 身頃とヨークを縫い合わせる　縫い代はバイアステープでくるむ（図A）
❸ まちをつける　折り伏せ縫い
❹ 肩と脇を折り伏せ縫いで縫い合わせる（図B）
❺ 袖をつくる（図C）
❻ 袖をつける（図D）
❼ 裾を折り上げて、ゴムテープ（22cm長さ）を通す（p.49）
❽ 見返しを折ってミシンをかける
❾ 衿ぐりにレースをはさんでパイピング
❿ ドットボタンをつける
⓫ ゴムテープ（14cm長さ）を通す

ステッチ 0.5cm
1.5cm
2.5cm

裁ち方図（数字はcm）

前袖、後ろ、まち1枚、前ヨーク、前身頃、タック分2、後ろ身頃
幅65cm、長さ200cm

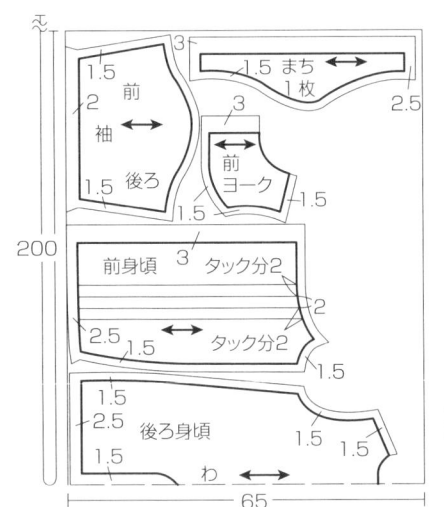

図A　レースをはさんでヨークをつける

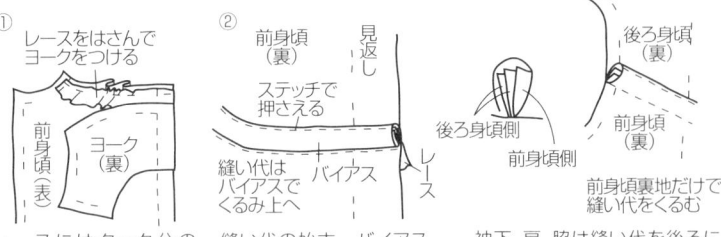

① レースをはさんでヨークをつける
前身頃（裏）、ヨーク（裏）
レースにはタック分の4cmをぐし縫いでギャザーをよせておく

② 前身頃（裏）、見返し、ステッチで押さえる、縫い代はバイアステープでくるみ上へ、バイアス、レース
縫い代の始末　バイアステープを身頃側にのせてミシンをかけ、折り返してくるみ、表からステッチをかけてとめる

図B　キルティング地の折り伏せ縫い

後ろ身頃（裏）、前身頃側、後ろ身頃側、前身頃（裏）
前身頃裏地だけで縫い代をくるむ
袖下、肩、脇は縫い代を後ろにたおす。前側の裏布だけを残して縫い代を0.5cmに切りそろえ、縫い代部分の中綿をのぞいてくるみ、ステッチをかける

図C　袖のゴム通し口

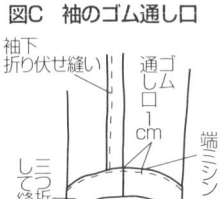

袖下折り伏せ縫い、通ゴム口1cm、端ミシン、三つ折りにして縫う
ゴム通し口分の1cmだけ、先に端ミシンをかけてから、袖口を折り上げてミシンをかける

図D　袖つけ

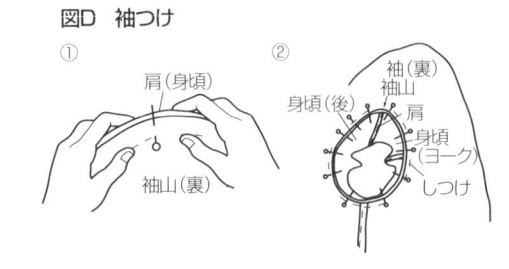

① 肩（身頃）、袖山（裏）
② 袖（裏）、袖山、肩、身頃（後）、身頃（ヨーク）、しつけ
袖側を上にしてつれないように丸みをもたせながらまち針でとめ、しつけをかける

一枚仕立てのベスト

カラーp.23　型紙-A3

ベビー服の頃に一枚はほしい、うち合わせタイプの布のベスト。少し張りのあるふくれ織りなら、一枚で仕立てられるのでかんたんです。

材料
木綿ふくれ織り(白)　85cm×30cm
バイアス布(白綿サテン)　30～40cm正方形
(2.5cm幅で袖ぐり35cmを2本、ひも21cmを2本、身頃縁どり160cm)
綿テープ10mm幅　42cm

縫い方ガイド
縫い代は肩と脇に1cmずつつけ、あとは型紙通り、縫い代なしで裁ちます。背中心をわにおきひとつづきに裁ってもよいでしょう。
ししゅうは縫い始める前に仕上げておきます。
肩、脇を縫い合わせ、縁をパイピングし、ひもをつけてでき上がり。

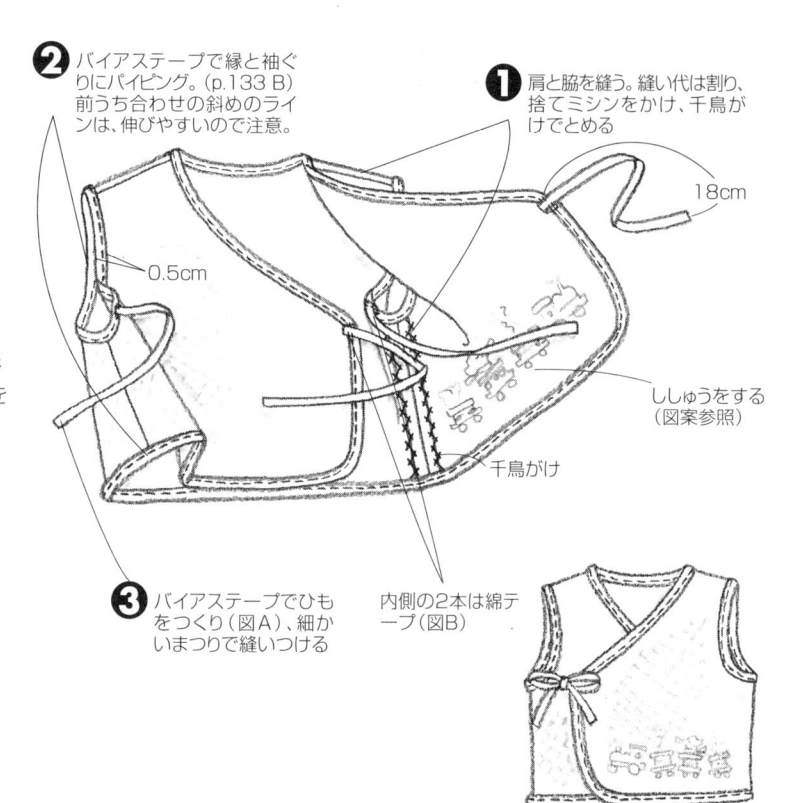

❶ 肩と脇を縫う。縫い代は割り、捨てミシンをかけ、千鳥がけでとめる
18cm
ししゅうをする(図案参照)
千鳥がけ

❷ バイアステープで縁と袖ぐりにパイピング。(p.133 B)
前うち合わせの斜めのラインは、伸びやすいので注意。
0.5cm

❸ バイアステープでひもをつくり(図A)、細かいまつりで縫いつける
内側の2本は綿テープ(図B)

図A　ひも(バイアス布)のつくり方

必要な幅に裁ったバイアス布でつくる細いひも。よだれかけ、ボンネットなどの結びひももこの方法でつくります。リボンのように結んで飾りにしたり、小さくつくって布ループに使うことも。

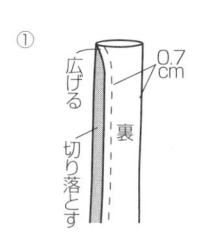

① 0.7cm　広げる　切り落とす　裏
バイアス布を中表に折り、片方の端は返し口になるので少し広げて1本ミシン。余分な縫い代は切り落とす

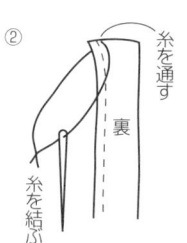

② 糸を通す　裏　糸を結ぶ
針に丈夫な糸(30番くらいの手縫い糸)を通し、縫い代の針目に糸をかけて通し、端をしっかり結ぶ

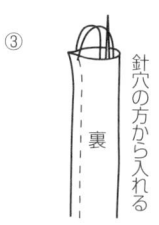

③ 針穴の方から入れる　裏
針をさかさにして布の中をくぐらせる。針先から入れると布にささるのでやりにくい

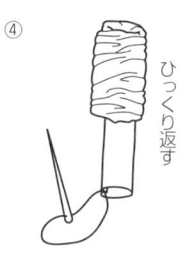

④ ひっくり返す
反対側に出して、布を表に返す

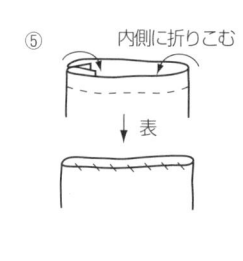

⑤ 内側に折りこむ　表
ひもの端(切り口)は、中に折りこんで細かくまつる(または、はしごかがり)

ししゅうの図案

図案50%縮小

▨…サテン・ステッチ
■…チェーン・ステッチ
o…フレンチナッツ・ステッチ

*指定のない線はバック・ステッチ、好みの色の25番ししゅう糸2本どりでさす。ししゅうのさし方p.126参照

図B　ひも(綿テープ)のつけ方

① 綿テープ　0.5～0.7cm
ミシンの針目をテープの幅より1目おとす
ひもは、左右を逆向きにおいて縫いつける。

② 1cm
縫い目で反対側に折り返し、もう一本縫う

51

セーラーカラーのロンパース

カラーp.19　型紙-A4

小さな子どもによく似合うセーラーカラー。グログランテープがなければ、細いリボンテープやじゃばらテープでもかわいらしいでしょう。

材料
- 綿ローンピケ　112cm幅80〜85cm
- 綿サテン地（水色衿用）50×25cm
- グログランテープ　5mm幅
  　　白約60cm　水色約80cm
- ソフトゴムテープ　4mm幅約55cm
- ボタン（白）12mm3個
- ドットボタン（白）10mm8組
- 25番ししゅう糸　白、水色、青、赤
- 接着芯　50cm

縫い方ガイド

ししゅうやグログランテープをつける衿やポケット、袖などのパーツを先に用意してから、身頃にとりかかります。

ヨーク切り替えやまちはありませんが、パーツができた後の縫い方順序は、ツーウェイオール（P.48）とほぼ同じです。

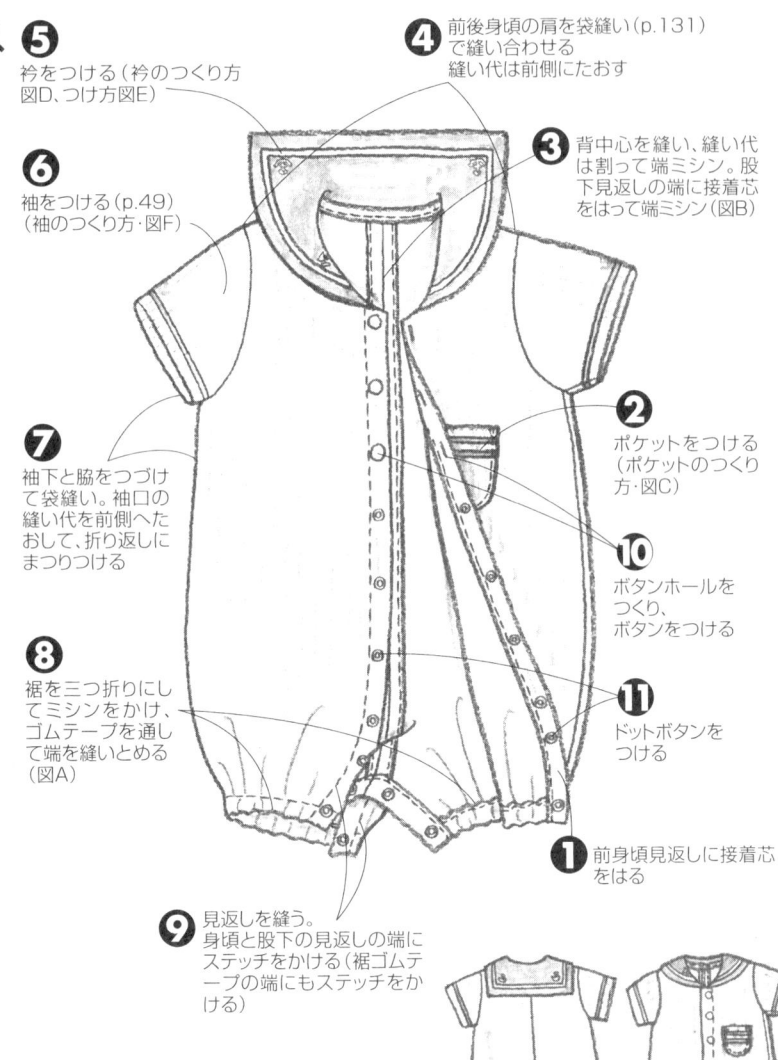

❶ 前身頃見返しに接着芯をはる

❷ ポケットをつける（ポケットのつくり方・図C）

❸ 背中心を縫い、縫い代は割って端ミシン。股下見返しの端に接着芯をはって端ミシン（図B）

❹ 前後身頃の肩を袋縫い（p.131）で縫い合わせる 縫い代は前側にたおす

❺ 衿をつける（衿のつくり方図D、つけ方図E）

❻ 袖をつける（p.49）（袖のつくり方・図F）

❼ 袖下と脇をつづけて袋縫い。袖口の縫い代を前側へたおして、折り返しにまつりつける

❽ 裾を三つ折りにしてミシンをかけ、ゴムテープを通して端を縫いとめる（図A）

❾ 見返しを縫う。身頃と股下の見返しの端にステッチをかける（裾ゴムテープの端にもステッチをかける）

❿ ボタンホールをつくり、ボタンをつける

⓫ ドットボタンをつける

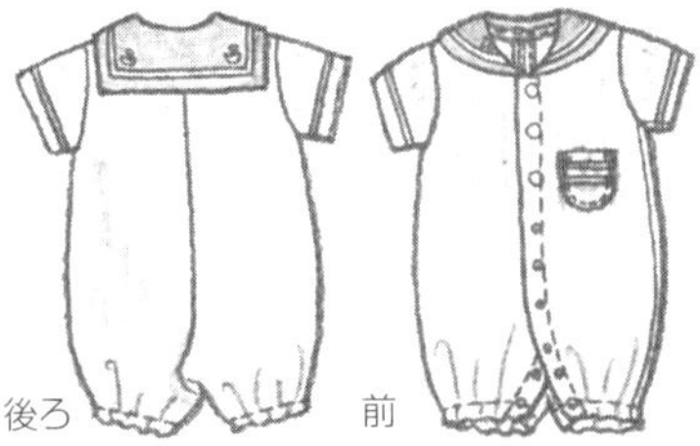

裁ち方図（数字はcm）

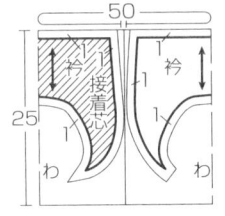

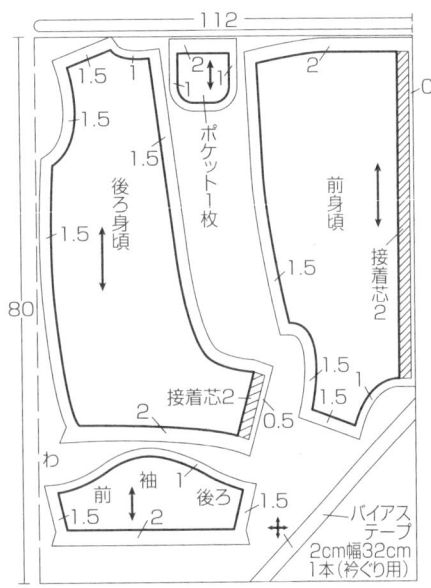

図A　裾の始末

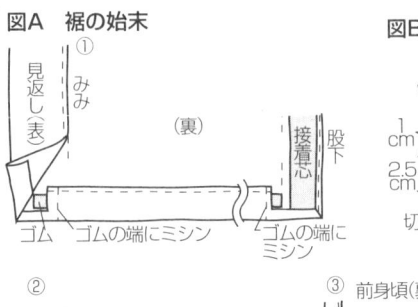

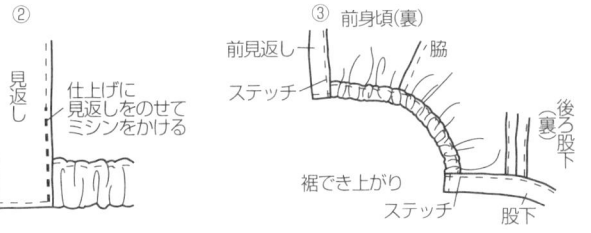

図B　股下の接着芯

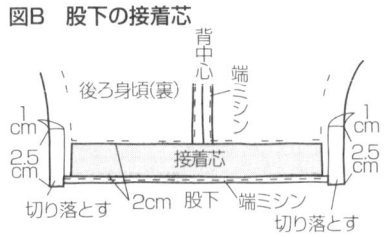

図C ポケットをつくる

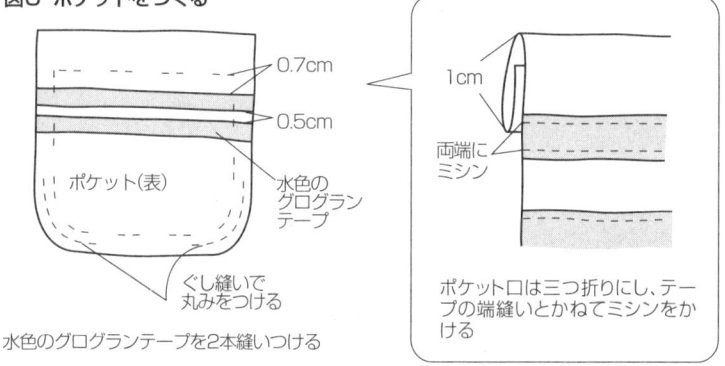

- 0.7cm
- 0.5cm
- ポケット(表)
- 水色のグログランテープ
- ぐし縫いで丸みをつける

水色のグログランテープを2本縫いつける

- 1cm
- 両端にミシン

ポケット口は三つ折りにし、テープの端縫いとかねてミシンをかける

ししゅう図案(実物大)

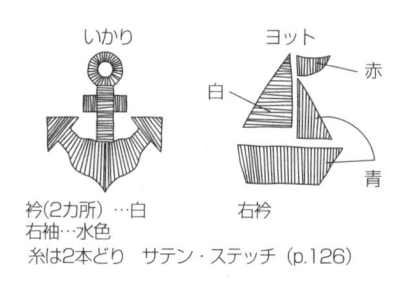

いかり
衿(2カ所)…白
右袖…水色

ヨット
- 赤
- 白
- 青
右衿

糸は2本どり　サテン・ステッチ (p.126)

図D 衿をつくる

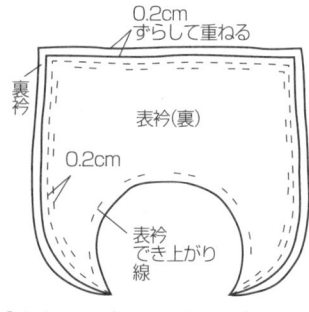

- 0.2cmずらして重ねる
- 裏衿
- 表衿(裏)
- 0.2cm
- 表衿でき上がり線

① 表衿の3カ所にししゅうする(右上図参照)
② 表衿の裏に接着芯をはり、裏衿と中表に合わせて縫う。表衿を0.2cmひかえ、裏衿でき上がり線にミシン

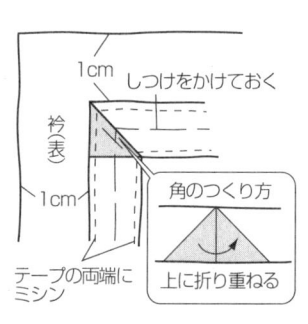

- 1cm
- しつけをかけておく
- 衿(表)
- 1cm
- テープの両端にミシン

角のつくり方
上に折り重ねる

③ 表に返して白のグログランテープを縫いつける

図案の写し方

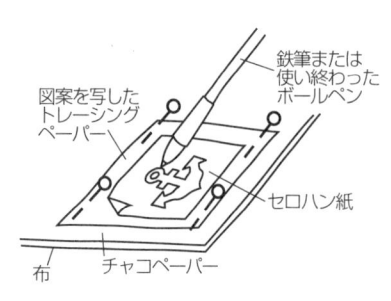

- 鉄筆または使い終わったボールペン
- 図案を写したトレーシングペーパー
- セロハン紙
- チャコペーパー
- 布

ししゅうする位置に、図案を写しとったトレーシングペーパーをピンでとめる。間にチャコペーパーをはさみ、上に透明なセロハン紙を重ねてなぞる。

図E 衿をつける

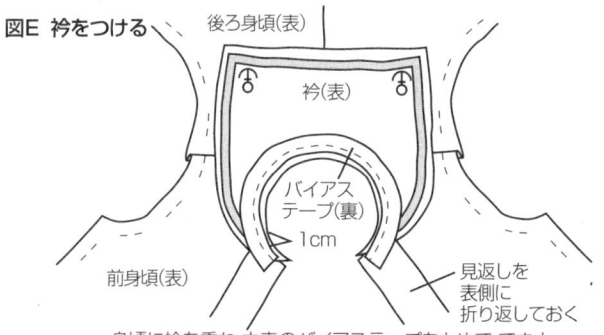

- 後ろ身頃(表)
- 衿(表)
- バイアステープ(裏)
- 1cm
- 前身頃(表)
- 見返しを表側に折り返しておく

身頃に衿を重ね、中表のバイアステープをとめて、でき上がり線を縫う。バイアステープで縫い代をくるみ、ミシンで押さえる

図F 袖をつくる

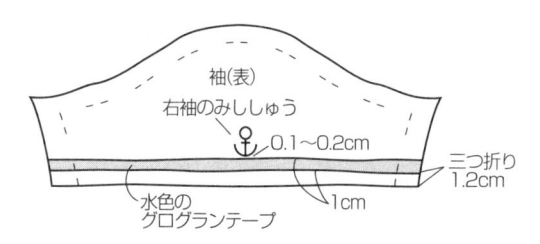

- 袖(表)
- 右袖のみししゅう
- 0.1〜0.2cm
- 三つ折り1.2cm
- 水色のグログランテープ
- 1cm

水色のグログランテープの両端を縫いつける。折り返し部分の縫い方はポケット口と同様に

バスタオル1枚でつくるスリーパー

バスタオルの大きさをそのまま生かして頭を通す穴だけつくり、脇はスナップどめにしたかんたんスリーパー。布団からころがり出てしまう赤ちゃんの寝冷え予防のほか、湯上がり時にじっとしていない幼児にさっとかぶせる"湯上がりポンチョ"としても役立ちます。

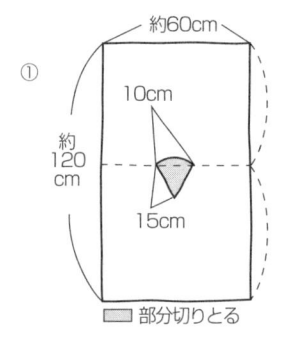

① 約60cm／約120cm／10cm／15cm
部分切りとる
バスタオルの中央に首のあきをつくる

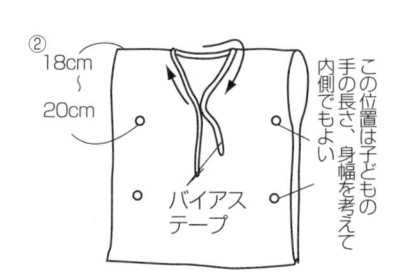

② 18cm〜20cm／バイアステープ
この位置は子どもの手の長さ、身幅を考えて内側でもよい
あきのVの中心から、バイアスを1周つける。脇に2つずつボタンをつける

③ 切りこみ／三つ折りミシン
肩を図のように折り返して縫い止めておくと、小さいうちから着られる
頭囲に合わせて、くりのサイズを調節。広げすぎると、肩が出てしまうので、Vの先に大きくしたい寸法の1/2の切りこみを入れるとよい

はね袖のロンパース
カラーp.19 型紙-A5

夏生まれの赤ちゃんに1枚はほしい形です。ワッフルやクレープなど涼しく、やわらかな肌ざわりの布地でつくります。

材料
木綿ワッフル地（白）106cm幅65cm
接着芯　50cm
ソフトゴムテープ　4mm幅50cm
ドットボタン　10mm9組

縫い方ガイド
別裁ちにした見返しを前端、衿ぐり、袖ぐりにつけたていねいな仕立て。前端と衿ぐり見返しはつづけてつくり、身頃につけます。
＊見返しの縁の始末はロックミシンをかけてもよい。

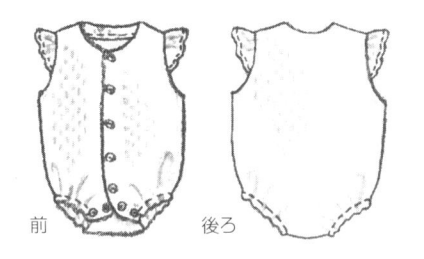

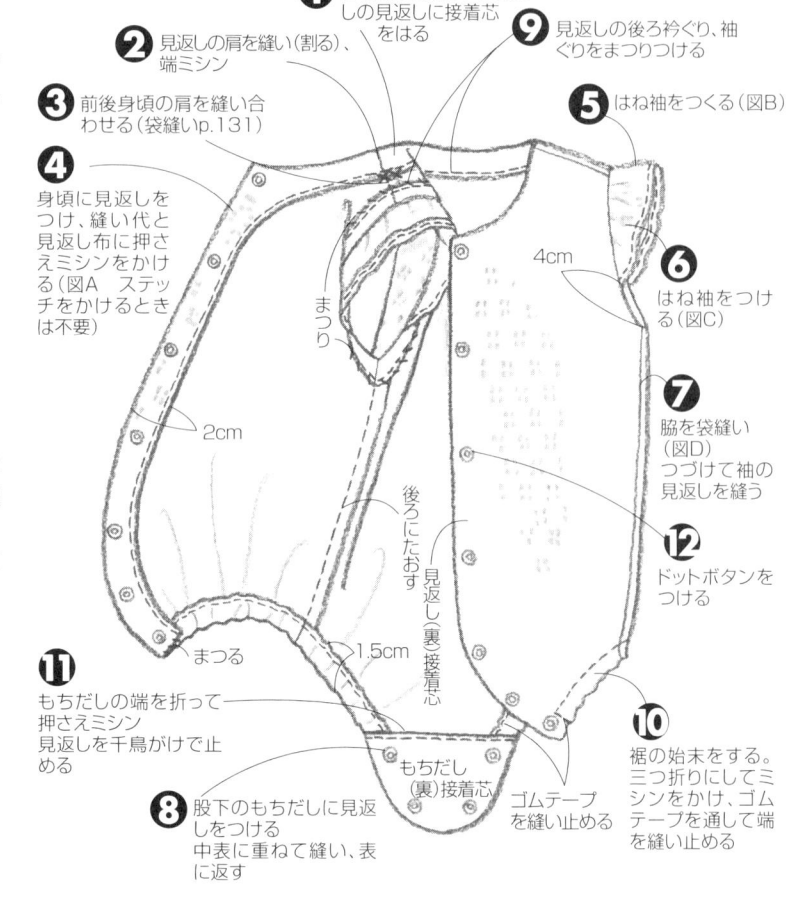

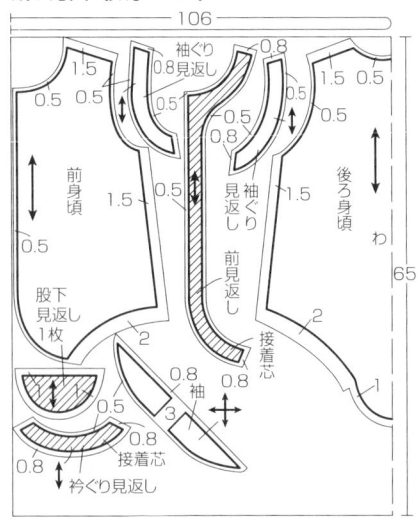

❶ 身頃見返し、股下もちだしの見返しに接着芯をはる
❷ 見返しの肩を縫い（割る）、端ミシン
❸ 前後身頃の肩を縫い合わせる（袋縫いp.131）
❹ 身頃に見返しをつけ、縫い代と見返し布に押さえミシンをかける（図A　ステッチをかけるときは不要）
❺ はね袖をつくる（図B）
❻ はね袖をつける（図C）
❼ 脇を袋縫い（図D）つづけて袖の見返しを縫う
❽ 股下のもちだしに見返しをつける　中表に重ねて縫い、表に返す
❾ 見返しの後ろ衿ぐり、袖ぐりをまつりつける
❿ 裾の始末をする。三つ折りにしてミシンをかけ、ゴムテープを通して端を縫い止める
⓫ もちだしの端を折って押さえミシン　見返しを千鳥がけで止める
⓬ ドットボタンをつける

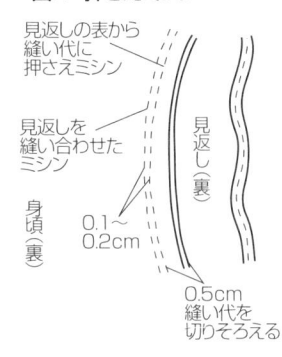

図A　押さえミシン
見返しの表から縫い代に押さえミシン
見返しを縫い合わせたミシン
0.1～0.2cm
0.5cm縫い代を切りそろえる

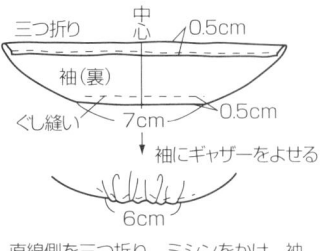

図B　はね袖をつくる
三つ折り　中心　0.5cm
袖（裏）
ぐし縫い　7cm　0.5cm
袖にギャザーをよせる
6cm
直線側を三つ折り、ミシンをかけ、袖山にギャザーをよせる

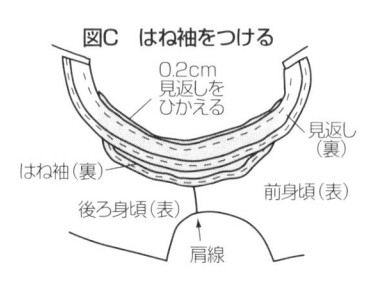

図C　はね袖をつける
0.2cm見返しをひかえる
はね袖（裏）
後ろ身頃（表）
見返し（裏）
前身頃（表）
肩線
袖つけ位置にははね袖のカーブ側を合わせ、見返しを重ねて縫う

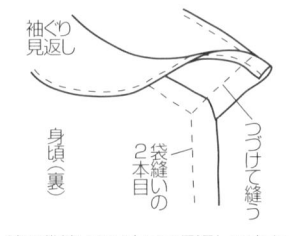

図D　見返しと脇を縫う
袖ぐり見返し
袋縫いの2本目
つづけて縫う
身頃（裏）
脇の袋縫いの2本目で見返しのさきまで縫う

裁ち方図（数字はcm）

よそゆきベビードレス

カラー p.24　型紙-A6

やさしい風合いのボイル地で、よそゆきに仕立てたベビードレス。綿ローンや綿サテンなどでも合います。

材料

綿ボイル（白）110cm幅 120cm
レース　約130cm
ソフトゴムテープ　4mm幅 25cm
オーガンディー（または極薄手の接着芯・前見返し分）
スナップボタン　7mm 5組
飾りボタン 3個

縫い方ガイド

胸のタックにレースをはさんでから、前身頃の型紙をおきなおし、肩と衿ぐりの印をつけます。縫い代の始末は、透ける生地なので細めに、裾もレース地を縫うときのように幅いっぱいの三つ折りにします。袖つけの縫い代は、裁ち残りの共布でパイピングしてもきれいでしょう。

① 粗裁ちした前身頃にタックをとり、レースをはさんで縫う（図A）型紙をあてて肩線をととのえる
② 肩を袋縫い、縫い代は後ろにたおす
③ 脇を縫い、縫い代は後ろにたおす
④ 前見返しにオーガンディーをはり、ステッチで押さえる
⑤ 見返しを中表に折って裾の角を縫い、縫い代を一部切りおとして（p.64）表に返す
⑥ 裾を仕上がりに折ってまつる（2cm分中に折りこむ幅いっぱいの三つ折り）
⑦ 衿ぐりをバイアステープでパイピング（p.133D）
⑧ 袖をつくる。袖下を袋縫いし、縫い代は前にたおす。袖口を折り、ゴム通し口を縫い残してミシン
⑨ 袖をつける（p.64）
⑩ 袖口にゴムを通す
⑪ スナップ、飾りボタンをつける

ミシン2本　1.5cm　1.2cm　まつる　飾りボタン　表にスナップ 9cm間隔　端ミシン　ステッチ　袋縫い　2cm　裏にスナップ

図A レースのつけ方

① もように合わせてタック（またはギャザー）をとる
しつけ　タックの深さ 0.3cm　斜めに一番下は

② レース縫い込み 0.5cm　レースひだ部分 1.8cm　1.8cm　身頃（表）　身頃（裏）　本縫い　ひだ止まりからはひだを押さえて斜めに縫う　返し縫い

③ 1.8cm　5cm　前端線　レースをはさんで縫う。レースのでき上がり線をひだの折り山線に重ねて、1本ミシン

④ 仕上がり図　肩　衿ぐり　レースのもように合わせて短くする表からステッチをかける　身頃（表）　1.2cm　15cm　15cm

裁ち方図（数字はcm）

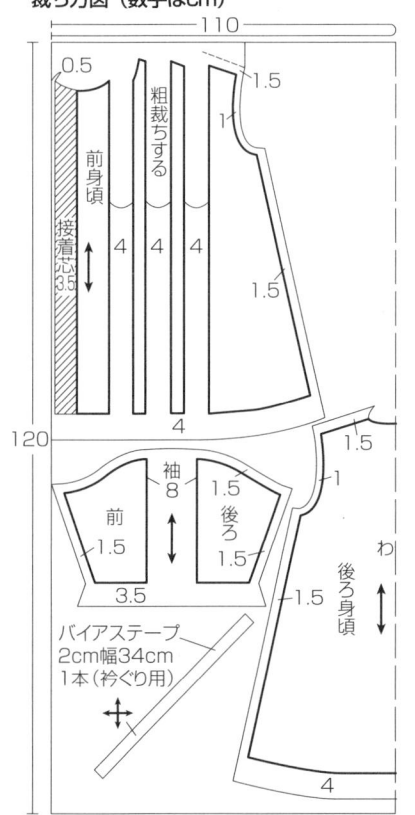

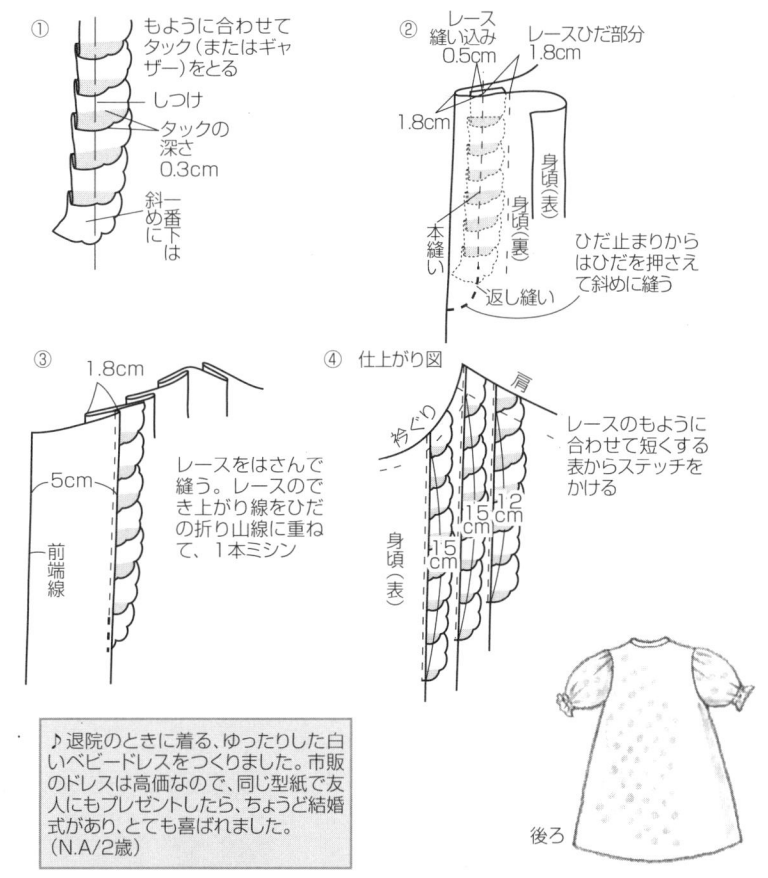

110
0.5　1.5
前身頃　粗裁ちする
接着芯 3.5　4　4　4
1.5
120
4
1.5
袖 8　1.5
前　後
1.5　1.5
3.5　1.5
わ
後ろ身頃
バイアステープ 2cm幅 34cm 1本（衿ぐり用）
4

♪退院のときに着る、ゆったりした白いベビードレスをつくりました。市販のドレスは高価なので、同じ型紙で友人にもプレゼントしたら、ちょうど結婚式があり、とても喜ばれました。(N.A/2歳)

後ろ

袖なしオーバードレスと
ケープ、ボンネット、よだれかけ

カラーp.24　型紙ドレス-A7/ケープ-A8/ボンネット-A9/
よだれかけ-A10

オーバードレスは光沢のあるサテン地なので、一見華やかですが、デザインはシンプル。レースのケープやボンネット、よだれかけと、上品なひとそろいです。

裁ち方図（数字はcm）

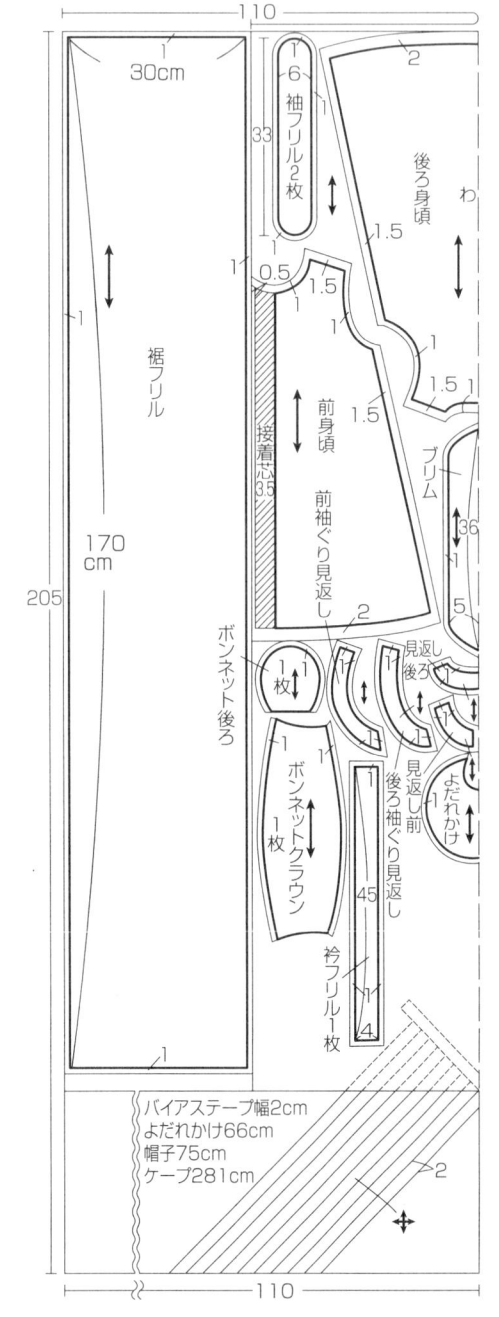

❶ 前見返しに接着芯をはり、端ミシンをかける（p.131）
❷ 肩を袋縫いする（P.131）
❸ 脇を袋縫いする
❹ 衿ぐり、袖ぐりそれぞれの見返しの肩を縫う。袖ぐりの見返しは脇も縫う
❺ 衿ぐり、袖ぐりのフリル布の幅を二つ折りにし、裁ち目の端から0.7cmのところを2枚合わせてぐし縫いして、寸法通りにギャザーをよせる
❻ 袖ぐりにフリル布をはさんで、見返しをつける（はね袖p.54参照）
❼ 衿ぐりにフリル布を重ね、衿ぐり見返しと前身頃見返しではさんで縫う
❽ 袖ぐりにステッチをかける（端から0.5cm）
❾ 裾のフリルをつくってつける（右ページ図A）
❿ スナップ、飾りボタン（くるみボタン）をつける（P.135）

縫い方ガイド

フリルは衿に1.2倍、袖に2倍、裾に1.7倍の布幅を使いました。ぐし縫いは本縫い線をはさんで2本すると、ギャザーが落ち着いて作業がスムーズ、仕上がりもきれいです。

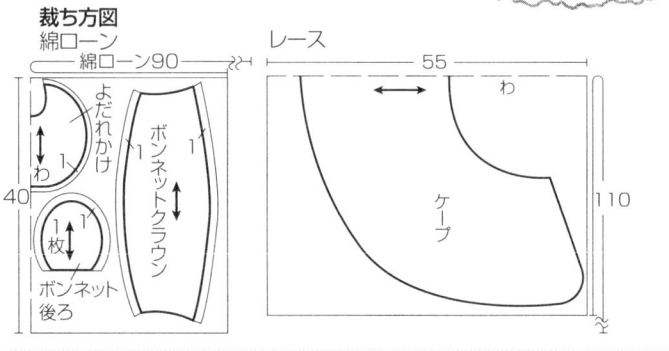

裁ち方図
綿ローン
レース

材料	オーバードレス	ケープ	ボンネット	よだれかけ
ポリエステルサテン　110cm幅205cm	○		○	○
綿ローン（裏布用）　90cm幅40cm			○	○
ポリエステルレース地（ケープ用）110cm幅55cm		○		
レース（p.55と同じもの）110cm			○(30cm)	○(80cm)
スナップボタン　7mm5組	○			
飾りボタン　10mm3個	○			
接着芯（極薄）約60cm	○			

図A 裾フリルのつくり方、つけ方

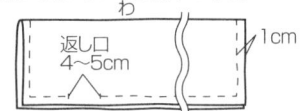

① フリル布のまわり3辺にミシンがけ（返し口を4〜5cm縫い残す）

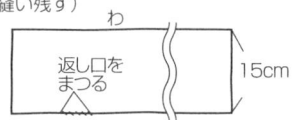

② 表に返して、返し口をまつる

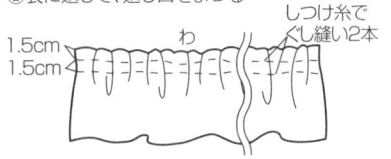

③ 図の位置に2本ぐし縫いし、身頃裾幅（104cm）に合わせてギャザーをよせる

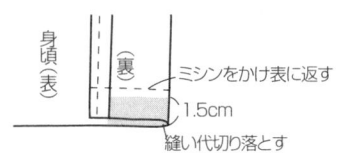

④ 見返しの下端を縫って表に返し、前端、衿ぐりにステッチをかける

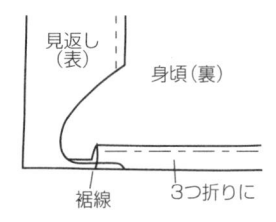

⑤ 身頃裾線を三つ折りにし、しつけ

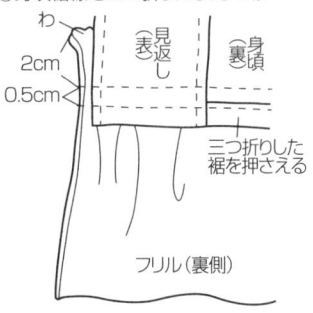

⑥ 身頃の表にフリルをのせ、上からミシン2本で縫いつける

ケープ
カラーp.24 型紙-A8

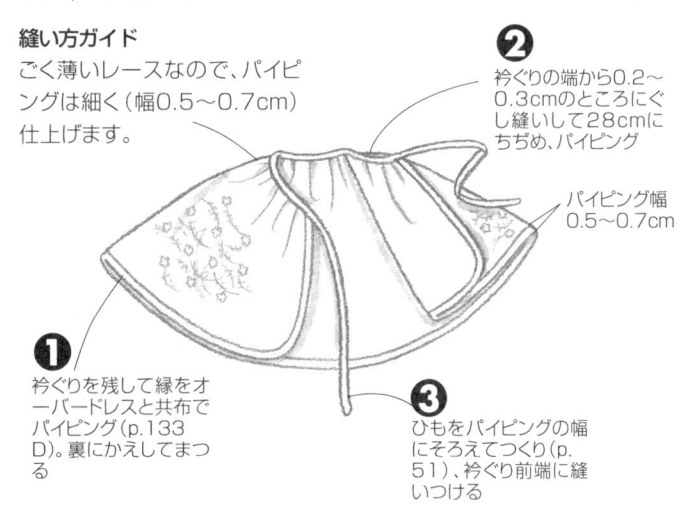

縫い方ガイド
ごく薄いレースなので、パイピングは細く（幅0.5〜0.7cm）仕上げます。

❶ 衿ぐりを残して縁をオーバードレスと共布でパイピング（p.133 D）。裏にかえしてまつる

❷ 衿ぐりの端から0.2〜0.3cmのところにぐし縫いして28cmにちぢめ、パイピング

パイピング幅 0.5〜0.7cm

❸ ひもをパイピングの幅にそろえてつくり（p.51）、衿ぐり前端に縫いつける

ボンネット
カラーp.25 型紙-A9

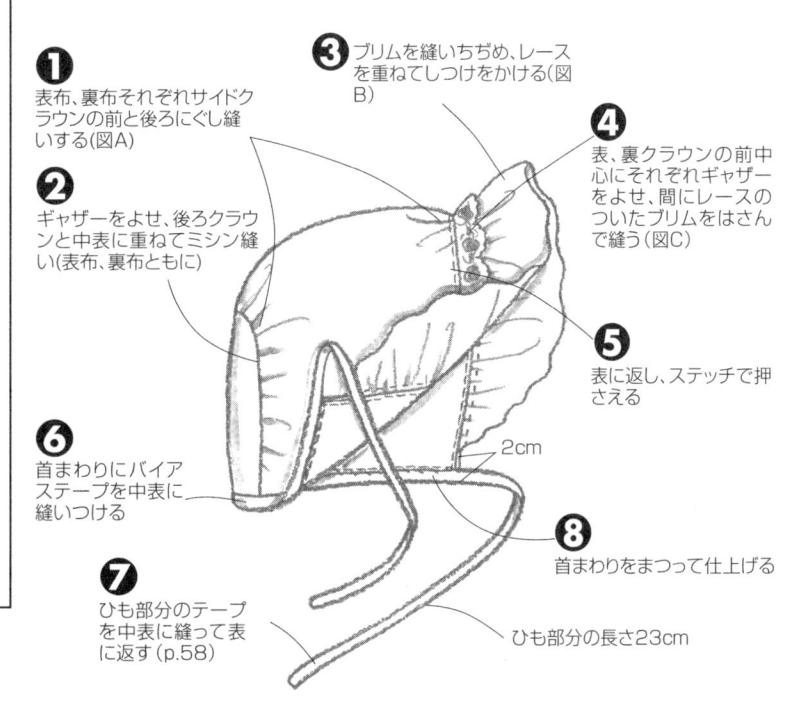

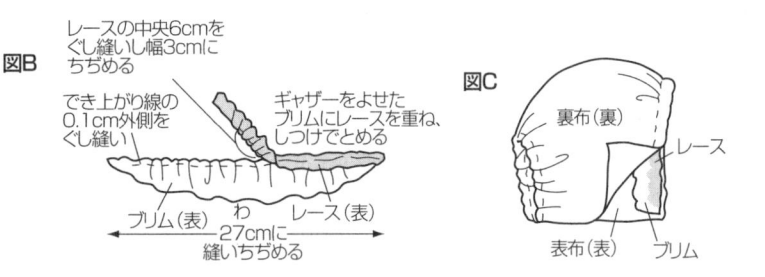

❶ 表布、裏布それぞれサイドクラウンの前と後ろにぐし縫いする（図A）

❷ ギャザーをよせ、後ろクラウンと中表に重ねてミシン縫い（表布、裏布ともに）

❸ ブリムを縫いちぢめ、レースを重ねてしつけをかける（図B）

❹ 表、裏クラウンの前中心にそれぞれギャザーをよせ、間にレースのついたブリムをはさんで縫う（図C）

❺ 表に返し、ステッチで押さえる

❻ 首まわりにバイアステープを中表に縫いつける

❼ ひも部分のテープを中表に縫って表に返す（p.58）

❽ 首まわりをまつって仕上げる

ひも部分の長さ23cm

縫い方ガイド
本体はサテン布、裏はローンで別々につくり、ブリムをつけるときに2枚を合わせます。

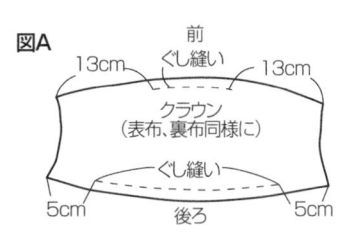

図A 前 ぐし縫い 13cm／13cm クラウン（表布、裏布同様に） ぐし縫い 後ろ 5cm／5cm

図B レースの中央6cmをぐし縫いし幅3cmにちぢめる／でき上がり線の0.1cm外側をぐし縫い／ギャザーをよせたブリムにレースを重ね、しつけでとめる／ブリム（表）／わ／レース（表）／27cmに縫いちぢめる

図C 裏布（裏）／レース／表布（表）／ブリム

レースのよだれかけ
カラーp.25　型紙-A10

表布はサテン地、裏布には綿サテンを使った上品なよだれかけ。

縫い方ガイド
丸みに合わせてレースをきれいにつけることがポイント。ひものバイアステープはオーバードレスの共布で。
材料、裁ち方はP.56参照

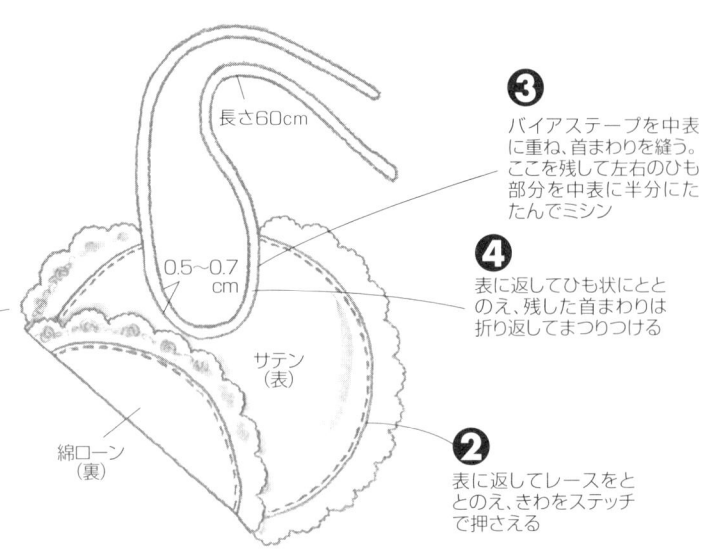

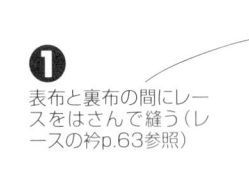

❶ 表布と裏布の間にレースをはさんで縫う（レースの衿p.63参照）

長さ60cm

0.5〜0.7cm

サテン（表）

綿ローン（裏）

❸ バイアステープを中表に重ね、首まわりを縫う。ここを残して左右のひも部分を中表に半分にたたんでミシン

❹ 表に返してひも状にととのえ、残した首まわりは折り返してまつりつける

❷ 表に返してレースをととのえ、きわをステッチで押さえる

キルティングのおくるみ
カラーp.25

肌ざわりのよい生地で、赤ちゃんをやさしく包みます。表面にレースもようのほどこされたキルティングでつくりました。

材料
綿レースキルティング地（白）100cm幅80cm
バイアステープ　10mm（両折）約3.6m

縫い方ガイド
三角布の型紙をつくっておき、四隅にあてて裁つと角のカーブがきれいにそろいます。

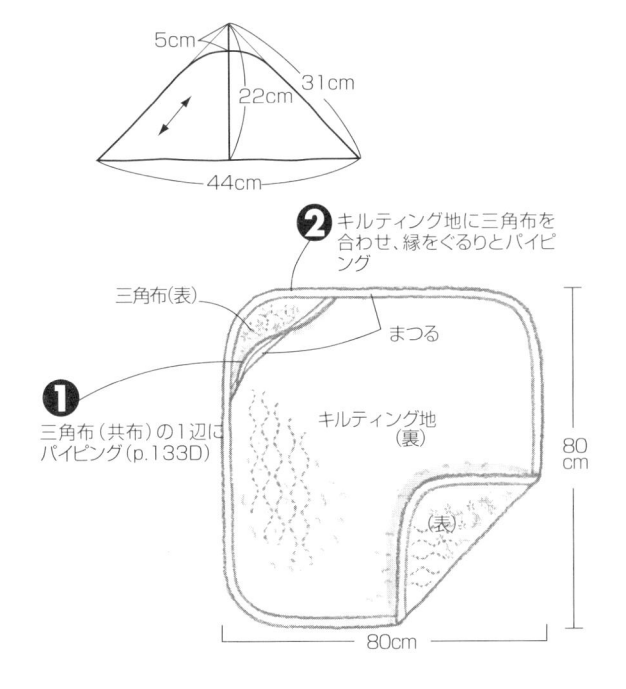

5cm　31cm
22cm
44cm

❶ 三角布（共布）の1辺にパイピング（p.133D）

❷ キルティング地に三角布を合わせ、縁をぐるりとパイピング

三角布（表）
まつる
キルティング地（裏）
（表）
80cm × 80cm

ふだんのよだれかけ

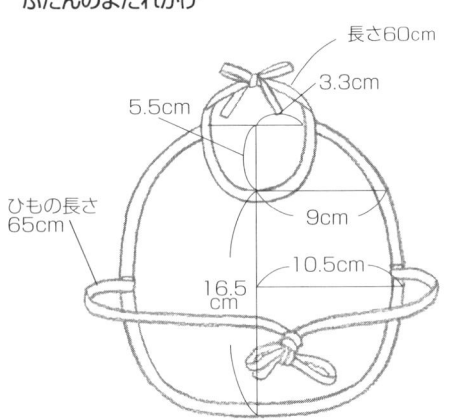

長さ60cm
3.3cm
5.5cm
9cm
ひもの長さ65cm
16.5cm
10.5cm

よだれの量は個人差が大きいもの。多い子には、綿メリヤスとタオル、ネルとタオル、ネルとブロードなど二重仕立てでつくると、吸収がよくてしかもすぐしみ通ってしまわないよだれかけができます。

上のようなサイズで2枚をぐるりとパイピング。胸のところにも結べるひもをつけておくと、寝返り、ハイハイなど動きまわるようになってからも安心です。胸のひもは輪にして縫いつけると、背中でも脇でも、片手で結び目がつくれて便利です。

♪下の子は本当によだれが多く、おむつと同じくらいの頻度でよだれかけを交換していました。手許にあった目のつんだ浴用タオルに、肌着の残り布のさらしやネルで裏打ちしてつくったら、手頃な厚さで重宝しました。(N.S)

コンビ肌着
カラーp.23 型紙-A11

肌着は、綿ジャージーの中でも薄手のスムースニットでつくります。肌にふれる部分をなめらかにするため、縫い代の始末は表に出しました。

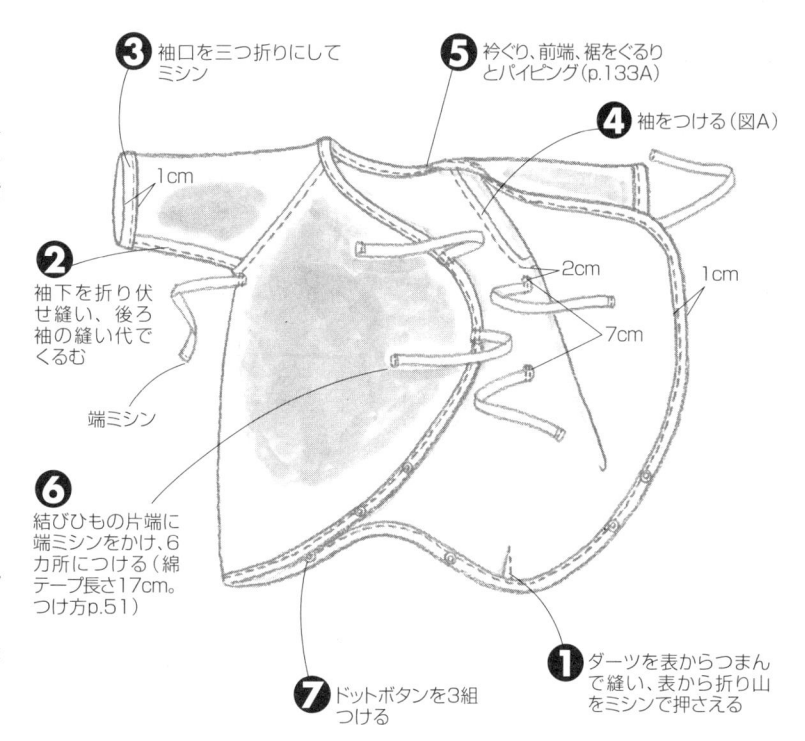

材料
綿ジャージー（スムースニット）
92cm幅65cm
ニット用パイピングテープ
　　　　　　11mm（両折）180cm
綿テープ　10mm幅110cm
ドットボタン　10mm3組

縫い方ガイド
一枚裁ちの身頃に袖をつけ、縁をパイピングで始末します。縫い合わせるところは外表に合わせて縫い、折り伏せ縫いのステッチも表からかけます。

裁ち方図（数字はcm）

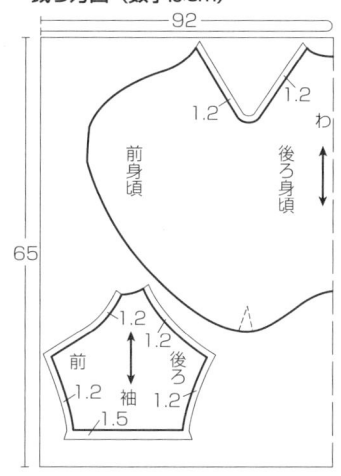

❶ ダーツを表からつまんで縫い、表から折り山をミシンで押さえる
❷ 袖下を折り伏せ縫い、後ろ袖の縫い代でくるむ　端ミシン
❸ 袖口を三つ折りにしてミシン
❹ 袖をつける（図A）
❺ 衿ぐり、前端、裾をぐるりとパイピング（p.133A）
❻ 結びひもの片端に端ミシンをかけ、6カ所につける（綿テープ長さ17cm。つけ方p.51）
❼ ドットボタンを3組つける

図A　袖のつけ方

身頃の袖ぐりと袖を折り伏せ縫い。袖側の縫い代を切って身頃の縫い代でくるむ

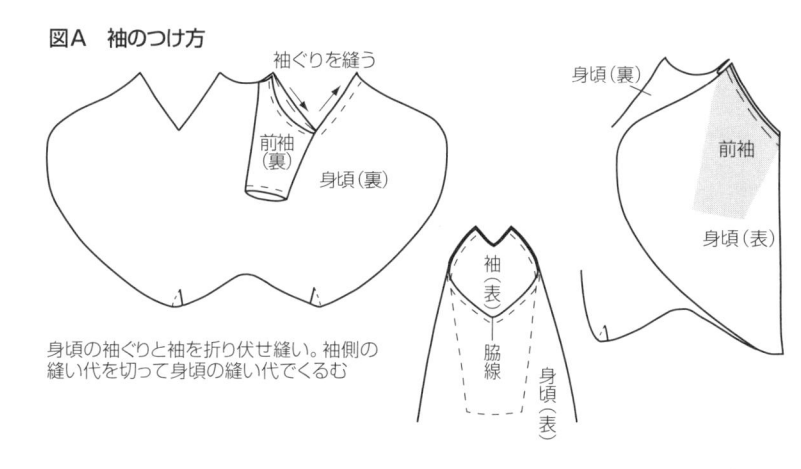

さらしの肌着
袖つけ、裾縫いのない、もっともかんたんな肌着。型紙がなくても、布にじかに印をつけて裁断できます。手縫いでも大丈夫です。

材料
さらし34cm幅約90cm
綿テープ（1cm幅）25cm×4本

裁ち方図（数字はcm　縫い代含む）

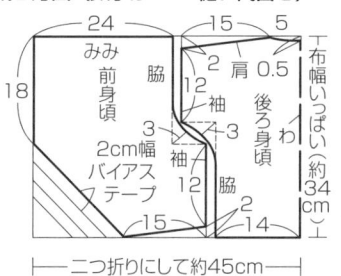

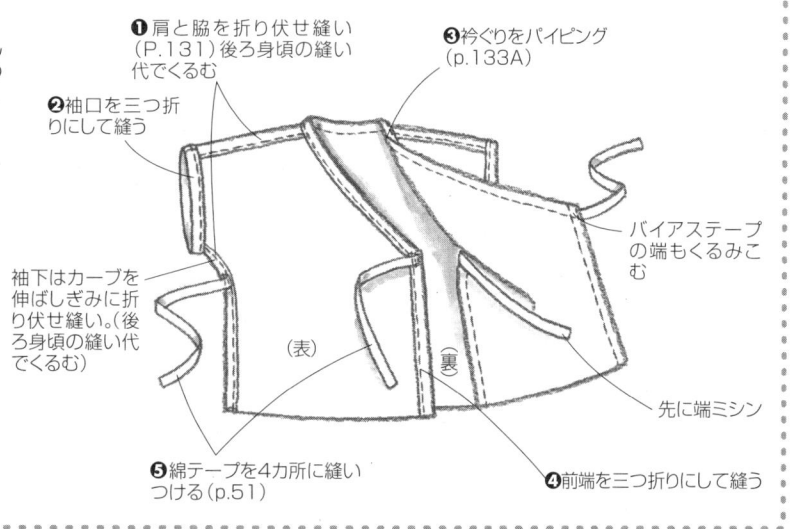

❶ 肩と脇を折り伏せ縫い（P.131）後ろ身頃の縫い代でくるむ
❷ 袖口を三つ折りにして縫う
❸ 衿ぐりをパイピング（p.133A）
❹ 前端を三つ折りにして縫う
❺ 綿テープを4カ所に縫いつける（p.51）

袖下はカーブを伸ばしぎみに折り伏せ縫い。（後ろ身頃の縫い代でくるむ）
バイアステープの端もくるみこむ
先に端ミシン

布団カバーとシーツ

汗っかきの赤ちゃんには、カバーとシーツの洗い替えが必要です。カバーは全体をすっぽりおおい、長い方の一辺から出し入れする形、シーツはゴムでしぼってくるみこむ形が使いやすいでしょう。

材料

布地は木綿が最適。ここでは112cm幅のシーチングワッシャーを使いましたが、ブロード、天竺などでも。布幅は90〜110cmのものが多く、シーチングは150cm幅（無地）もあります。
その他、カバー用にひも（または止め具）、シーツ用にゴムテープ

布団カバーの大きさ

[縦（横）+厚み]にゆとり分として2〜3cm足し、横幅はあきの縫い代分としてさらに3cmほど足します。

かけ布団カバー

かけ布団の場合は、表裏、上下を判別するためにも、柄と無地を組み合わせたり、アップリケやししゅうをしたり、グログランテープやレースをつけるのも楽しいでしょう。

❶ 布をでき上がりに重ね、あきの1辺を残して他の辺を袋縫い(p.131)にする

❷ あきを三つ折りにしてミシンがけ

❸ スナップ（ドットボタン）、ひも（綿テープ）などをあきの4〜5カ所につける（図A）

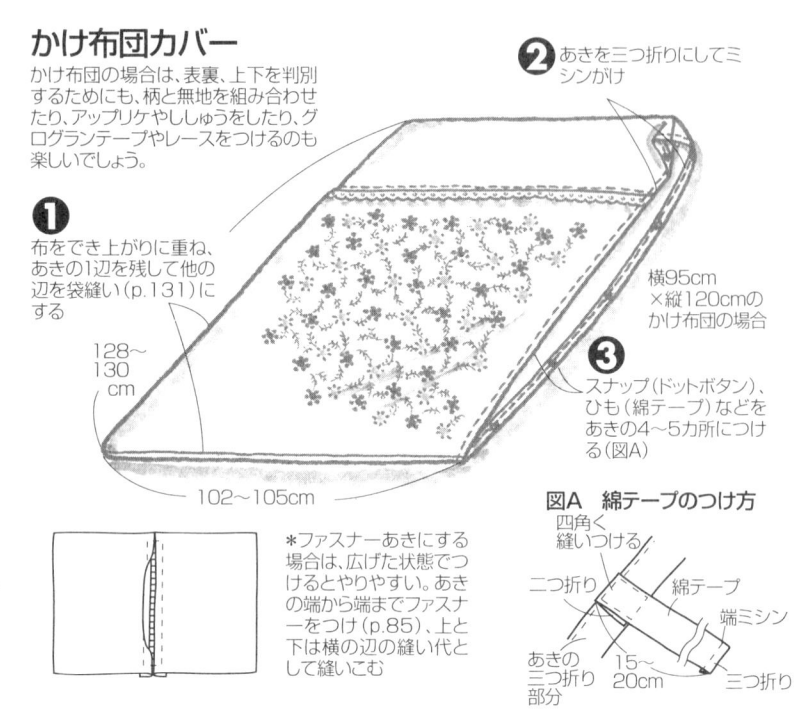

横95cm×縦120cmのかけ布団の場合

128〜130cm
102〜105cm

*ファスナーあきにする場合は、広げた状態でつけるとやりやすい。あきの端から端までファスナーをつけ(p.85)、上と下は横の辺の縫い代として縫いこむ

図A　綿テープのつけ方

四角く縫いつける
二つ折り
綿テープ
端ミシン
あきの三つ折り部分
15〜20cm
三つ折り

ラップシーツ（マットレス、敷き布団用）

布団やマットレスの大きさに合わせてまちを縫い、裏の折り返しをゴムテープでぴったりさせます。

折る線
112cm
折って重ねてまちを縫う
ゴム通しの縫い代分
裏側への折り返し分
マットレスの厚み分
マットレスの角
みみ
ベビーベッド 70×120cm
162cm
みみ
21cm
21cm

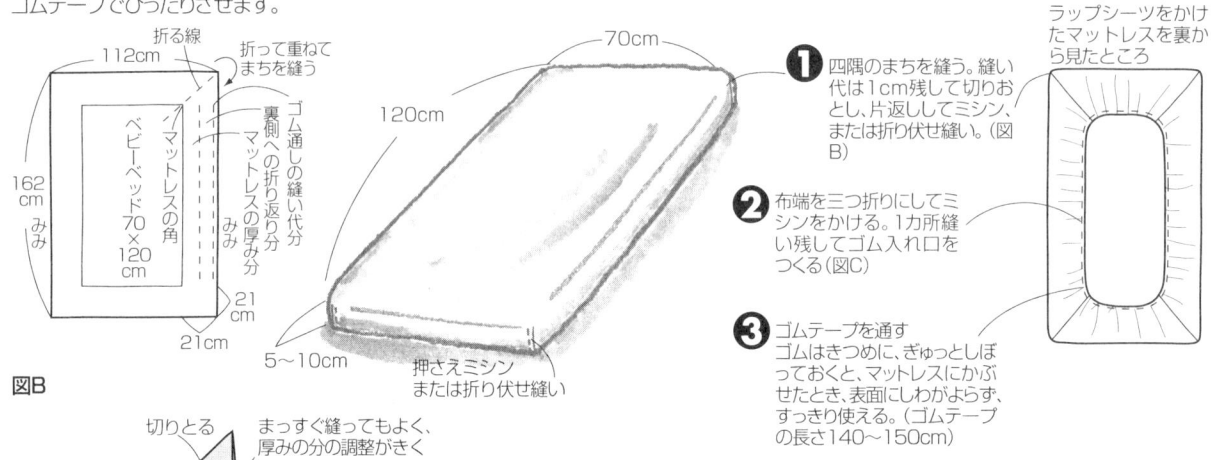

70cm
120cm
5〜10cm
押さえミシンまたは折り伏せ縫い

❶ 四隅のまちを縫う。縫い代は1cm残して切りおとし、片返ししてミシン、または折り伏せ縫い。（図B）

❷ 布端を三つ折りにしてミシンをかける。1カ所縫い残してゴム入れ口をつくる（図C）

❸ ゴムテープを通す
ゴムはきつめに、ぎゅっとしぼっておくと、マットレスにかぶせたとき、表面しわがよらず、すっきり使える。（ゴムテープの長さ140〜150cm）

ラップシーツをかけたマットレスを裏から見たところ

図B

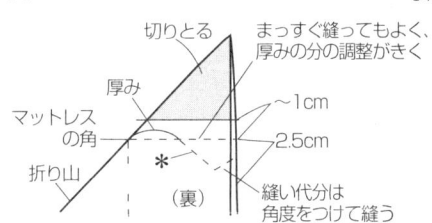

切りとる
まっすぐ縫ってもよく、厚みの分の調整がきく
厚み
〜1cm
マットレスの角
2.5cm
折り山
（裏）
縫い代分は角度をつけて縫う
＊

*マットの厚さがはっきりしている場合、裏に折り返す分はダーツをとるように斜めに縫うとずれにくい。

図C

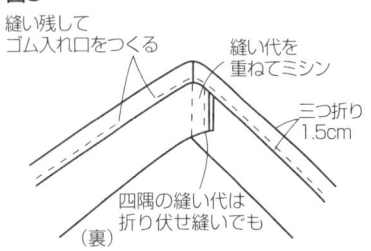

縫い残してゴム入れ口をつくる
縫い代を重ねてミシン
三つ折り
1.5cm
四隅の縫い代は折り伏せ縫いでも
（裏）

輪型おむつの縫い方　手縫い、ミシン縫い、どちらでもできます。

30〜40cm
65〜70cm
片側の折り山を切っていく

0.5〜0.7cmの折り伏せ縫い(p.131)
両端は返し縫いを
縫い代

反物はさらし、ドビー織りとも、おむつのサイズにびょうぶだたみにされたものが、市販されています。

*おむつの選び方、扱いはp.10を参照してください

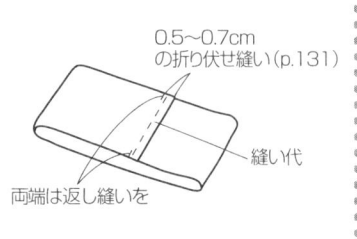

ひんぱんに洗濯をするものなので、ほつれにくいことが第一です。でき上がり寸法にカットし、中表にして、0.5〜0.7cmの折り伏せ縫い(p.131)にし、表に返します。袋縫いでもよいのですが、やや乾きが悪くなります。

How
to
Make
・・・・・・・・・・・・・・・・・・・・ **ベビー服を卒業したら**

生後半年をすぎて動きが活発になってきたら、
だんだんにベビー服を卒業。
シャツにパンツ、ワンピースといった洋服が着られるようになり、
赤ちゃんのときよりバリエーションが増えてきます。
シンプルで縫いやすいデザインですから、
何枚か縫って腕をあげたら、
レースをつけたり、タックをよせたり、
自分なりのアレンジを楽しんでみましょう。

●実物大型紙は、80cm（B面）、90cm（C面）、100cm（D面）の3サイズをつけました。3歳くらいまでは、身長こそ伸びますがいわゆる幼児体型のままなので、着るものに大きな変化はありません。標準より細身や太めの場合は、製図（p.138）をみてオリジナルの型紙をつくれば、ちょうどよいサイズにつくることもできます。

●「白コットンのブラウス（p.62）」は、基礎的なことがわかるようにつくり方をくわしく説明してあります。

白コットンのブラウス

カラーp.31 型紙-31

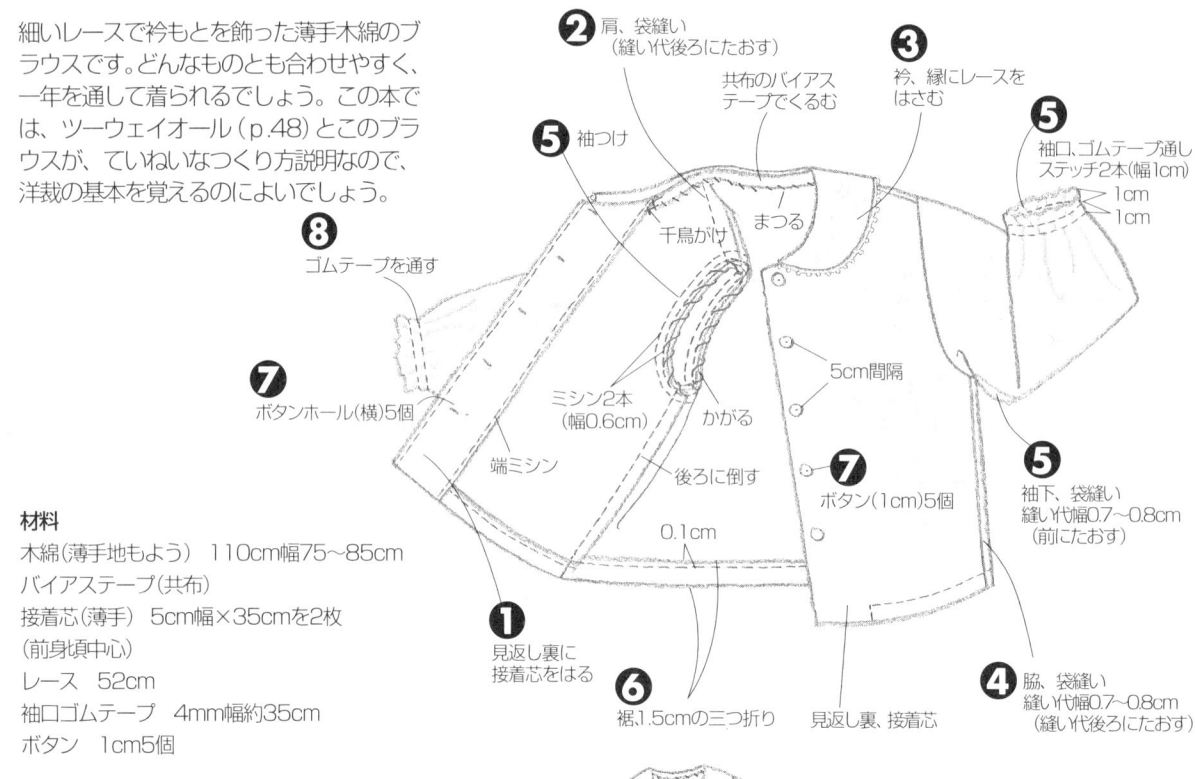

細いレースで衿もとを飾った薄手木綿のブラウスです。どんなものとも合わせやすく、一年を通して着られるでしょう。この本では、ツーウェイオール（p.48）とこのブラウスが、ていねいなつくり方説明なので、洋裁の基本を覚えるのによいでしょう。

❷ 肩、袋縫い（縫い代後ろにたおす）
共布のバイアステープでくるむ
❸ 衿、縁にレースをはさむ
❺ 袖口、ゴムテープ通しステッチ2本（幅1cm）
1cm
1cm
❺ 袖つけ
千鳥がけ
まつる
❽ ゴムテープを通す
ミシン2本（幅0.6cm）
かがる
端ミシン
後ろに倒す
5cm間隔
❼ ボタンホール（横）5個
❶ 見返し裏に接着芯をはる
❼ ボタン（1cm）5個
0.1cm
❻ 裾1.5cmの三つ折り
見返し裏、接着芯
❺ 袖下、袋縫い 縫い代幅0.7〜0.8cm（前にたおす）
❹ 脇、袋縫い 縫い代幅0.7〜0.8cm（縫い代後ろにたおす）

材料

木綿（薄手地もよう） 110cm幅75〜85cm
バイアステープ（共布）
接着芯（薄手） 5cm幅×35cmを2枚（前身頃中心）
レース 52cm
袖口ゴムテープ 4mm幅約35cm
ボタン 1cm5個

縫い始める前に（p.129参照）

1 サイズを決めます。
2 型紙31番をルレットなどで、別紙に写し、切りとります。
3 裁ち方図を参考に縫い代をつけて裁断、水溶性の両面チャコペーパーまたはチャコを使って印をつけます。

縫い方順序

1 前身頃見返しに接着芯をはる。
2 前後身頃の肩を縫い合わせる。
3 衿をつける。
4 両脇を縫い合わせる。
5 袖をつける。
6 裾の始末をする。
7 ボタンホールをつくり、ボタンをつける。
8 袖口にゴムテープを通す。

＊縫い代幅をそろえて裁つ、しつけをかける、要所をアイロンで押さえるなど、一つひとつの工程をていねいにする方が、きれいに早く仕上がります。慣れれば印つけなしで、できるようになるでしょう。

＊ロックミシン 見返し端、肩、脇、袖下はロックミシンを使って縫ってもよいでしょう。

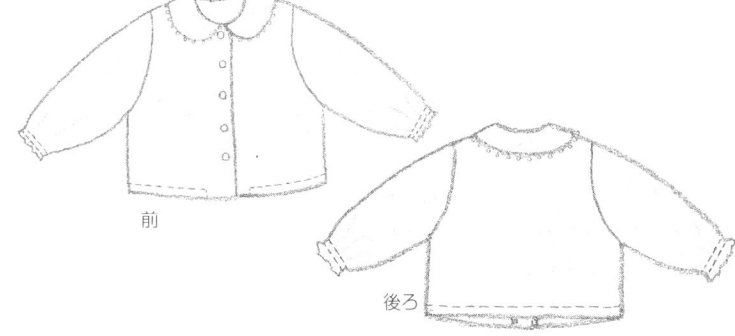

前
後ろ

裁ち方図（数字はcm）

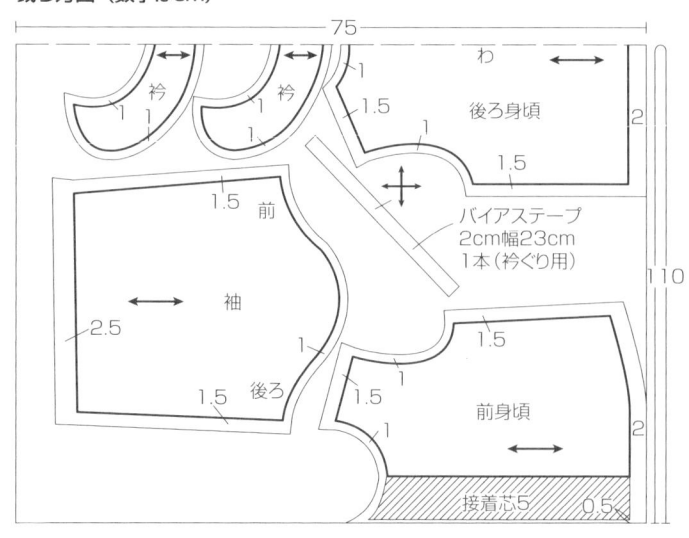

75
わ
衿 衿
1 1 1
1.5 後ろ身頃
1.5
前
1 2
バイアステープ 2cm幅23cm 1本（衿ぐり用）
2.5 袖
1 1
1.5 後ろ
1.5 前身頃
1 1 2
接着芯5 0.5
110

縫い方

1 布を裁ったらまず芯をはる
前身頃左右の見返しに接着芯をはり、前端きわは端ミシン（図A）をかける。
＊接着芯はできるだけ薄いもの、あて布をし（紙でもよい）、低温（110～150で）のアイロンを押しあて接着させる。（接着芯p.128）

2 肩を縫い合わせる
前後身頃の肩を袋縫い（p.131）で縫い合わせる。袋縫いの縫い代のでき上がり幅は0.7～0.8cmに。
＊後ろ身頃の方が多少広いので、両端を合わせてまち針でとめ、後ろ肩を外側にして丸みをもたせてまち針をうち、しつけをかけます。

3 衿（図C）

衿のつくり方

①縁にレースをつける。表衿の表を上にしておき、ぐし縫い（p.132）したレースを衿の仕上がり線に合わせて中表におき、しつけをかける。
＊表に返したときに平らに広がる布幅が必要なので、ぐし縫いでカーブに合わせたゆるみを入れます。レース幅が広い場合はとくに注意が必要です。レースがずれないようにしつけは、細かく、ていねいに。

②裏衿を表衿に中表に重ねてしつけをかけ、仕上がり線をミシンで縫う。
＊衿端にレースをつける場合は、本縫い線を裏衿側にひかえる必要はありません。（レースをつけない衿はp.65参照）

③縫い代を0.5cmに切りそろえ、表に返してアイロンでととのえ、衿つけ線にしつけをかけて、2枚を止めておく。

衿のつけ方

④身頃の衿ぐりに衿を合わせてしつけをかけ、さらに前身頃の見返しを折り返して（中表に重ねる）しつけで止める。共布でつくった2cm幅のバイアステープをのせて、しつけをかけ、仕上がり線をミシンで縫う。

⑤カーブのきついところの縫い代には切りこみを入れ、縫い代を0.5cmに切りそろえて見返しを表に返し、形をととのえてバイアステープで縫い代をくるみ、身頃にまつりつける。

4 脇を袋縫いで縫い合わせる
（2番の肩の縫い方と同じです。）

図A　見返し裏に接着芯をはる

図B　肩　袋縫い

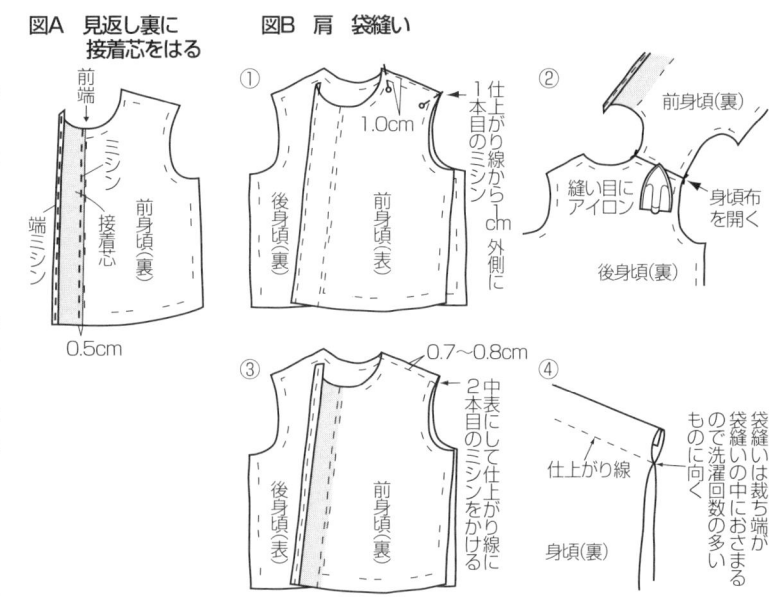

図C　衿　縁にレースをはさむ

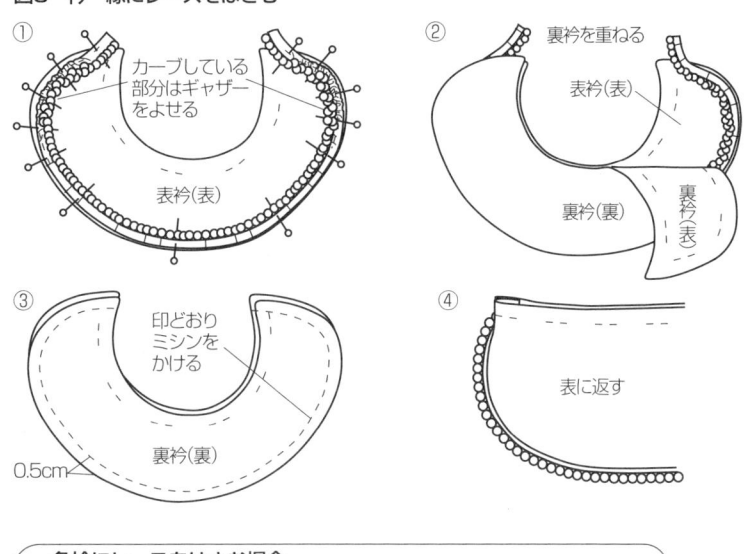

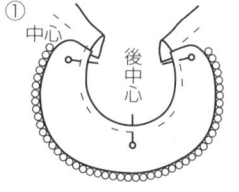

角衿にレースをはさむ場合

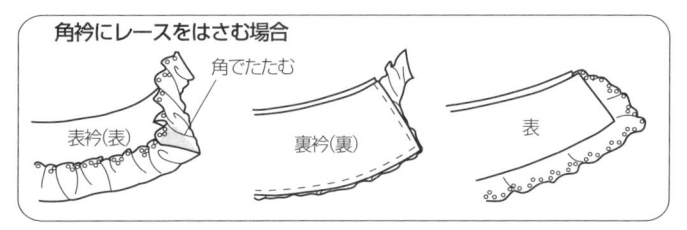

図D　衿つけ

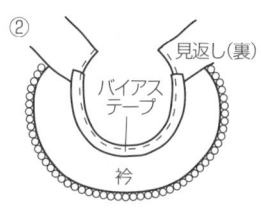

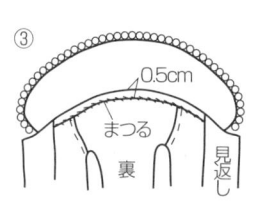

5 袖

袖のつくり方（図E）
①袖山の仕上がり線をはさんでぐし縫いを2本する。
②袖下を袋縫いする（ゴム通し口のために1本目で2cmを、2本目で口部分1cmを縫い残し、仕上がり線から0.5cmの折り返し部分の縫い代に切り込みを入れて開く）。
③袖山にギャザーをよせて山を形づくる。
④袖口を折り返し（仕上がり幅2cm）、ゴム通しのステッチを図のようにかける。

袖のつけ方（図F）
⑤身頃袖ぐりと袖山を中表に重ね、袖山のカーブを袖ぐりに合わせながら（袖下の縫い代は前袖側にたおす）、しつけをかけてミシンで本縫い。本縫い線の外側0.7cmにもう一本ミシンをかけ、縫い代はかがって袖側にたおす。

6 裾を上げる
見返しを前中心の仕上がり線で中表に折り、下端をミシンで縫い、表に返して裾を上げ、ミシンをかける。（図G）両端は見返しの端ミシンにそって直角に。

7 ボタンとボタンホール
右前身頃にボタンホール（女の子用）。衿ぐりから1cm（ボタンの直径分）下がったところにひとつ目、等間隔に5個。ボタンは左身頃前中心につける。ボタンホール、ボタンのつけ方詳細はp.134に。

8 袖口にゴムテープを通して完成（図H）
テープの長さは手首の太さプラス縫い代分。

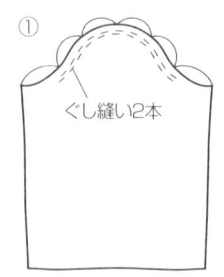

図E 袖をつくる
① ぐし縫い2本 / 印の上下3mmずつにぐし縫いを2本。
② 1cm 袖（表）ミシン 2cm / 袖口にゴム通し口を縫い残す
③ 袋縫い 袖（裏）1cm / ぐし縫いの糸をひいて袖山を形づくる
④ 後 前（裏）0.5cm 縫い代に切りこみを入れて開く / ミシン 1cm 1cm / 袖を折りあげ、ゴム通しをつくる

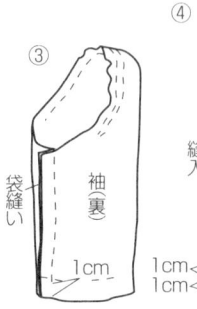

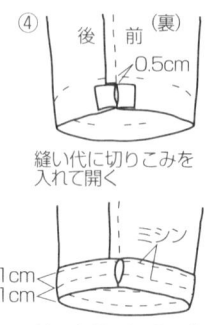

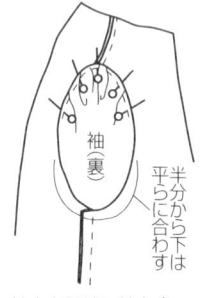

図F 袖つけ
袖（裏） / 袖山と肩縫い線を合わせてピンを打つ
二度ぬい / かがる / 袖側を上にしてミシンをかける。

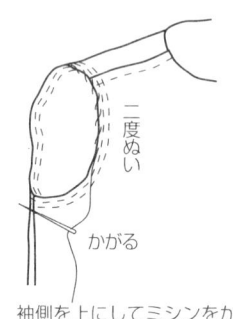

袖山のいせ方
ぐし縫いでちぢめたら、袖まんじゅうや仕上げ馬などに袖山をのせ、アイロンの先でぐし縫いのすぐきわまで、ギャザーをつぶす。縫い代に水をつけるときれいに仕上がる。
まんじゅうや馬のないときは、タオルを小さく固くたたんだもので代用するのもよい。

図G 見返し端の始末
見返し（裏） 前身頃（表） 0.5cm ミシン 2.0cm 切り落とす 1.0cm
見返し（表） 前身頃（裏） 1.5cm ミシン

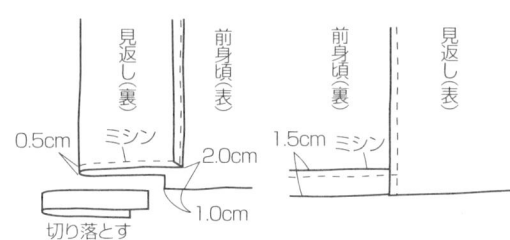

図H 袖口のゴムテープ
寸法通りに切ったゴムを通して縫いとめる 

花柄の半袖ブラウス
カラー-p.31　型紙-32

シンプルな角衿の半袖ブラウスです。

材料
木綿　110cm幅55〜65cm
接着芯5cm幅×35cmを2枚
バイアステープ（共布）　2cm幅 約25cm
ボタン　10mm4個

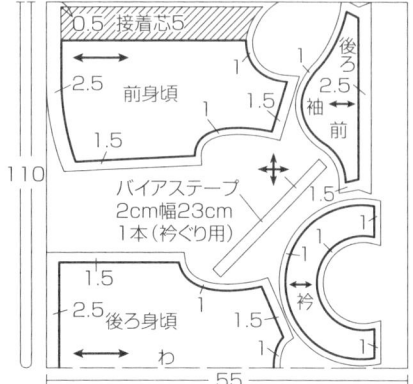

縫い方ガイド
白コットンのブラウス（p.62）の半袖型なので袖口と衿以外は同じつくり方です。
袖口は、端ミシンをかけて仕上がり幅1.5cmに折ってまつる。衿はレースを挟まないので、p.65を参照してください。

裁ち方図（数字はcm）
0.5 接着芯5
前身頃 2.5 1 1.5 1.5
後ろ 袖 前 2.5 1.5 1
バイアステープ 2cm幅23cm 1本（衿ぐり用）
後ろ身頃 2.5 1.5 わ 1
衿 1.5 1
110 × 55

綿ジャージーのブラウス

カラーp.31 型紙-33

伸縮性がある着心地のよい綿ジャージーのブラウス。衿もとにししゅうで蝶と花をあしらいました。

材料

綿ジャージー　77cm幅約115〜125cm
接着芯(ジャージー用薄手)
5cm幅35cmを2枚　1.5×10cmを2枚
ボタン　12mm5個
ゴムテープ　4mm幅35cm
綿テープ(袖口用)　1cm幅54cm
ニット用ミシン糸　ししゅう糸

縫い方ガイド

白コットンのブラウス(p.62)と同じ形で、つくり方もほぼ同じです。布地は伸縮性のあるジャージーなので、伸び止め用の芯をはる、バイアステープは使わないなど、下記の点に注意してください。

衿もとのししゅうは、図案、色など髪や顔色に合わせてえらびましょう。布を裁ったらししゅうをし、ししゅうができたら衿をつくります。

*ロックミシン　見返し端、脇、裾、袖下などは、ロックミシンを使って縫ってもよいでしょう。

伸縮性のある布地でつくるときの注意

*接着芯は身頃見返し裏の他、後ろ肩にもはります(図B)。

*同じジャージーでも布によって伸び方はいろいろですが、柔らかい布は横方向に縫うミシン目が伸びやすいので、布の下に紙を敷いて紙ごとミシンをかけ、あとでミシン目にそって紙を破り、とりのぞきます。

*衿つけ用の共布テープは、バイアスではなく、裁ち方図のように布目に合わせて裁ちます。

*袖口の折り返し端に、1cm幅の綿テープを図のようにのせ、両端にミシンをかけて、袖口の始末、兼、ゴム通しにします(図D)。

*ボタンホールは布が伸びにくい方向の縦穴にし、ミシンでかがる方がよいでしょう。

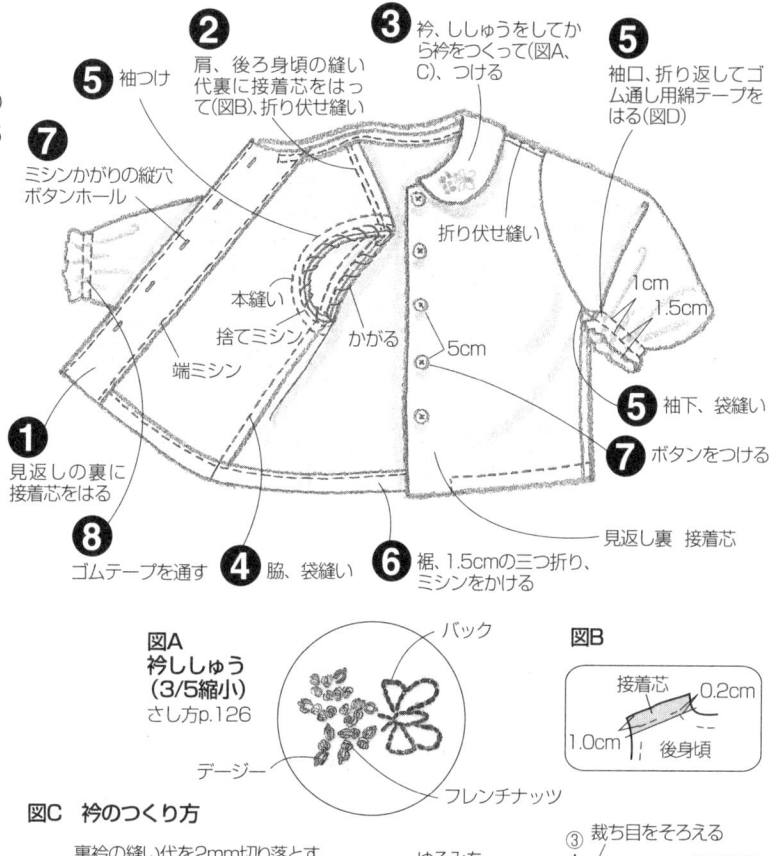

① 見返しの裏に接着芯をはる
② 肩、後ろ身頃の縫い代裏に接着芯をはって(図B)、折り伏せ縫い
③ 衿、ししゅうをしてから衿をつくって(図A、C)、つける
⑤ 袖つけ
⑤ 袖口、折り返してゴム通し用綿テープをはる(図D)
⑦ ミシンかがりの縦穴ボタンホール
本縫い
捨てミシン
端ミシン
折り伏せ縫い
かがる
5cm
1cm
1.5cm
⑤ 袖下、袋縫い
⑦ ボタンをつける
見返し裏　接着芯
⑥ 裾、1.5cmの三つ折り、ミシンをかける
⑧ ゴムテープを通す
④ 脇、袋縫い

図A 衿ししゅう (3/5縮小) さし方p.126
バック
デージー
フレンチナッツ

図B
接着芯　0.2cm
1.0cm　後身頃

図C 衿のつくり方

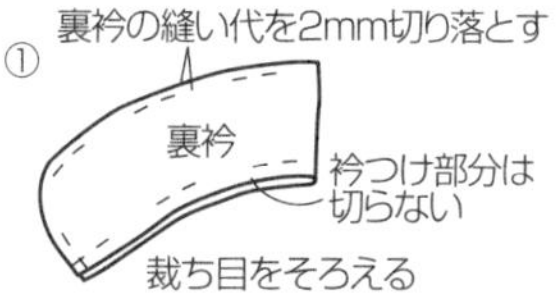

① 裏衿の縫い代を2mm切り落とす
裏衿
衿つけ部分は切らない
裁ち目をそろえる

表・裏ともに縫い代をそろえて裁ち、印をつけ、裏衿の縫い代(衿つけ部分以外)を2mm切り落とす

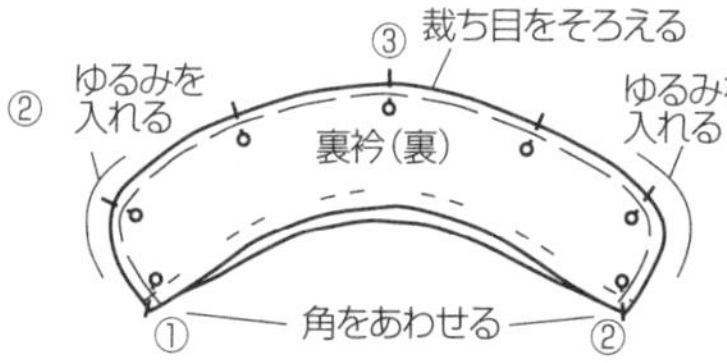

② ゆるみを入れる
裏衿(裏)
ゆるみを入れる
③ 裁ち目をそろえる
角をあわせる

表と裏、2枚を中表に合わせ、裁ち目をそろえてまち針を①、②、③と打ち、衿先にゆるみをもたせてとめ、仕上がり線にしつけをかけ、裏衿の印に合わせてミシンをかける

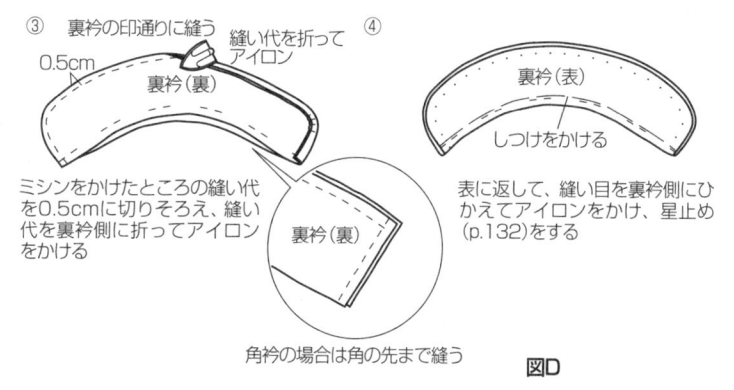

③ 裏衿の印通りに縫う
0.5cm
縫い代を折ってアイロン
裏衿(裏)

ミシンをかけたところの縫い代を0.5cmに切りそろえ、縫い代を裏衿側に折ってアイロンをかける

角衿の場合は角の先まで縫う

④ 裏衿(表)
しつけをかける

表に返して、縫い目を裏衿側にひかえてアイロンをかけ、星止め(p.132)をする

図D
裏
1cm幅の綿テープ
1.5cm
ゴムテープを通す

裁ち方図(数字はcm)

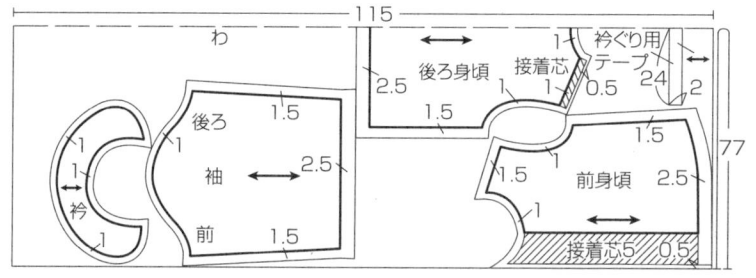

115
わ
後ろ身頃
衿ぐり用テープ
接着芯
1
2.5
1
1
0.5
2.4
2
1.5
後ろ　袖　前
1.5　2.5
1
衿
1
1
1.5
前身頃
1.5　2.5
1
77
接着芯5　0.5

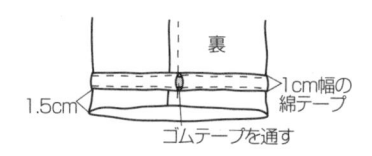

おめかしシャツとタイ
カラーp.36　型紙-34

チェックのシャツ
カラーp.35　型紙-34

同じ型紙ですが、布の風合いや色、タックなどの違いで雰囲気がかわります。

材料（おめかしシャツ）
- 綿サテン（白）　90cm幅100～115cm
- 接着芯　5.5cm×35～40cmを2枚
- 飾り貝ボタン　12mm4個
- 〃　10mm1個（タイ用）
- ゴムテープ　4mm幅約35cm（袖口）
- 〃　7mm幅25cm（タイ）
- サテン地（ベージュ）　3.5×12cmを2枚（タイ用）

材料（チェックのシャツ）
- 木綿（チェック柄）　92cm幅90～100cm
- 接着芯　5.5×35～40cmを2枚
- ボタン　10mm5個
- ゴムテープ　4mm幅約35cm

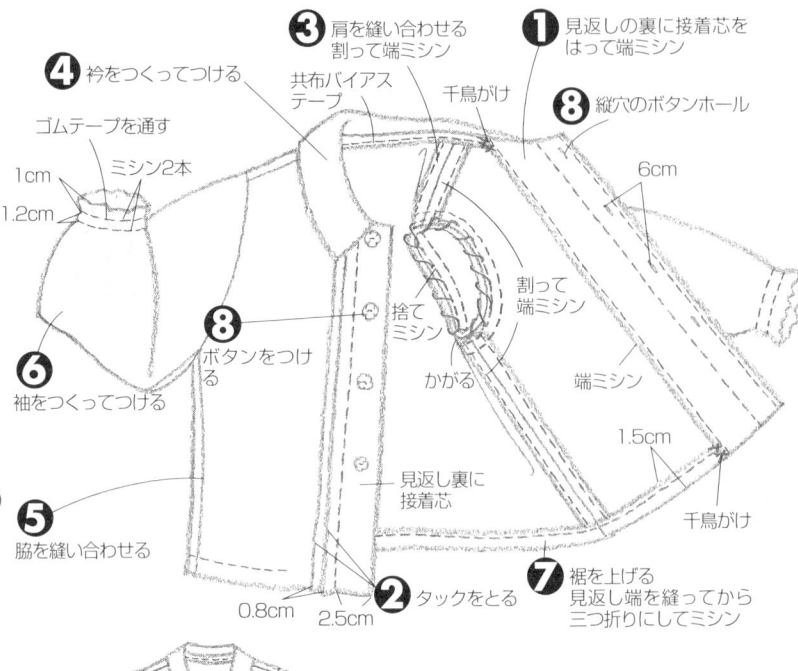

縫い方ガイド
縫い方順序など基本的なことは白コットンのブラウスとほぼ同じ、衿は綿ジャージーのブラウス（p.65）を参照してください。衿ぐりの縫い代は、タックをたたんで1cmです。

おめかしシャツ　前見返しに接着芯をはり、端ミシンをかけてから、裁ち方図のように1cm幅のタックを左右2本ずつとります。
また、肩、脇、袖下は、袋縫いにせずミシンで縫い合わせたら、縫い代を割って端ミシンで始末し、よそいき仕立てです。

ボタンホール　左身頃に縦穴を4個（チェックのシャツ5個）、男の子用の合わせです。お母さんがとめはずしするのに便利です。

*ロックミシン　見返し端、肩、脇、袖下はロックミシンを使って縫ってもよいでしょう。

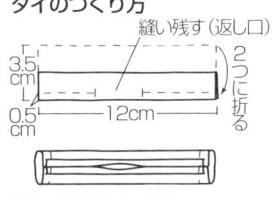

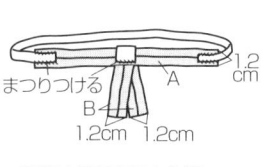

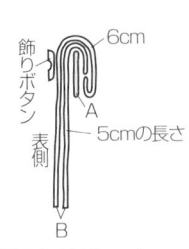

裁ち方図（数字はcm）

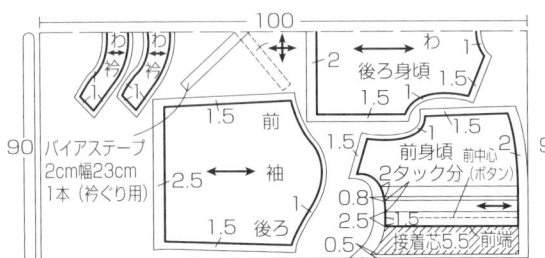

肩ボタンのTシャツ
（ベーシック）
カラーp.26 型紙-35

Tシャツは着心地、ぬぎ着のしやすさからも伸縮性のある綿ジャージーが最適。ちょうどよい衿ぐりで、やさしく体にフィットする形です。既製品にはないオリジナリティのあるTシャツをつくってみましょう。

材料
綿ジャージー（白） 94cm幅50〜60cm
接着芯　少々（肩あき分）
ドットボタン　10mm2組

縫い方ガイド
肩のあきをつくって衿ぐりを始末し、袖つけ、脇縫い、裾上げの順です。

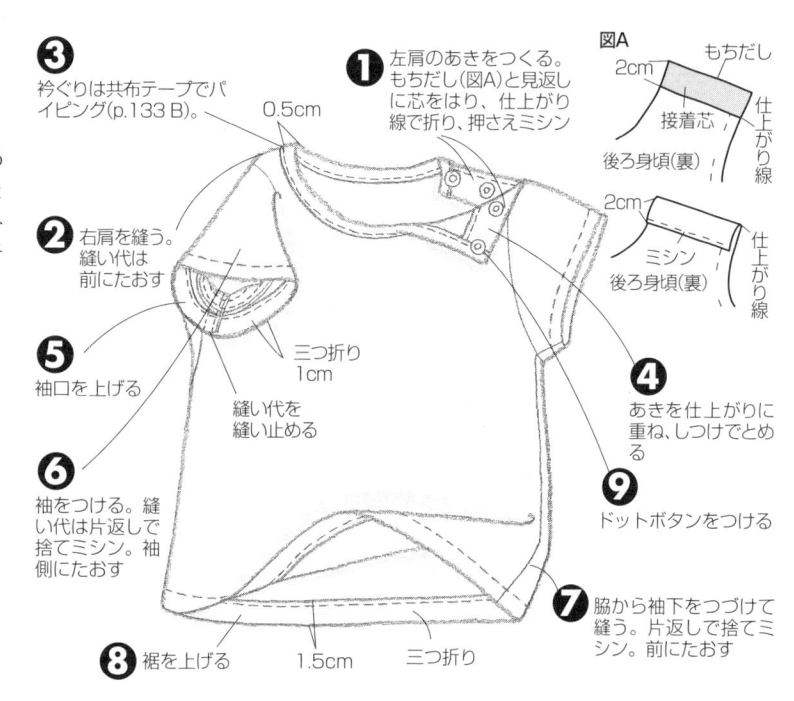

衿ぐりのパイピング ジャージーの横に伸びる特性を生かして、バイアスでなく横布でパイピング仕立てにします。仕上がり寸法の0.7〜0.8倍長さの布を用意し、軽く引き伸ばしながらしつけをしてミシンをかけます。ジャージー布の扱いはp.129参照。

❶ 左肩のあきをつくる。もちだし（図A）と見返しに芯をはり、仕上がり線で折り、押さえミシン

❷ 右肩を縫う。縫い代は前にたおす

❸ 衿ぐりは共布テープでパイピング（p.133 B）。

❹ あきを仕上がりに重ね、しつけでとめる

❺ 袖口を上げる

❻ 袖をつける。縫い代は片返しで捨てミシン。袖側にたおす

❼ 脇から袖下をつづけて縫う。片返しで捨てミシン。前にたおす

❽ 裾を上げる

❾ ドットボタンをつける

図A
もちだし／接着芯／後ろ身頃（裏）／仕上がり線／2cm
ミシン／仕上がり線／2cm

0.5cm　三つ折り1cm　縫い代を縫い止める　1.5cm　三つ折り

裁ち方図（数字はcm）
94
右肩1／1 後ろ1.5／0.7 袖／前 1 右肩1
わ／左肩2 接着芯 0.7／0.7 左肩2 接着芯／わ
前身頃／後ろ身頃
50
−1／−1
2／2
衿ぐりパイピング用35

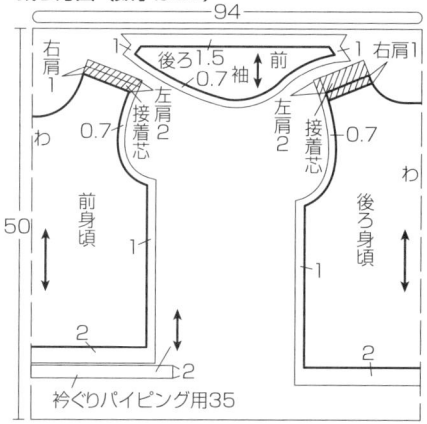

肩ボタンのTシャツ（スリット入り）
バリエーション－同じ型紙、裁ち方で
カラーp.28 型紙-35

脇にスリットを入れて、オーバーシャツスタイルに。

材料
綿ジャージー（すかし編み・白）
　　　　94cm幅50〜60cm
接着芯　少々
ドットボタン　2組

縫い方ガイド
脇は縫い代を割って捨てミシン。あとはベーシックのTシャツと同じ（スリットp.69）。

肩ボタンのTシャツ（ギンガムの肩あき）
バリエーション－同じ型紙、裁ち方で
カラーp.28 型紙-35

ちらりと見える、肩あきと袖口のギンガムがポイント。肩にこうした平織り布をつければ、伸び止めになるので、芯をはる必要はありません。

材料
綿ジャージー（白）
94cm幅50〜60cm
木綿（ブルーギンガムチェック）
30×10cm（肩と袖口分）
ドットボタン　2組

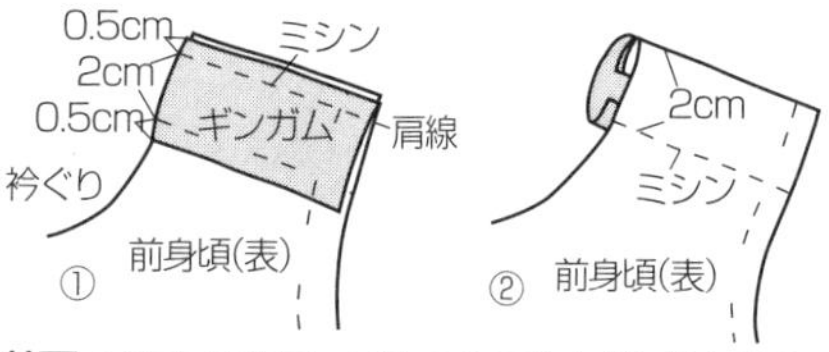

縫い方ガイド
左肩あきの前と後ろ、袖口にギンガム地の見返しをつけます（右図）。あとは「ベーシック」と同様です。

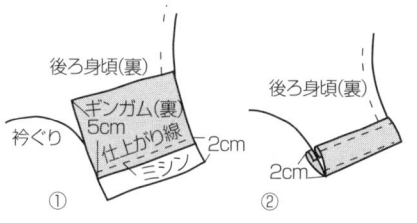

見返しに別布をつける

0.5cm／2cm／0.5cm　ミシン　肩線
ギンガム
前身頃（表）　衿ぐり
① ②　2cm　ミシン　前身頃（表）

前肩
①表布と別布を中表に重ねて仕上がり線を縫う
②返して仕上がり線で折り、ミシン

袖口も前肩と同じ方法で。見返し布の仕上がり幅は1.5cm。

後ろ身頃（裏）　衿ぐり
ギンガム（裏）5cm　仕上がり線　2cm　ミシン
① ②　2cm　後ろ身頃（裏）

後ろ肩
①別布を中表に重ね、肩線を縫う
②表に返して仕上がり線で折り、ミシン

裁ち方図（数字はcm）
ギンガムチェック26
袖口用／2
袖口用
10　前肩用 3
6.5　6.5 後ろ肩用

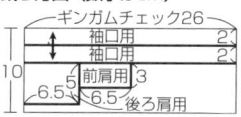

前あきのオーバーシャツ

カラーp.28 型紙-36

着せやすいラグラン袖。前あきのつくり方は案外簡単です。

材料

綿ジャージー(白) 88cm幅65〜75cm
木綿(赤ギンガムチェック) 30×30cm (縁どり分)
接着芯 少々(前あき分)
ドットボタン 10mm3組

縫い方ガイド

あきをつくり、ラグラン袖をつけます。
あとは基本のTシャツとほぼ同じ。

❶ 前あきをつくる (図A)
❷ 肩のダーツを縫い、前にたおす
❸ 身頃と袖を縫い合わせ、縫い代は袖側にたおしてきわをステッチで押さえる
❹ 衿ぐりをパイピング (p.133C)。表からつけて裏へ返す
❺ 脇から袖下を縫う
❻ パイピング(衿ぐりと同様に)
❼ パイピング(衿ぐりと同様に)
❽ ドットボタンをつける

10〜12cm
ステッチ

裁ち方図 (数字はcm)

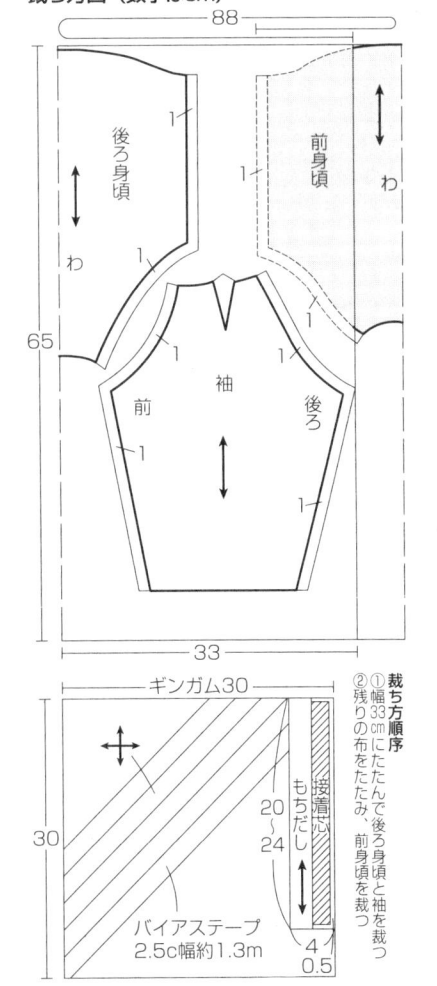

88
後ろ身頃 / 前身頃 わ
65
袖 前 後ろ
33

ギンガム30
30
バイアステープ 2.5c幅約1.3m
接着芯 もちだし
20〜24
4
0.5

裁ち方順序
①幅33cmの残りの布にたたんで後ろ身頃と袖を裁つ
②残りの布をたたんで後ろ身頃と袖を裁つ

図A 前あきのつくり方

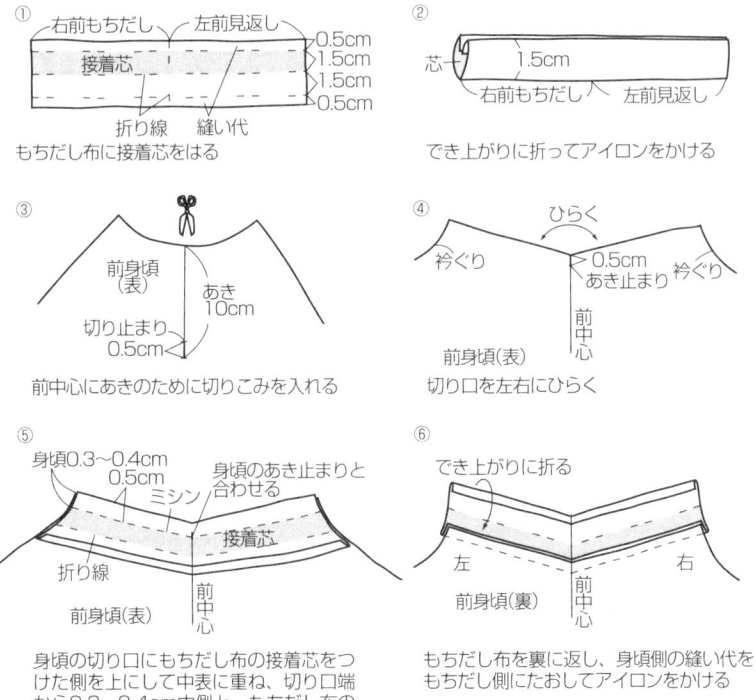

① 右前もちだし / 左前見返し
接着芯
0.5cm / 1.5cm / 1.5cm / 0.5cm
折り線 縫い代
もちだし布に接着芯をはる

② 芯 1.5cm
右前もちだし 左前見返し
でき上がりに折ってアイロンをかける

③ 前身頃(表)
あき10cm
切り止まり0.5cm
前中心にあきのために切りこみを入れる

④ ひらく
衿ぐり 0.5cm あき止まり 衿ぐり
前身頃(表)
前中心
切り口を左右にひらく

⑤ 身頃0.3〜0.4cm
0.5cm
身頃のあき止まりと合わせる
ミシン
接着芯
折り線
前身頃(表)
前中心
身頃の切り口にもちだし布の接着芯をつけた側を上にして中表に重ね、切り口端から0.3〜0.4cm中側と、もちだし布のでき上がり線を合わせてミシンをかける

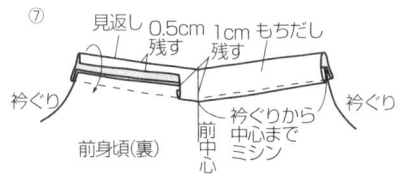

⑥ でき上がりに折る
左 右
前身頃(裏)
前中心
もちだし布を裏に返し、身頃側の縫い代をもちだし側にたおしてアイロンをかける

⑦ 見返し 0.5cm残す 1cm残す もちだし
衿ぐり 衿ぐり
前身頃(裏)
前中心
衿ぐりから中心までミシン
もちだしの内側になる部分を図のように残し、切り落とす。身頃裏側にたおす。見返し側に表からミシンをかける

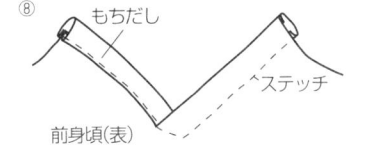

⑧ もちだし
ステッチ
前身頃(表)
もちだし側にもステッチをかける

ハイネックのオーバーシャツ

カラーp.29　型紙-37

ラグランの袖つけ線を利用してあきをつくりました。

材料

綿ジャージー（リブニット、アイボリー）
　　　　　　　　90cm幅70〜80cm
接着芯　25cm
ニット用伸びどめテープ（1cm幅）
ドットボタン　10mm3組
ししゅう糸25番　少々

縫い方ガイド

リブニットは伸びやすいので、裁ち方図に示した縫い代の部分に接着芯（あき部分見返し裏に）、または、のび止めテープをはります。あきは左側だけですから、右側のラグラン線にはもちだし分は不要です。

袖、脇など縫い合わせたあと、縫い代は捨てミシンをかけるか、ステッチで押さえます。裾以外は二つ折にするだけで充分です。

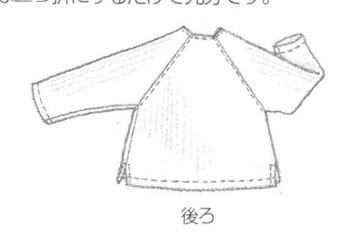

❶ 袖ぐり、あき見返しに接着芯をはる

❷ 身頃と袖を縫い合わせ、左前のあきの部分は縫い残す。縫い代は身頃側にたおしてステッチで押さえる

❸ あきをつくる（図A）

❹ 衿ぐりを縫う。でき上がりに折ってしつけ、衿ぐりのきわに表からステッチ。まつる

二つ折り　1.5cm
まつり
ステッチ
もちだし
きわにステッチ
スリットあき止まり
2cm

❺ 脇から袖下を縫う（図B）

❻ 袖口、裾を折ってミシン。スリットをつくる（図B）

❼ ドットボタンをつける。ししゅうはボタンつけの前に表地1枚にさす

図A　あきのつくり方

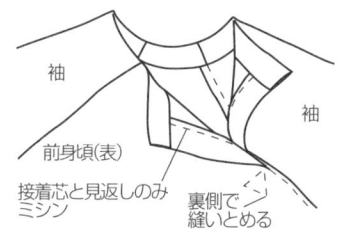

前身頃（表）
袖
袖
接着芯と見返しのみミシン
裏側で縫いとめる

衿ぐりの見返しを中表に折り、端を縫う。角の縫い代を一部切りとり、表に返す。袖側の角も同様にする

図B　脇のスリット

脇
捨てミシン
3〜4cm
2cm

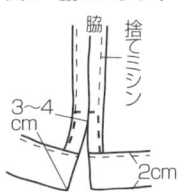

脇をあき止まりまで縫い、裾を上げ、スリット部分を三つ折りしてステッチ

♪秋や春先にトレーナーより薄手のものがほしくて、綿ニット素材で長袖シャツを縫ってみました。思ったよりかんたんで、シンプルなものができ、重宝しました。M・K（0歳・3歳）

裁ち方図（数字はcm）

90
2.5　2.5
わ　後ろ身頃　1.5　前身頃　わ
接着芯1
接着芯1
1　2　1
接着芯3　2.5
接着芯1　袖　接着芯1
前　後ろ
1.5　1.5
70
2　2.5
2

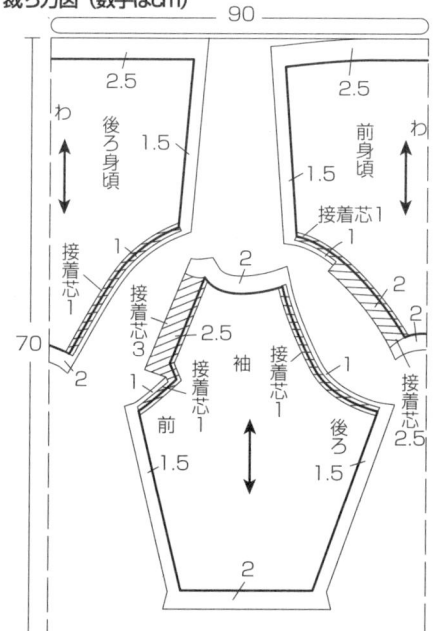

小さなししゅうの図案

*このシャツはパンツ（カラーp.29）のもように合わせて3種類、2本どりでさしました（さし方p.126）

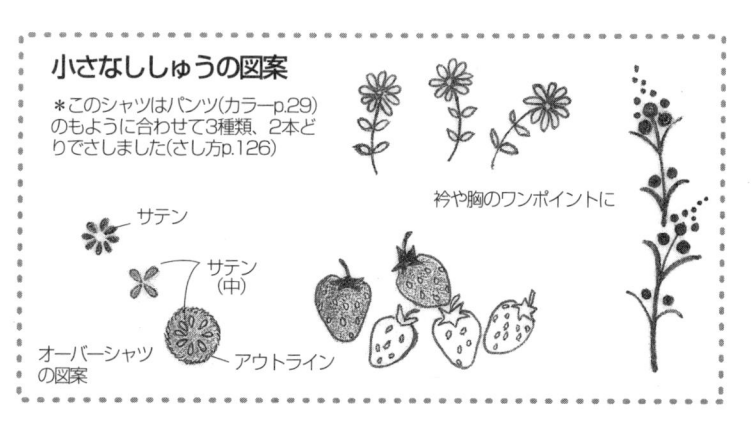

衿や胸のワンポイントに
サテン
サテン（中）
オーバーシャツの図案
アウトライン

ショートオーバーオール

カラーp.26　型紙-38

4～5ヵ月の頃から着られ、活発な動きでもおなかの出ないデザイン。実用的で、着てもかわいらしいシルエットです。

材料
綿ジャージー（薄緑）　94cm幅65cm～70cm
木綿（緑ギンガムチェック）　40cm×25cm
接着芯　15cm
ソフトゴムテープ　18mm幅約25cm
ボタン（薄緑）　18mm 2個
ドットボタン　10mm6組

縫い方ガイド
前、後ろ、脇を縫い合わせ、裾、股下を始末し、つりひも、見返しをつけてゴムを通します。
＊股上、脇など縫い合わせるところはロックミシンにすると、縫い代の始末がかんたん。

❶ 前後股上を縫う　縫い代は割って捨てミシン
❷ 股下の前後に接着芯をはる
❸ 脇を縫う　縫い代は割って捨てミシン
❹ 裾を二つ折りにしてミシンをかける
❺ 股下の見返しを二つ折りにしてミシンをかける
❻ つりひもとひも通しをつくる（図A）
❼ 見返しをつくる　脇を縫い、前裾だけ端ミシン
❽ つりひもをはさんで見返しをつける（図B）
❾ 見返しを表に返し、後ろパンツにミシンをかける
❿ ゴムを通し、両脇の縫い目に落としミシンで縫いとめる
⓫ ボタンホールをつくり、ボタンつけ（p.134）
⓬ ドットボタンをつける

裁ち方図（数字はcm）

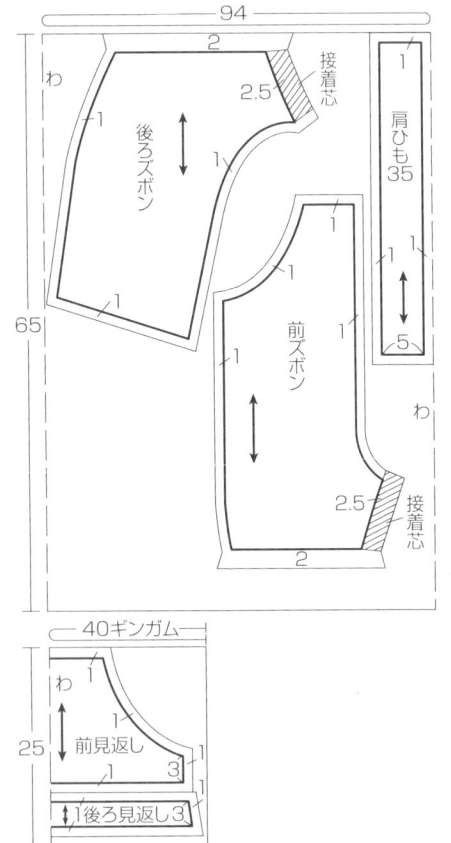

94cm幅
後ろズボン
前ズボン
肩ひも 35
接着芯
65

40ギンガム
前見返し
後ろ見返し
25

図A　つりひものつくり方
わに縫う場合
① ひもの長さ　2.5cm　ミシンをかける（裏）
② 縫い代割る　0.5cm
③ 表に返して端ミシン　2.5cm

ひも通しのつくり方
みみを使う場合
0.8cm　7cm　0.8cm　1.0cm
みみ
布のみみを使って1cm幅に三つ折りにして端ミシン（みみの出ている方が裏側）

図B　見返しをつける
表布
見返し（前）
見返し（後ろ）
中心
0.5cm　5cm　5cm　0.5cm　1cm
前ズボン（表）
脇
ひも（裏）
後ろズボン（表）
2.5cm

オーバーオール
カラーp.26　型紙-39

胸あてと背あてがつき、ややハイウエスト、いかにも赤ちゃん服らしい1枚です。冬の長ズボンなので、厚手リブニットを使いました。

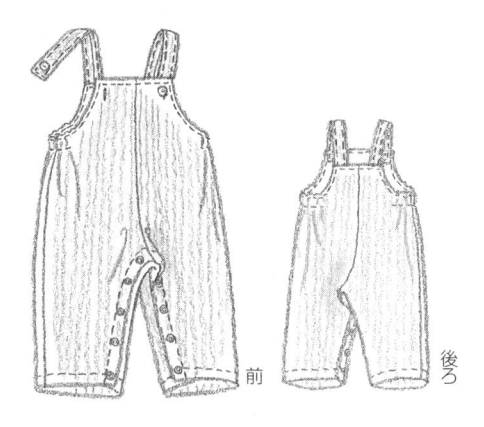

材料
綿リブニット（青）　90cm幅85〜90cm
木綿（青）　70cm×20cm
接着芯　25cm
接着テープ　10mm幅10〜15cm
ゴムテープ　18mm幅約20cm
ボタン（青）　18mm 2個
ドットボタン　10mm10組

縫い方ガイド
裁ち方、縫い方はショートオーバーオールとほとんど同じ。リブニットで伸びやすいので、後ろの股上と、股下の見返しに接着芯をはります（図A）。前、後ろ中心、脇は縫い代2枚を合わせて捨てミシン（またはロックミシン）、片返して表からステッチをきかせました。
ゴムの入れ方は、（図B参照）

裁ち方図（数字はcm）

図A　芯をはる

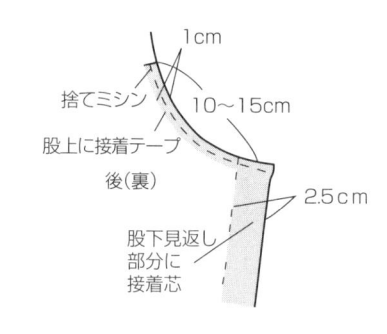

図B　ゴム通しをつくる

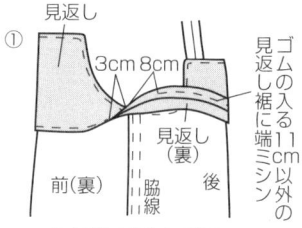

①　でき上がりに返した見返しの端を端ミシン。縫い残した11cmは表布といっしょにミシン

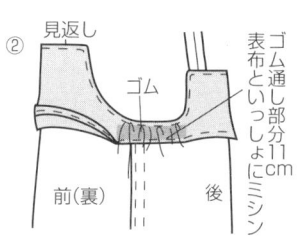

②　内側からゴム（9cm）を通し、ゴム、表布、見返し布いっしょに両端を縫い止める

＊生地が厚い場合、裾と股下の折り返しで4枚重なりドットボタンがつきにくくなるので、上にずらして2枚の部分につけ、裾はスナップボタンをつけます。
または、股下の見返しを折り返す前の2枚重ねの状態で、ドットボタンをつけてもよいでしょう。

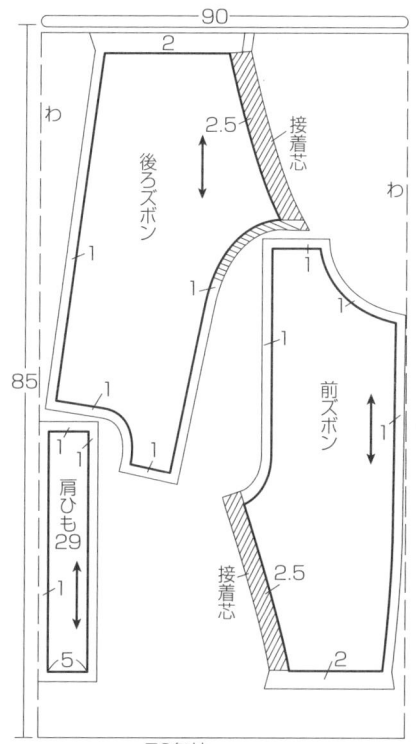

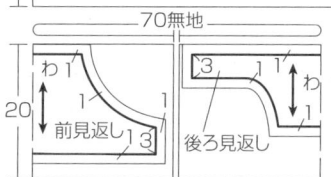

フェルトのコロコロボール
カラーp.27・p.43

ふわふわの羊毛からつくる鈴入りボール。やさしい音と手ざわりが楽しめます。

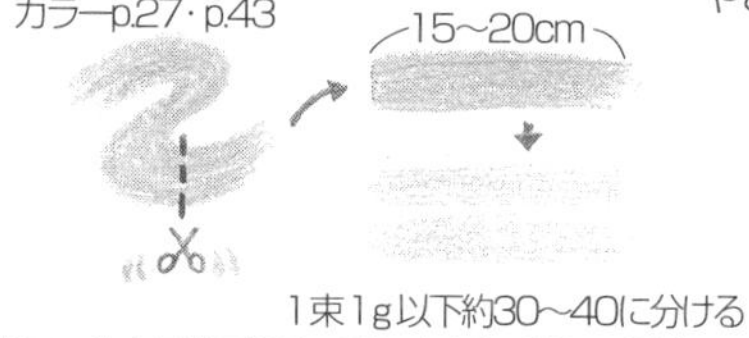

1 フェルト用羊毛15〜20gを15〜20cm長さに切り、透けるくらいに細かくさいて小分けにする。1束1g以下約30〜40に分ける

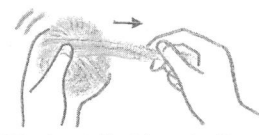

2 直径3〜4cmのボール（スーパーボールなど。後でとり除く）に、羊毛を引きながらしっかり巻きつける。一束ごとに方向を変えて巻き、均等な厚さにし、手まり状にする。

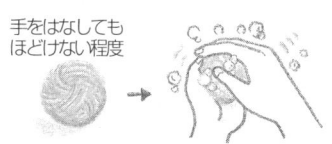

3 半量巻いたところで、ぬるま湯を静かにたっぷりとふくませ、手に少量の石けんをつけ、ぬれた羊毛ボールを手の中でころがす。羊毛がゆるまないように気をつけながら、泡立つ程度の石けんを加減し、時々湯をかけ、力を加えて表面をこすったりもんだりして、フェルト化させる。

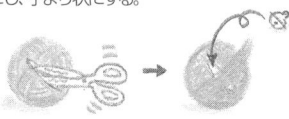

4 中のボールが出せる程度の切りこみを入れて中身を出し、空洞へ鈴を入れる。切り口をふさぐように残りの羊毛を2と同様に巻きつけ、再び3を繰り返しフェルト化させて仕上げる。

5 ぬるま湯ですすいで石けん分を完全にとり、ネットに入れて脱水機にかけ、ネットのままつるして乾かし、でき上がり。

ショートパンツ

カラーp.28 型紙-A12

夏の遊び着の代表選手。太ももまわりは少しゆったりとし、動きやすく、涼しいパンツです。伸縮性のある生地やデニム、ダンガリーなどの布も合います。

材料

木綿（ピンク花柄）110cm幅40～45cm
ゴムテープ　2cm幅50cm
綿テープ（股下補強に）1cm幅7cm

縫い方ガイド

股上、股下、脇、すべて袋縫いで縫い合わせます。ロックミシンを使う場合は2枚を合わせて本縫いをして片返し、ロックミシンで縫い代を始末します。

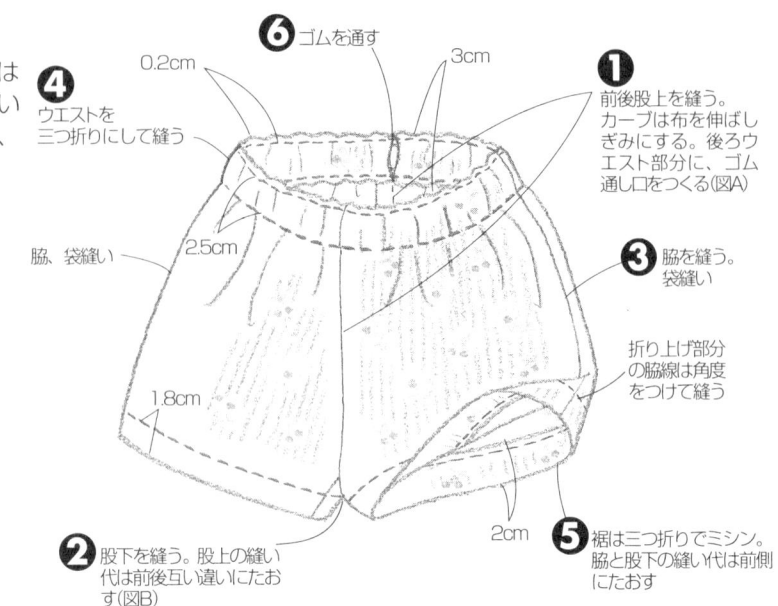

❶ 前後股上を縫う。カーブは布を伸ばしぎみにする。後ろウエスト部分に、ゴム通し口をつくる（図A）

❷ 股下を縫う。股上の縫い代は前後互い違いにたおす（図B）

❸ 脇を縫う。袋縫い
折り上げ部分の脇線は角度をつけて縫う

❹ ウエストを三つ折りにして縫う

❺ 裾は三つ折りでミシン。脇と股下の縫い代は前側にたおす

❻ ゴムを通す

0.2cm　3cm　2.5cm　1.8cm　2cm
脇、袋縫い

図A　ゴムテープの通し口

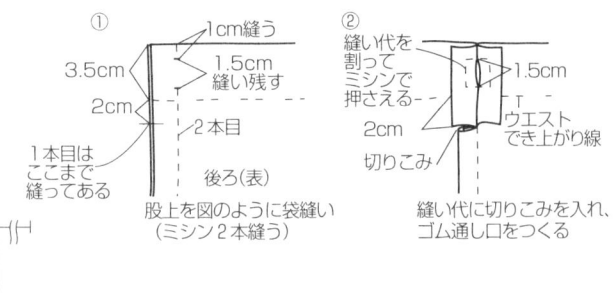

① 1cm縫う
3.5cm
1.5cm縫い残す
2cm
1本目はここまで縫ってある
2本目
後ろ（表）
股上を図のように袋縫い（ミシン2本縫う）

② 縫い代を割ってミシンで押さえる
1.5cm
2cm
ウエストでき上がり線
切りこみ
縫い代に切りこみを入れ、ゴム通し口をつくる

裁ち方図（数字はcm）

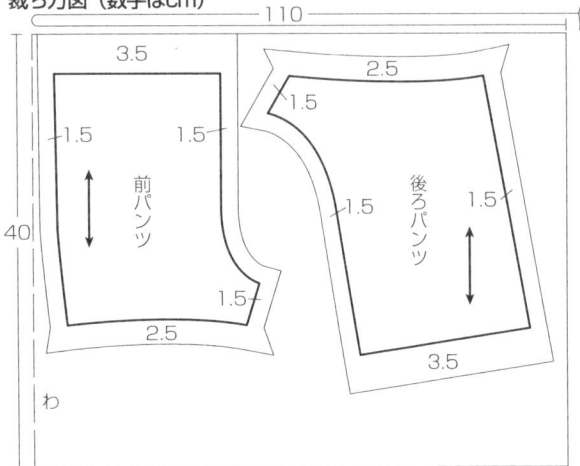

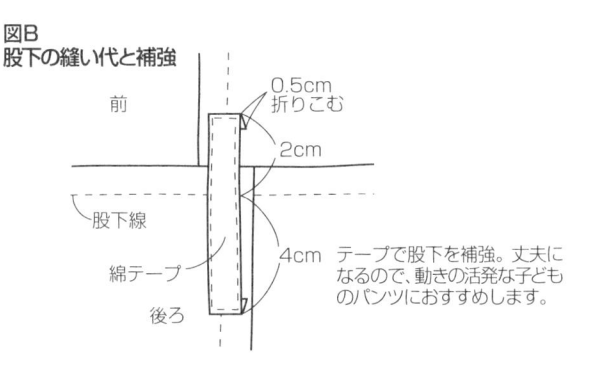

110
3.5　2.5
1.5　1.5　1.5
前パンツ
後ろパンツ
1.5　1.5
40
1.5　1.5
2.5　3.5
わ

図B　股下の縫い代と補強

前
0.5cm折りこむ
2cm
股下線
綿テープ
4cm
後ろ

テープで股下を補強。丈夫になるので、動きの活発な子どものパンツにおすすめします。

おとなの服から気軽にリフォーム①
ショートパンツ

乳幼児のパンツの幅は、おとなの手のひらほどのサイズ。紳士用、婦人用の古いパンツから充分とれます。ひざやおしりの部分はいたんでいても、後ろの腿やふくらはぎの部分は、案外しっかりしています。また表面の色あせ、しみなどが気になる場合、裏返して使うのも一案です。
お父さんのウールズボンから、よそゆきのハーフパンツ（p.89）をつくるのもいいですね。

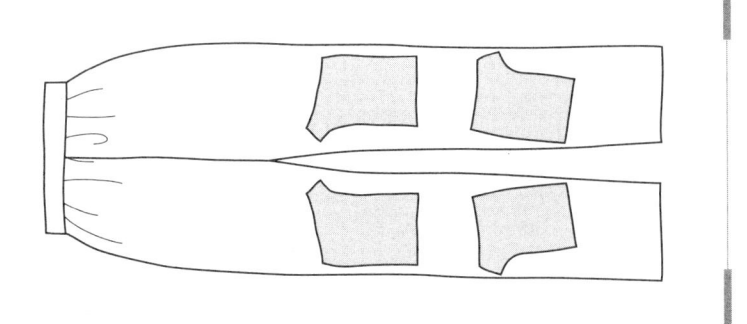

かんたん帽子
カラーp.28 型紙-A13

小さな子どもにかかせない帽子。リバーシブルの六枚はぎで、ブリムつけのいらないデザインです。ショートパンツとおそろいの布でつくりました。

材料
木綿（ピンク花柄）50×40cm
木綿ピケ（白）50×40cm
バイアス布　木綿ピケ（白）30cm正方形
　　　　　　（2.5cm幅75cm）
ゴムテープ　4mm幅38cm

縫い方ガイド
ブリムの縁は縫い代なし、縦の部分には1cmつけて裁ちます。
表布、裏布でそれぞれ6枚はぎの帽子をつくり、2つを重ねてとめあわせます。
縫い代は割ってアイロンをあてながらつくります。

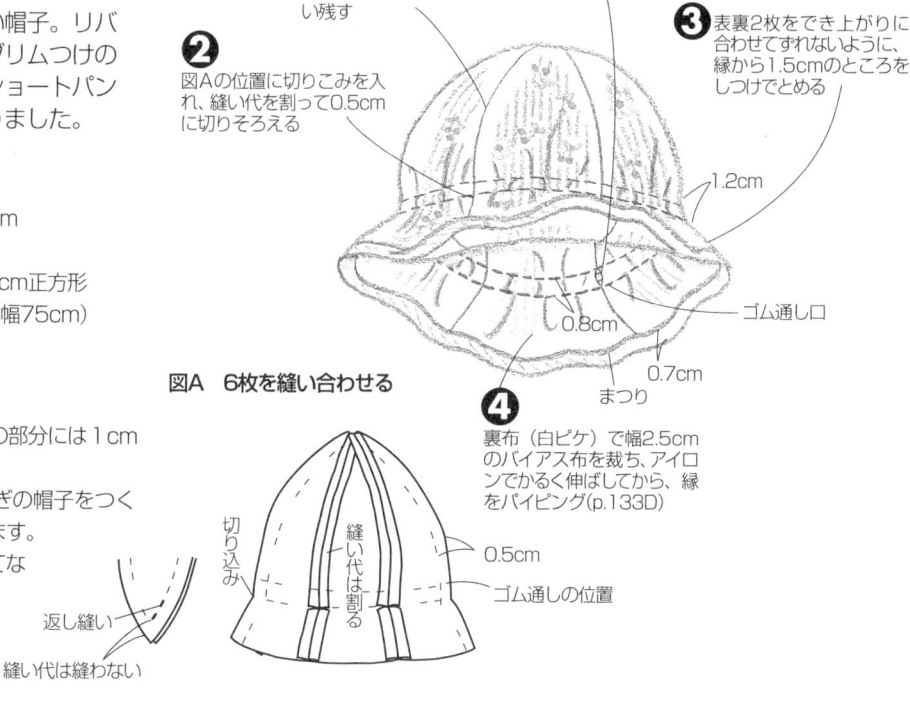

❶ 表布と裏布、それぞれ6枚を縫い合わせる（図A）。裏布は1カ所ゴム通し口を縫い残す

❷ 図Aの位置に切りこみを入れ、縫い代を割って0.5cmに切りそろえる

❸ 表裏2枚をできあがりに合わせてずれないように、縁から1.5cmのところをしつけでとめる

❹ 裏布（白ピケ）で幅2.5cmのバイアス布を裁ち、アイロンでかるく伸ばしてから、縁をパイピング（p.133D）

❺ ゴム通しを縫い、ゴムを通す

図A　6枚を縫い合わせる
切り込み
縫い代は割る
0.5cm
ゴム通しの位置
返し縫い
縫い代は縫わない

1.2cm
0.8cm
0.7cm
ゴム通し口
まつり

ハーフパンツ
カラーp.28 型紙-A14

裾幅が広すぎないひざ丈のパンツは、3シーズンはけて重宝です。ポケットと裾に別布をあしらいました。

材料
木綿（紺無地）110cm幅40～45cm
木綿（ブルーギンガムチェック）80cm幅15cm
ゴムテープ　2cm幅46cm

縫い方ガイド
まずポケット。バイアスで裁ち、形づくります（図A）。
つけ方はp.92参照、位置は型紙参照。
裾上げをする段階で、裾見返しをつけます（図B）。
その他の縫い方はショートパンツと同様に。

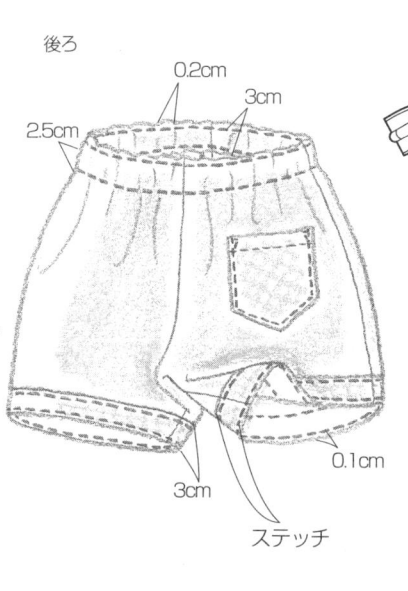

後ろ
0.2cm
3cm
2.5cm
0.1cm
3cm
ステッチ

図A　ポケットのつくり方 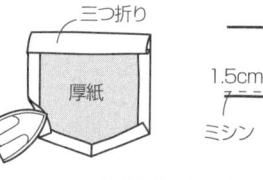
三つ折り
厚紙
1.5cm
ミシン
でき上がりに折ってアイロンをかけ（厚紙をあててするとよい）、ポケット口にミシンをかける

図B　裾見返しのつけ方
縫い代は割る
見返し（裏）

前後の見返しの両脇を縫い、輪状にする。裾まわりの長さが合わないときれいにつけられないので、縫う位置は正確に

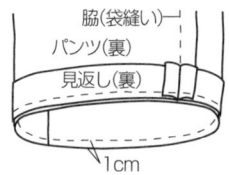

脇（袋縫い）
パンツ（裏）
見返し（裏）
1cm

裾のでき上がり線を縫い、表に返してステッチ

裁ち方図（数字はcm）
110
3.5
1.5
1.5
1.5
1
1
1.5
1.5
40
前パンツ
後ろパンツ
3.5
わ

ギンガム80
1.5 1.5
1.5 1.5
15
2
0.7
1
前裾見返し幅3
後裾見返し幅3
ポケット
わ

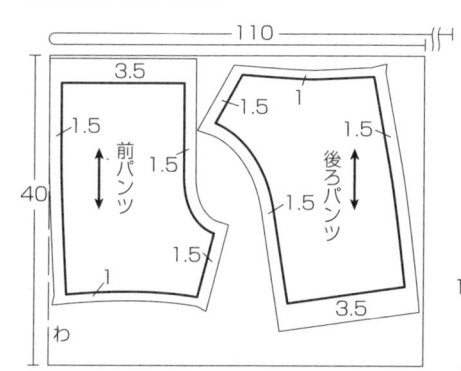

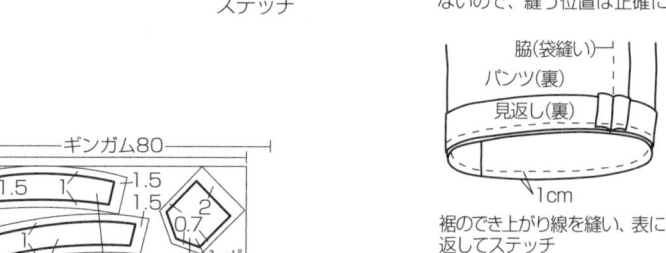

コーデュロイのパンツ
カラー p.29　型紙-A15

何にでも合う色、かたち。1枚は持っていたいパンツです。

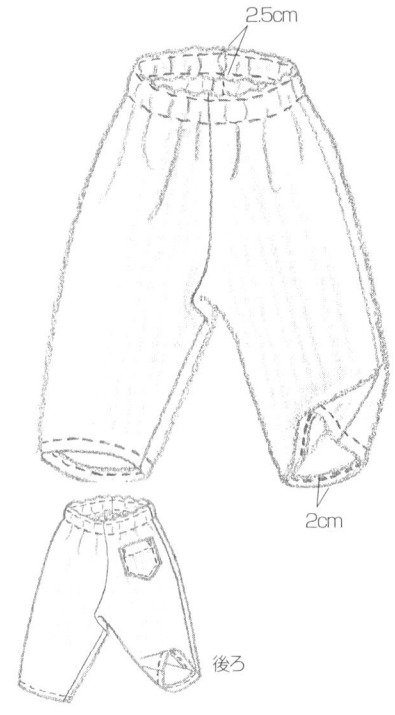

材料
コーデュロイ（ベージュ・ストレッチ）
110cm幅60〜70cm
ゴムテープ　2cm幅50cm
綿テープ（股下補強に）　1cm幅7cm

縫い方ガイド
詳しいつくり方はショートパンツを参照。ポケットからつくりはじめます。ハーフパンツのポケットのつくり方 (p.73)も参照

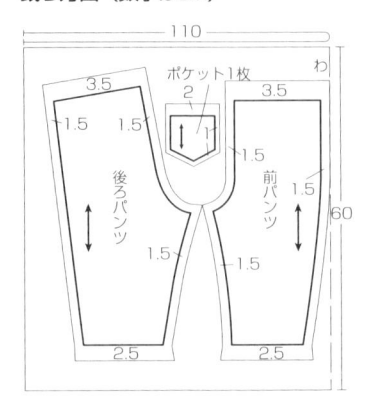

毛足のある布、コーデュロイは、一方向に型紙をおいて裁ちます。

ブーツカットのパンツ
カラー p.29　型紙-A16

脇のラインにひと工夫しました。デニム地や綿ジャージーでつくるのもよいでしょう。

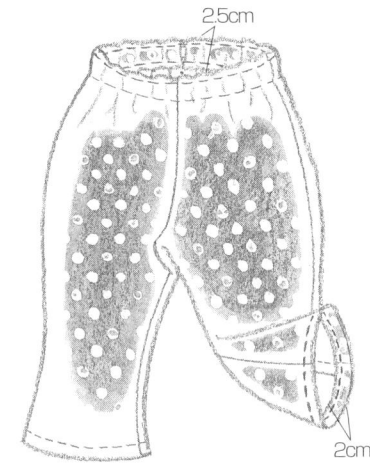

材料
コーデュロイ（紫のもよう・細うね薄手）
110cm幅55〜65cm
ゴムテープ　2cm幅50cm
綿テープ（股下補強に）　1cm幅7cm

縫い方ガイド
詳しいつくり方はショートパンツを参照。パンツのラインがきれいに出るように、カーブは伸ばし加減に縫います

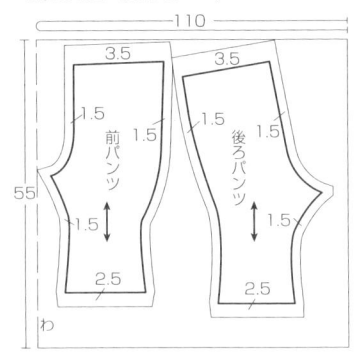

毛足のある布、コーデュロイは、一方向に型紙をおいて裁ちます。

スパッツ
カラー p.28　型紙-A17

脇縫いなしの、体にフィットしたデザイン。ストレッチ素材なので動きやすく、子どもにぴったりです。

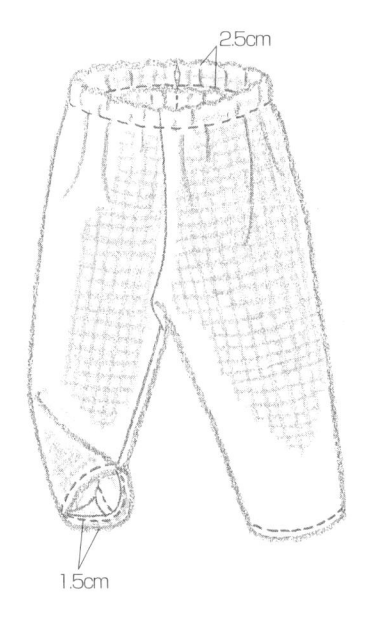

材料
ストレッチコットン（赤ギンガムチェック）
110cm幅55〜65cm
ゴムテープ　2cm幅45cm

縫い方ガイド
ニット用ミシン糸を使います。ウエスト上端のステッチはかけず、柔らかい仕上がりに。あとはショートパンツと同じ (p.72)。

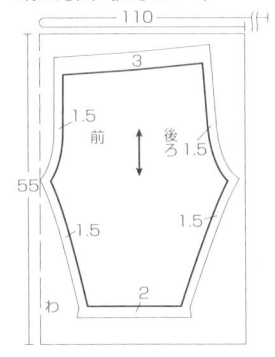

スモックブラウスとブルマース

カラーp.26 型紙-40・41

首まわりがゴムでさっと着せられるブラウス。着心地のよい木綿なので、何枚あっても重宝です。ブルマースと合わせて、布使いも工夫して。

材料
木綿(ギンガムチェック)
110cm幅50〜60cm
木綿(赤無地) 110cm幅35〜40cm
ゴムテープ 4mm幅1.6〜1.7m

スモックブラウスの縫い方ガイド
ブラウスは、衿ぐりに見返しをつけてゴムを通すこと以外は、オーバーシャツとほぼ同じ。縫い合わせるところは、袋縫い

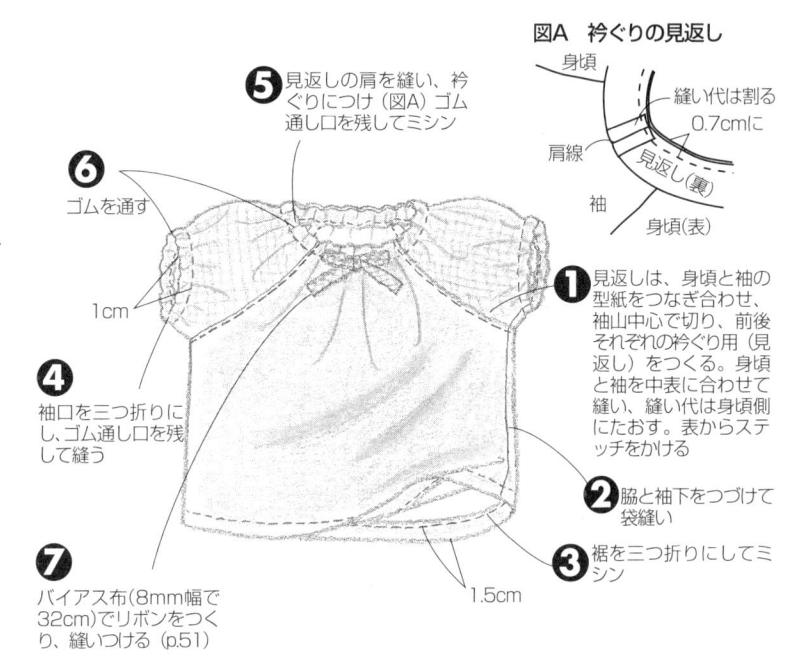

ブルマースの縫い方ガイド
股下、両脇を袋縫いで縫い合わせ、裾口とウエストの始末をします。裾口には2.5cmの共布バイアステープをつけ、ウエストは仕上がり幅1.5cmに折り返してステッチをかけます。

ゴムテープの長さ ウエスト寸法分を用意し、縫い代分(1cm)だけ重ねて縫い止めます。詳しくはp.129をご覧ください。

ニット地でつくる場合 伸縮性のあるバイアステープを使わず、裾口にも折り返し分の縫い代をつけて裁ってもよいでしょう。

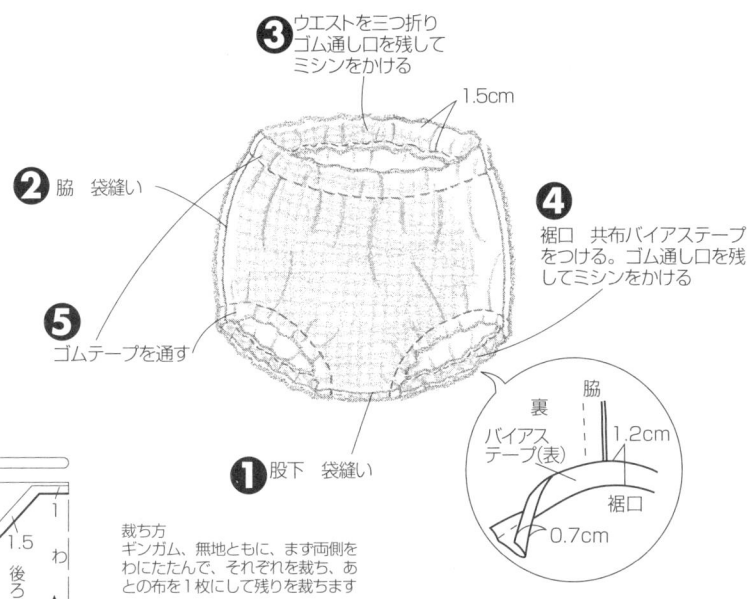

図A 衿ぐりの見返し
- 身頃
- 縫い代は割る 0.7cmに
- 肩線
- 見返し(裏)
- 袖
- 身頃(表)

❶ 見返しは、身頃と袖の型紙をつなぎ合わせ、袖山中心で切り、前後それぞれの衿ぐり用(見返し)をつくる。身頃と袖を中表に合わせて縫い、縫い代は身頃側にたおす。表からステッチをかける

❷ 脇と袖下をつづけて袋縫い

❸ 裾を三つ折りにしてミシン 1.5cm

❹ 袖口を三つ折りにし、ゴム通し口を残して縫う

❺ 見返しの肩を縫い、衿ぐりにつけ(図A)ゴム通し口を残してミシン

❻ ゴムを通す 1cm

❼ バイアス布(8mm幅で32cm)でリボンをつくり、縫いつける(p.51)

❶ 股下 袋縫い
❷ 脇 袋縫い
❸ ウエストを三つ折りゴム通し口を残してミシンをかける 1.5cm
❹ 裾口 共布バイアステープをつける。ゴム通し口を残してミシンをかける
❺ ゴムテープを通す

裏 脇 バイアステープ(表) 1.2cm 裾口 0.7cm

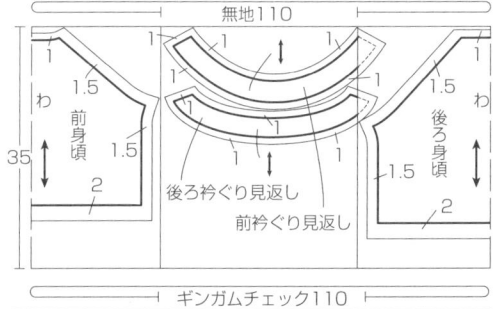

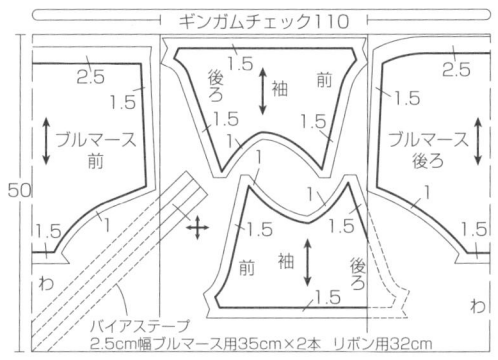

裁ち方 ギンガム、無地ともに、まず両側をわにたたんで、それぞれを裁ち、あとの布を1枚にして残りを裁ちます

裁ち方図(数字cm)

無地110
- 前身頃 35 1.5 2 わ
- 後ろ身頃 1.5 2 わ
- 後ろ衿ぐり見返し
- 前衿ぐり見返し

ギンガムチェック110
- ブルマース前 2.5 1.5 わ
- ブルマース後ろ 2.5 1.5 わ
- 前袖 1.5 1
- 後ろ袖 1.5 1
- 前 1.5
- 後ろ 1.5
- 50
- バイアステープ 2.5cm幅ブルマース用35cm×2本 リボン用32cm

おとなの服から気軽にリフォーム②
ブルマース

女の子がワンピースやジャンパースカートを着るときは、おむつの上に1枚ブルマース(オーバーパンツ)をはかせます。少し厚手のTシャツ、カットソーなど、伸縮性のある生地でつくるのも着心地がよいもの。この場合、裾口はつづけて裁って折り返します。図のように股をつなげて裁てるなら、脇とウエスト、裾の折り返しを縫ってゴムを通すだけででき上がり。

少々フェルト化したセーターを利用してもよく、同じつくり方であたたかいものができます。

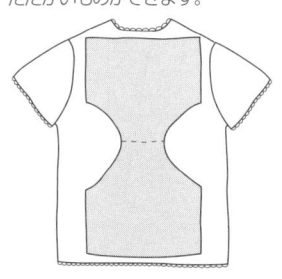

コーデュロイの ジャンパースカート

カラーp.31 型紙-42

後ろつりひものジャンパースカート。胸あての飾りボタンの下には、大きなスナップボタンがついています。

材料

コーデュロイ(ブルー)110cm幅50～60cm
木綿(ブルーギンガムチェック)
　　60×40～45cm
スナップボタン　17mm2組
飾りボタン(ブルー花柄)
　　　　　20mm2個　18mm1個
ゴムテープ　10mm幅50cm

縫い方ガイド

ポケットをはりつけ、つりひもを見返しにはさんで縫い上げます。ギンガムチェックを見返し、つりひもとポケットの裏に使います。

❶ ポケットをつける(つくり方図A) きわにステッチ

❷ つりひもとひも通しをつくる(図B・p.70)

❸ 脇を縫う。右脇はポケット布もいっしょにミシンがけ。縫い代は割って端ミシン

❹ 見返しをつける。見返しは脇を縫い、前裾に端ミシンをかけておく。身頃と中表に重ね、後ろのつりひもはしつけでとめておき、はさんで縫う(つけ方p.70)

❺ カーブの縫い代に切りこみを入れて表に返し、ステッチで押さえる　0.2cm ステッチ

❻ ゴムの入る部分にミシンをかける

❼ ゴムを通す。ゴムは片方をミシンで縫いとめ、もう一方は着せて長さを決めてから縫いとめる(図C)

❽ 裾を折り上げてまつる　2.5cm

❾ スナップと飾りボタンをつける

後ろ

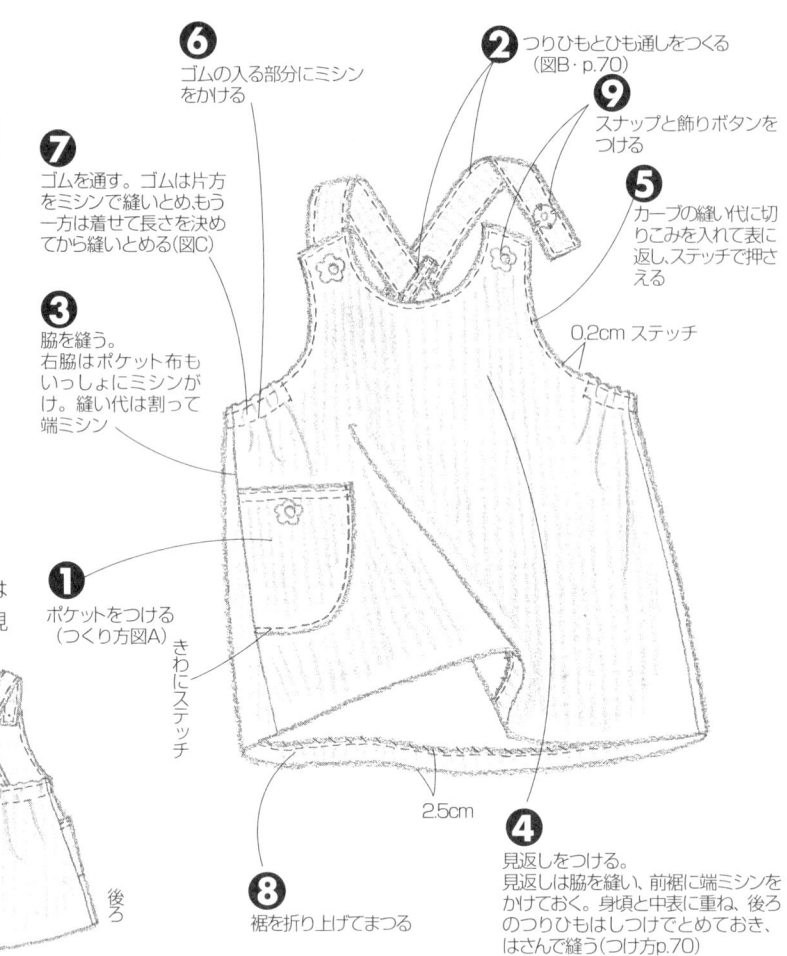

図A ポケットをつくる

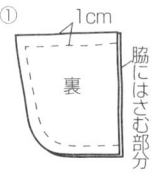

① 1cm 裏 脇にはさむ部分
表布と別布を中表に重ね、脇を残して三辺を縫う

② 0.2cm 0.5cm 表 ステッチ
表に返してポケットロにステッチをかける

図B ひものつくり方

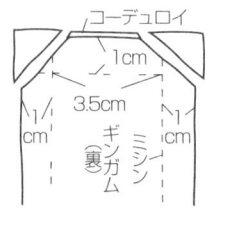

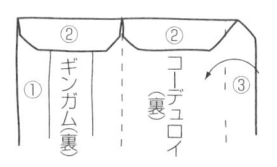

① 1cm 3.5cm 1cm ギンガム(裏) ミシン コーデュロイとギンガムを中表に重ね、1本ミシンをかけてから角を切り落とす

② ギンガム(裏) コーデュロイ(裏) 1枚に広げて縫い代を順に折りたたむ

③ 表 きわにミシン 形にととのえてアイロン。しつけて、ぐるりとミシン。ウエスト側の端は折らずに。

裁ち方図(数字はcm)

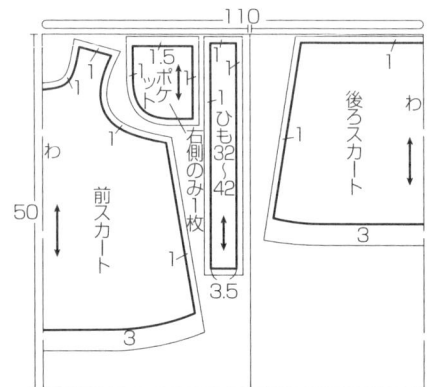

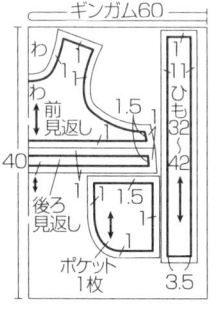

110
1.5 ツポケ
わ 右側のみ1枚 ひも32～42
前スカート
50 後ろスカート
1 3.5 3

ギンガム60
わ 前見返し 1.5 ひも32～42
40 後ろ見返し 1.5
ポケット1枚
3.5

毛足のある布なので光沢が出る方向に揃えて裁ちます

図C ゴムを通す

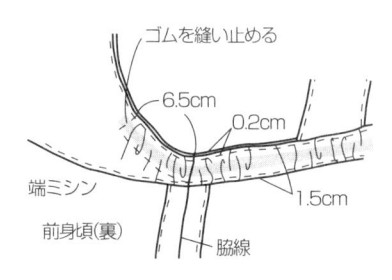

ゴムを縫い止める
6.5cm
0.2cm
1.5cm
端ミシン
前身頃(裏)
脇線

デニムのジャンパースカート
カラーp.31　型紙-43

前、後ろ、脇の4枚はぎのデザインです。デニム地にステッチをきかせ、裾上げもミシンで始末しました。

材料
ソフトデニム（ベージュ）
　　　　　　　92cm幅70〜80cm
裏布・木綿（ベージュ）50×30cm
木綿（花柄）少々
ボタン（脇用）15mm 4個
ジーンズ用つりカンとボタン 2組

縫い方ガイド
縁飾りのついたポケットとつりひもを用意してからスカートをつくりはじめます。脇のボタンどめのあきは、見返し布を重ねてから切り込みを入れてつくり、もちだしをつけます。

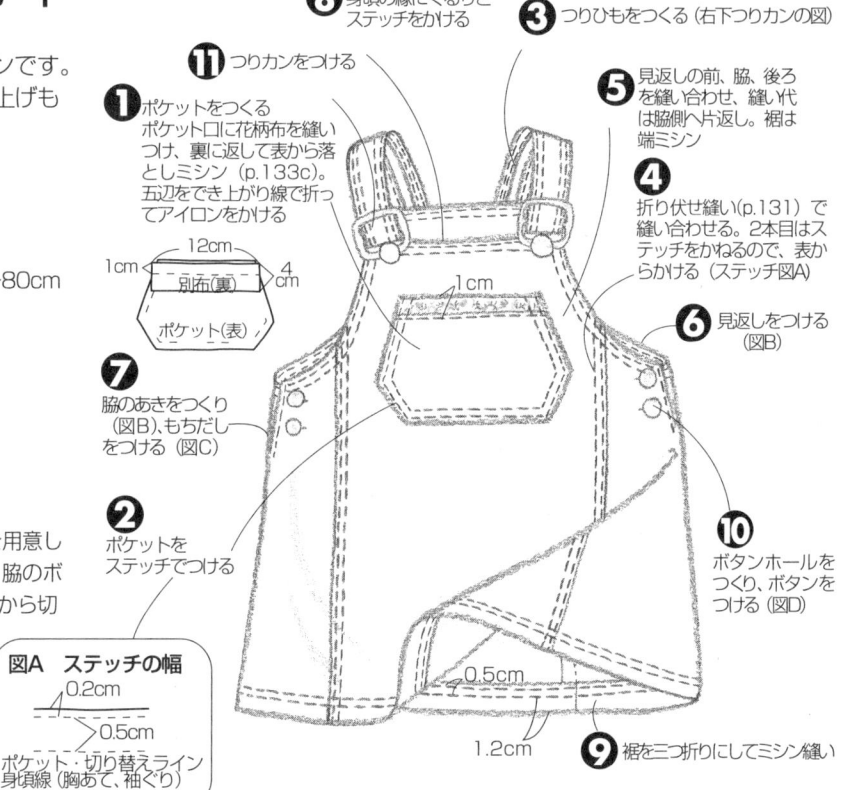

❶ ポケットをつくる
ポケット口に花柄布を縫いつけ、裏に返して表から落としミシン（p.133c）。五辺をでき上がり線で折ってアイロンをかける

❷ ポケットをステッチでつける

❸ つりひもをつくる（右下つりカンの図）

❹ 折り伏せ縫い（p.131）で縫い合わせる。2本目はステッチをかねるので、表からかける（ステッチ図A）

❺ 見返しの前、脇、後ろを縫い合わせ、縫い代は脇側へ片返し。裾は端ミシン

❻ 見返しをつける（図B）

❼ 脇のあきをつくり（図B）、もちだしをつける（図C）

❽ 身頃の縁にぐるりとステッチをかける

❾ 裾を三つ折りにしてミシン縫い

❿ ボタンホールをつくり、ボタンをつける（図D）

⓫ つりカンをつける

図A　ステッチの幅
ポケット・切り替えライン
身頃線（胸あて、袖ぐり）

裁ち方図（数字はcm）

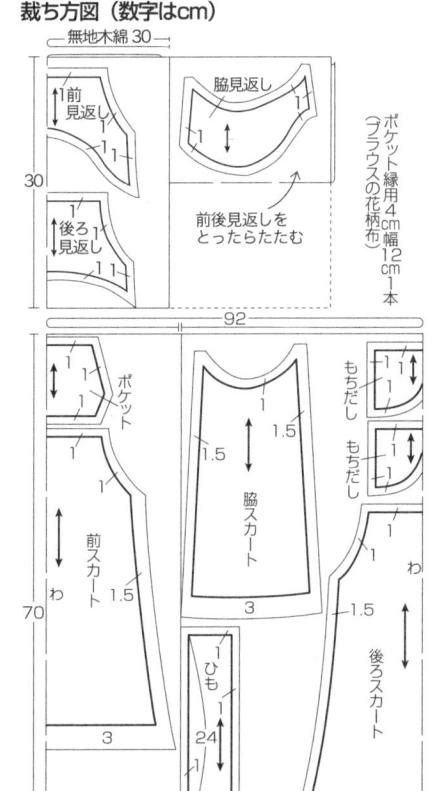

図B　見返しをつけ、脇のあきをつくる
① つりひもをはさんで見返しを重ねる
② ミシンをかけてから、脇に切りこみを入れる
③ 表に返してステッチ

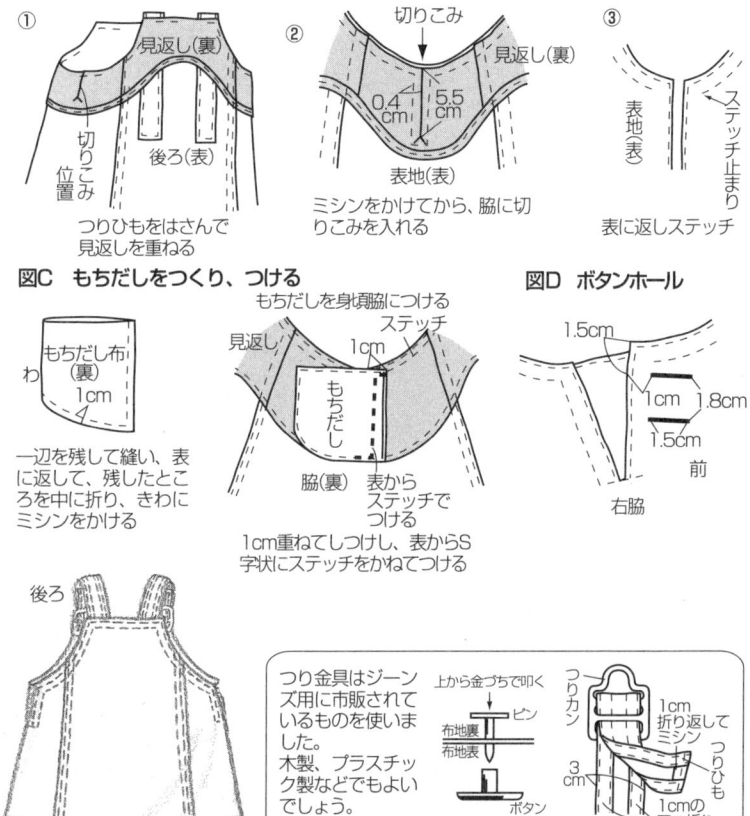

図C　もちだしをつくり、つける
一辺を残して縫い、表に返して、残したところを中に折り、きわにミシンをかける
もちだしを身頃脇につける
1cm重ねてしつけし、表からS字状にステッチをかねてつける

図D　ボタンホール

つり金具はジーンズ用に市販されているものを使いました。木製、プラスチック製などでもよいでしょう。

77

チェックの前あき ジャンパースカート

カラーp.31 型紙-44

女の子のスカートものに、一度は使ってみたいチェック柄。子どもに似合い、合わせもかんたんな、小さめの柄を選びましょう。

材料
厚手木綿（チェック） 110cm幅75〜85cm
ファスナー 30cm（着丈に合わせる）
接着芯 40cm

縫い方ガイド
肩を縫い合わせたら身頃に見返しを重ね、袖ぐり、衿ぐりを縫います。脇は表布と見返しをつづけて縫います。格子柄がずれないようにファスナーをつけるのがポイントです。

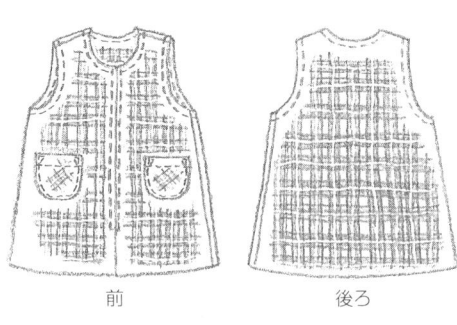

❶ ポケット口に接着芯をはって形にし、縁から0.5cmのところにステッチでつける（p.92参照）（裏側に力布をつける）

❷ 見返しに接着芯をはり、身頃、見返しそれぞれ肩を縫う。縫い代は割る

❸ 身頃に見返しを中表に重ねて、衿ぐり、袖ぐりを縫い合わせ、表に返す（図A）

❹ 身頃と見返しの脇をつづけて縫い（図B）、割る。見返しの裾に端ミシン

❺ 衿ぐり、袖ぐりにステッチをかける

❻ 前中心をあき止まりまで縫い、ファスナーをつける（p.85図A）。端に千鳥がけ（p.132）

❼ 裾に端ミシンをかけ、カーブをきれいに折り上げてまつる（p.80図C）

前　　後ろ

裁ち方図（数字はcm）

図A　見返しをつける

図B　脇を縫う

おとなの服から気軽にリフォーム③
ジャンパースカート

お母さんの短めのスカートからとれます。見返しは表地に合う別布でつけるのもかわいく、ちょうどよい厚さのものがえらべます。大きなチェックや柄、渋い色など、子どもに不向きな場合もあるので、似合うものでつくりましょう。このデザインはコーデュロイ、デニム、ウールなど幅広い素材に合います。

コーデュロイの ふだん着ベスト
カラーp.35 型紙-45

裏地をつけると縫い代の始末がいらず、つくり方はかえって簡単。すべりよく脱ぎ着ができるので、よく着るふだん着におすすめです。

材料
コーデュロイ（アイボリー）
　　　　108cm幅45〜55cm
ナイロンメッシュ地（裏用）110cm幅50cm
パイピングテープ（スエード）8mm幅（両折）
　　　　　　　　　　　　　　約270cm
オープンファスナー　29cm（着丈に合わせる）
接着芯（力布用）少々

縫い方ガイド
表布と裏地で別々に台衿つきの身頃をつくって重ね、縁をパイピングで縫い合わせます。

裁つときの注意
コーデュロイは毛足の向きに合わせて裁ちます。ベストを上から下になでて毛足が逆立つ方向にそろえるので、差し込みはしません。

❶ ポケットをつくる。（図A）
❷ 表布にポケットをつける。角の裏に接着芯で力布（図B）
❸ 表地、裏地それぞれ肩と脇を縫う。縫い代は割る
❹ 表地、裏地それぞれに衿をつける（図C）。縫い代は身頃側へたおす
❺ 2枚をでき上がりに重ね、身頃の縁と袖ぐりをしつけでとめる（図D）
❻ スエードテープでパイピング。表からつけて裏に返し、表からテープの端にステッチをかける（p.133・B）
❼ ファスナーをつける（図E）

パイピングは脇線の少し後ろから始める

0.8cm

後ろ

裁ち方図（数字はcm）
108
衿
1.5　1.5
前身頃　後ろ身頃
わ
1.5　1.5
ポケット
50

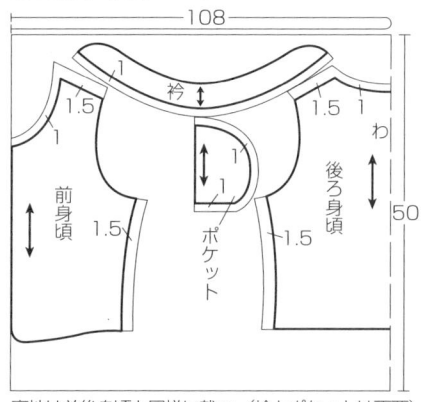

裏地は前後身頃と同様に裁つ。（衿とポケットは不要）

図A　ポケットをつくる
スエードテープ表　裏
合いポケット布とテープを合わせて縫う
0.8cm
表からきわにステッチ
折らずに裁ち目のまま切りおとす
裏

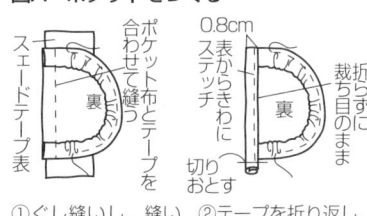

①ぐし縫いし、縫い代を折り返してポケット口にテープをつける
②テープを折り返し、表からステッチで押さえる

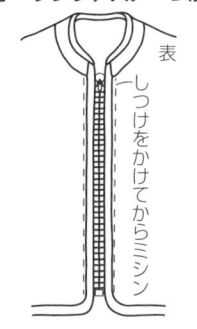

図B　ポケット裏の補強
ステッチ 1cm
裏に接着芯（力布）
ステッチ 1.5cm

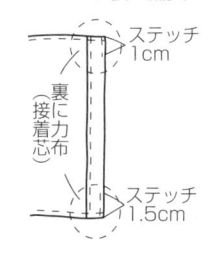

図C　衿をつける
布端までミシン
衿
身頃（表）
＊裏地にもコーデュロイの衿をつける
縫い代は身頃側にたおす

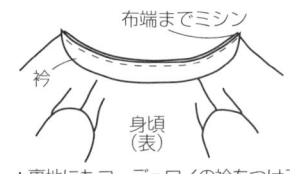

図D　身頃2枚を合わせる
表地（裏）
裏地（裏）
2枚がずれないようにしつけ

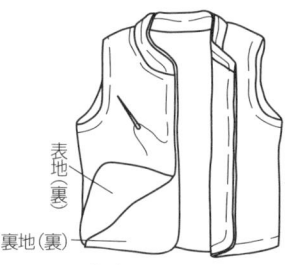

図E　オープンファスナーつけ
表
しつけをかけてからミシン

ファスナーを閉じてつける位置におき、ファスナーの上端を内側に折りこみ、しつけで止め、表からミシンを片側ずつかける。パイピングのきわを落としミシンのように縫う。
パイピングで段差ができるので、ミシンの押さえ金の下に厚紙を入れると縫いやすい

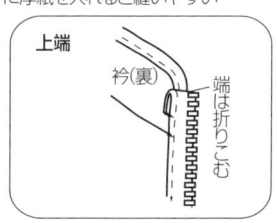

上端
衿（裏）
端は折りこむ

茶色のベスト
p.35のパンツとお揃いです

ポケットの形を変え、パイピングにニットテープを使ってみました。

フレンチスリーブの ワンピース

カラーp.32　型紙・46

気軽にとりかかれる、袖つけなしの縫いやすい一点です。

材料（ブルマースを含む）

木綿（白）110cm幅35cm
木綿（花柄）110cm幅80〜95cm
ファスナー　20cm（着丈に合わせる）
かぎホック　1組
ゴムテープ（ブルマース用）4mm幅110cm

縫い方ガイド

ヨークとスカートを縫い合わせ、肩と脇を縫って袖ぐりを始末。ファスナーをつけてから衿ぐりに見返しをつけます。
ブルマースの縫い方p.75。

裁ち方図（数字はcm）

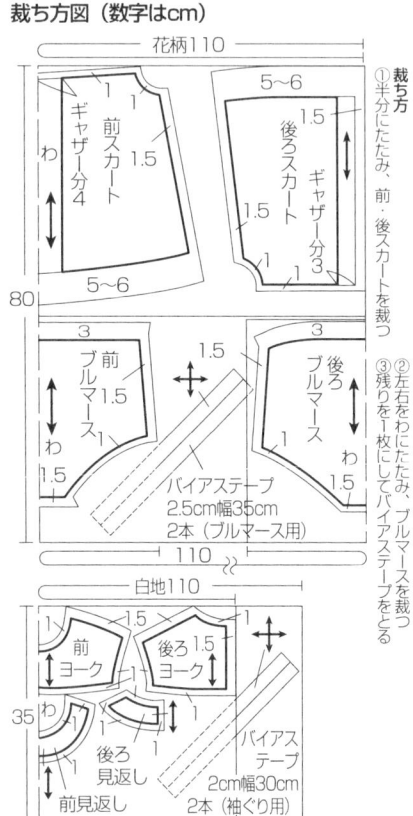

① 切り替えを縫う（図A）
② 肩と脇を縫い、縫い代は割って端ミシン(p.131)
③ 袖ぐりに、見返しのようにバイアステープをつける。縫い代には切りこみを入れ、0.8〜1cm幅に折ってまつる
④ ファスナー下を縫い合わせ、ファスナーをつける(p.85)
⑤ 衿ぐりに見返しをつける（図B）
⑥ 裾の始末をする（図C）。端ミシンをかけ、折り上げてまつる
⑦ かぎホックをつける(p.135)

図A　ヨークを縫い合わせる

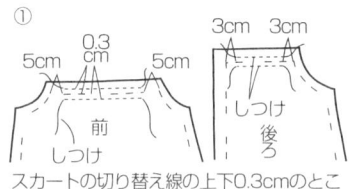

① スカートの切り替え線の上下0.3cmのところをしつけ糸でぐし縫いし、ギャザーをよせる

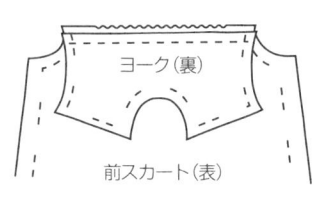

② 前後とも、スカートとヨークを中表に重ねてしつけをかけ、でき上がり線を縫う

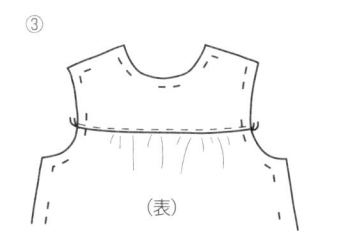

③ 縫い代は捨てミシンを1本かけてかがり、ヨーク側にたおして表からステッチで押さえる。ぐし縫いのしつけ糸をぬく

図B　衿ぐり見返しのつけ方

① 見返しの肩を縫い合わせ、縫い代は0.5cmに切って割り、見返しに端ミシンをかけておく

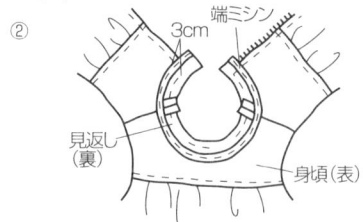

② 見返しと身頃を中表に重ねて縫う。見返しの縫い代を0.2cm切り落とし、裁ち目をそろえて重ね、見返しのでき上がり線を縫う。見返しがひかえられてきれいに仕上がる

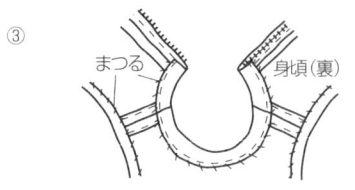

③ 縫い代に切りこみを入れ、見返しをでき上がりに返してアイロンでととのえ、まつる（ファスナーの開閉に支障のない位置に）

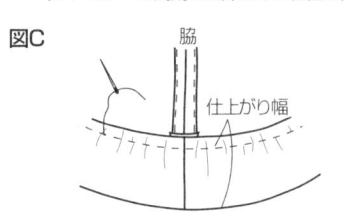

図C

裾をでき上がりに折り上げ、きれいなカーブになるようにぐし縫いしていせこむ

かぶって着られるワンピース
カラーp.32　型紙-47

Tシャツのようにかぶって着られるワンピースです。両脇をあけてスナップ止めにし、ぬぎ着しやすくしました。

材料（ブルマースを含む）
綿ジャージー（花柄）　160cm幅45〜55cm
綿（オレンジ色）　90cm幅50〜70cm
グログランリボン　1cm幅100cm
伸び止め用接着テープ　1.5cm幅約160cm
スナップボタン　小2組
ゴムテープ（ブルマース用）　4mm幅110cm

縫い方ガイド
衿ぐりにパイピングした身頃（ヨーク）と、タックをよせたスカートを縫い合わせ、肩を重ねて袖をつけ、袖下、脇を縫います。衿ぐり、袖ぐりの接着テープはでき上がり線にかかるようにはり、縫うときいっしょにミシンをかけます。
ブルマースの縫い方（p.75）

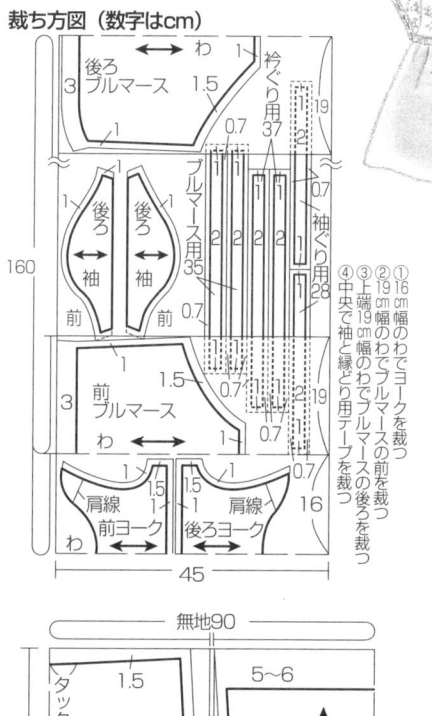

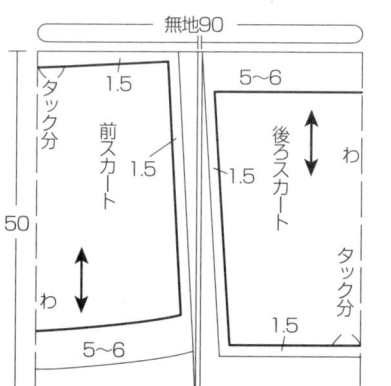

① 接着テープをはる（衿ぐり、袖ぐり、袖下、脇のあき）
② 衿ぐりを縁どり布でパイピング（p.133B）。折り返した端は厚くなるので折りこまないで、ステッチをかける
③ 袖口に縁どり布をつけ、1本目のミシンだけかける。（2本目のステッチは8で）
④ スカートにタックをよせる。前後とも脇から3cm残してひだをたたみ、でき上がり線をかけておく（図A）。
⑤ ヨークとスカートを縫い合わせる。縫い代は身頃にたおしてかがる
⑥ 袖をつける。前後の肩線を合わせ、後ろが上になるように重ねる（図B）
⑦ 袖下から脇を縫い合わせ、あきをつくる（図C）
⑧ 袖口の縁どり布を折り返して表からステッチ
⑨ 裾の始末をする。端ミシンをかけ、でき上がり線に折ってまつる
⑩ 前身頃のウエスト部分にリボンを縫いつける

裁ち方図（数字はcm）

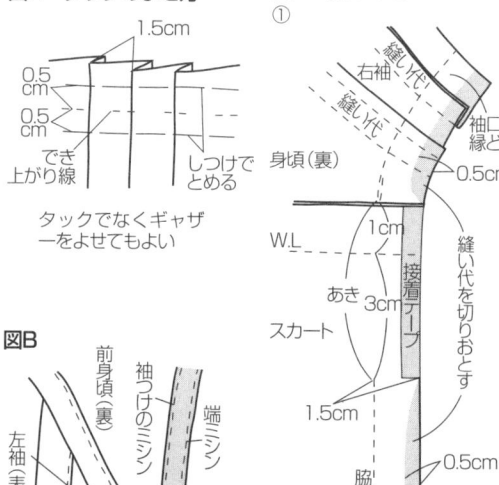

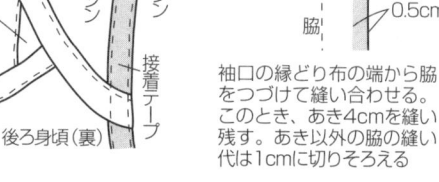

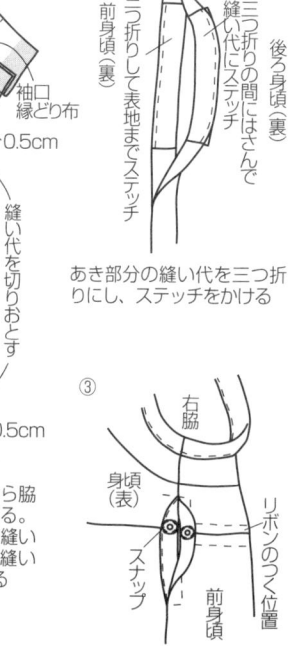

図A　タックのよせ方
タックでなくギャザーをよせてもよい

図B

図C　脇のあき
袖口の縁どり布の端から脇をつづけて縫い合わせる。このとき、あき4cmを縫い残す。あき以外の脇の縫い代は1cmに切りそろえる

あき部分の縫い代を三つ折りにし、ステッチをかける

切り替え線の位置にスナップボタンをつける。脇の縫い代は前側にたおし、捨てミシンをかけてかがる

ボックスプリーツのワンピース

カラーp.32 型紙-48

胸から入るひだに、白い衿、ふんわりしたパフスリーブは、小さな女の子に似合う、かわらないスタイルです。

材料(ブルマースを含む)
薄手木綿(ピンクししゅう入り) 90cm幅135〜145cm
綿サテン(白衿用) 60×15cm
ファスナー 20cm(着丈に合わせる)
かぎホック 1組
ピンクの玉飾り 2組
ゴムテープ(ブルマース用) 4mm幅110cm

縫い方ガイド
前身頃のひだをつくり、肩と脇を縫い、袖、衿、ファスナーをつけます。
ブルマースの縫い方p.75。

❶ 袖をつくる(図A)

❷ ひだをあき止まりまで縫って、ボックスプリーツをたたむ

❸ 型紙をあてて肩線を正しくひきなおす

❹ 肩と脇を縫い、縫い代は割って端ミシン

❺ 衿をつくってつける(図B・衿のつくり方p.65)

❻ 袖をつける(p.64)

❼ ファスナーをつける(図C)

❽ 裾をでき上がりに折り、端ミシンをしてまつる

❾ かぎホックをつけ(p.135)、ひだ止まりの上に飾りを縫いつける

後ろはシンプルで縫いやすいデザイン

裁ち方図 (数字はcm)

図A パフスリーブのつくり方

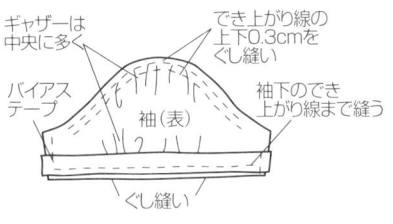

① 袖山と袖口にぐし縫いをしてギャザーをよせ(中心近くに多めに)、袖口にバイアス布を中表に重ねて縫う

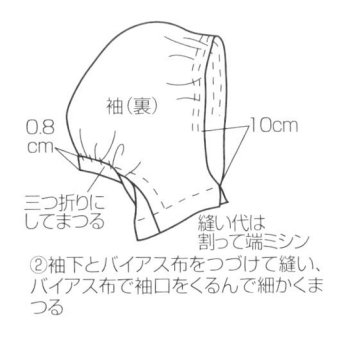

② 袖下とバイアス布をつづけて縫い、バイアス布で袖口をくるんで細かくまつる

図B 衿のつけ方(後ろあきの場合)

① 身頃に衿を重ね、左右の衿の前端をつき合わせてしつけをかけておく

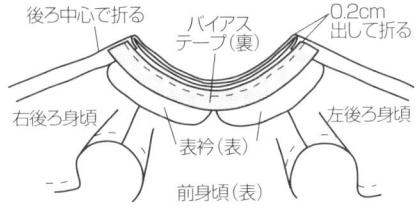

② 後ろ身頃中央の縫い代を、右後ろはでき上がり線通りに、左後ろは0.2cm出して中表に折る。バイアステープを重ねてミシンをかける

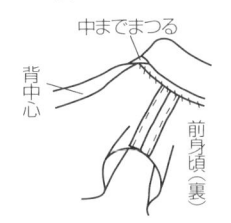

③ 縫い代を0.5cmに切りそろえてバイアステープでくるみ、細かくまつる

図C 後ろ中心ファスナーつけ

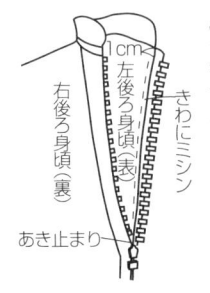

① 左後ろ身頃に先につける。ファスナーは衿ぐりより1cm下に金具がくるようにし、上端は折りこむ

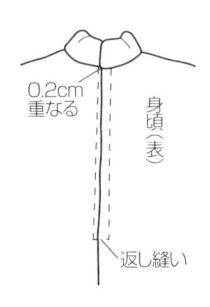

② 右身頃をのせて表からミシンをかける。ファスナー止まりは横に返し縫いをする。ファスナーの端は、縫い代に千鳥がけでとめる

*ファスナーつけ用のミシン金具を使うと縫いやすい

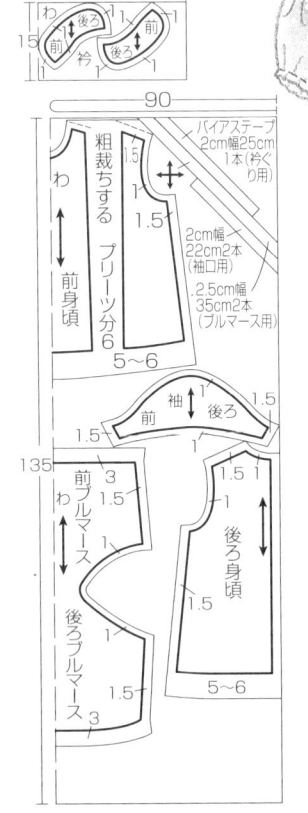

バラ飾りの
ビロードワンピース
カラーp.36　型紙-49

デザインは左ページのワンピースと同じ。
生地を変えて、長袖のよそゆきにしました。

材料（ブルマースを含む）

綿ビロード（ローズピンク）
　　　　　　　　90cm幅155〜170cm
デシン（白衿用）　60×15cm
裏地90cm幅30〜40cm
ファスナー　20cm（着丈に合わせる）
リボンのバラ飾り6個　かぎホック　1組
ゴムテープ　4mm幅145cm

縫い方ガイド

裏地をつけるところ以外はボックスプリーツのワンピースとほぼ同じです。
ブルマースの縫い方p.75。

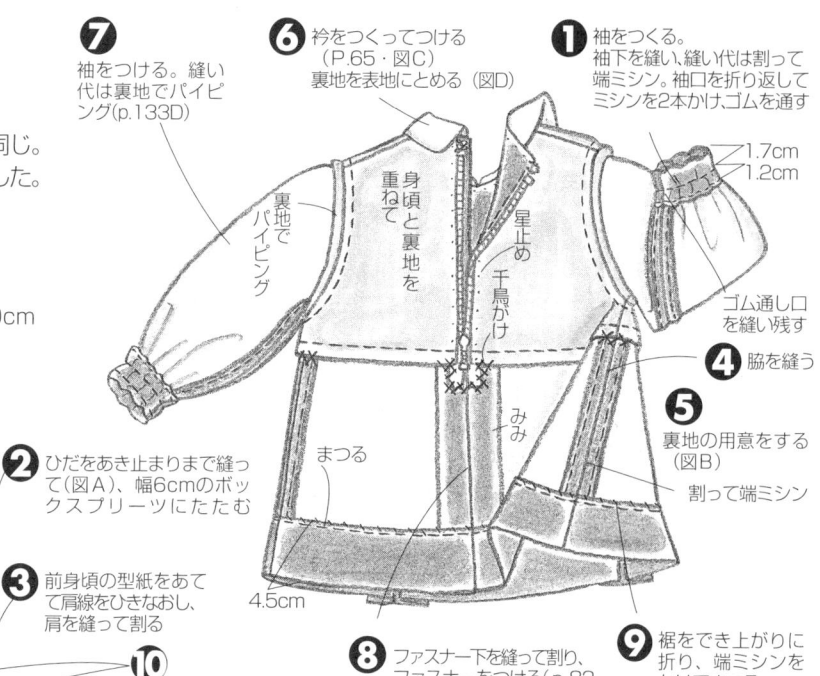

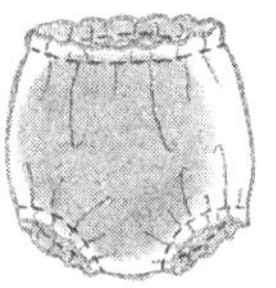

❶ 袖をつくる。袖下を縫い、縫い代は割って端ミシン。袖口を折り返してミシンを2本かけゴムを通す

❷ ひだをあき止まりまで縫って（図A）、幅6cmのボックスプリーツにたたむ

❸ 前身頃の型紙をあてて肩線をひきなおし、肩を縫って割る

❹ 脇を縫う

❺ 裏地の用意をする（図B）

❻ 衿をつくってつける（P.65・図C）裏地を表地にとめる（図D）

❼ 袖をつける。縫い代は裏地でパイピング（p.133D）

❽ ファスナー下を縫って割り、ファスナーをつける（p.82 図C）

❾ 裾をでき上がりに折り、端ミシンをかけてまつる

❿ かぎホックをつけ、ひだ止まりの上に飾りを縫いつける

裁ち方図（数字はcm）

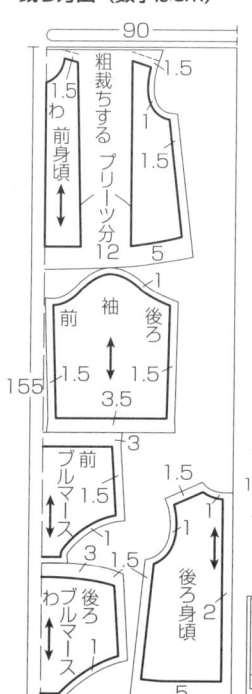

＊ビロードはなで下ろしたとき毛足がさかだつ方向でとるとうつくしい光沢がでます。裁つときは一方向に揃えて裁ちます。

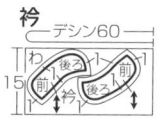

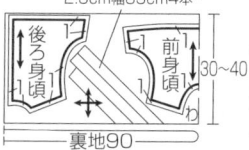

図A　ひだのつくり方

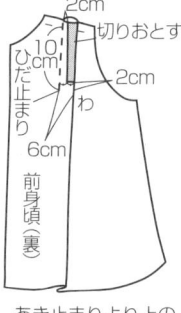

あき止まりより上のひだ分は、縫い代を残して切りとる

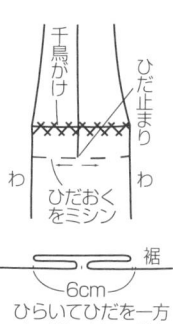

ひらいてひだを一方ずつ縫い止め、裁ち目を千鳥がけ

図B　裏地の縫い方

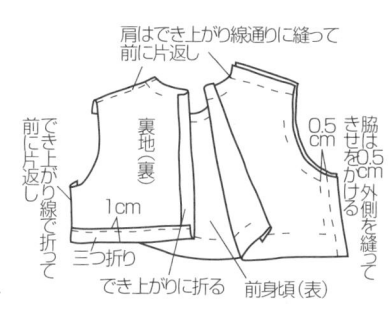

肩、脇を縫い、裾を三つ折りにしてミシンをかける

図C　衿の図

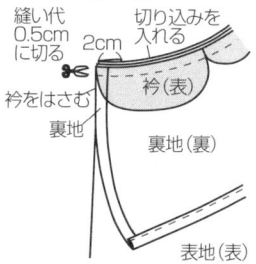

これはバイアステープの代わりに裏地を重ねて、衿をはさんで縫う。縫い代を0.5cmに切りそろえ、でき上がりに返して、しつけでとめておく

図D　裏地のとめ方

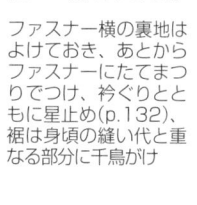

ファスナー横の裏地はよけておき、あとからファスナーにたてまつりでつけ、衿ぐりとともに星止め（p.132）、裾は身頃の縫い代と重なる部分に千鳥がけ

＊裏地のきせ　裏地は横に伸びないので、でき上がり線より0.5cm外側を縫い、裏地は仕上がり線で片返し。縫い目から折り山までのゆとりの部分を「きせ」といいます。

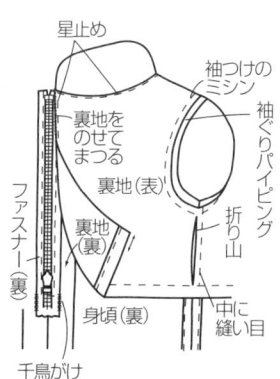

スモックししゅうのワンピース
カラーp.32 型紙-50

細かいチェック、ストライプ、小さな水玉もようなどの生地をえらぶと、スモックししゅうがしやすく、仕上がりも効果的です。

材料（ブルマースを含む）
木綿（グレーギンガムチェック）
　　　　　　　　92cm幅135～150cm
レース（白・衿用）　60cm
ファスナー　30cm（着丈に合わせる）
かぎホック　1組
ゴムテープ　4mm幅　110cm
各色ししゅう糸（25番）

縫い方ガイド
前身頃は粗裁ちして、スモックししゅうをし、もう一度型紙をあてて裁ち直します。ヨークの切り替えを縫い合わせたら、あとはボックスプリーツのワンピース（P.82）とほぼ同じです。
ブルマースの縫い方p.75。

❶ 粗裁ちした前身頃にスモックししゅうをする（下図）

❷ 型紙をあてて裁ち直し、ヨークと中表に重ねて縫い合わせ、表からステッチ。（ヨークの縫い方P.80参照）

❸ 肩と脇を縫い、縫い代は割って端ミシン

❹ レースをはさんで衿をつくり(p.63)、つける(P.82)

❺ 袖をつくって（P.82）つける(p.64)。

❻ ファスナー下を縫って割り、ファスナー（p.85）をつける

❼ 裾をでき上がりに折り、端ミシンをかけまつる。かぎホック(P.135)をつける

共布バイアステープ　かぎホック　千鳥がけ　1cmカフスステッチ　後ろ　4.5cm

裁ち方図（数字はcm）
スモックししゅうをする部分の布幅はでき上がりの1.5～2倍を見つもります。このワンピースでは20cmとっています。

スモックししゅう
布をすくって糸をひき、ギャザーを細かくよせもようをさします。胸からウエストにかけての部分、衿まわり、袖口に使われます。

スモックししゅう図案（実物の1/2）
ギンガム格子を印のかわりにするとよい

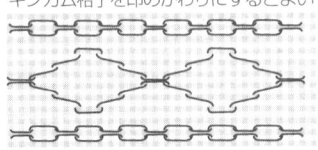

でき上がり実物大　糸は3本どり
ケーブル・ステッチ(B)
デージー・ステッチ
白
淡いグレー
濃いグレー
針目約0.4cm
ブリオンローズ・ステッチ
3cm　5cm

＊菱形の中にピンクの花と緑の葉をししゅうしました。（さし方p.126）

さし方
①図案の位置を決め、一番上のケーブル・ステッチをさす。左から右に進み、一針ごとに糸を引いてしめる。
＊このときの針目の大きさ、糸の引き加減でギャザーの分量が変わるので、実物大図を参考にしてください。この作品はでき上がり幅がはじめの約2/3になっています。
②1本さし終わったらでき上がり幅に合わせてギャザーをととのえ、クッションなどにしつけ糸でとめる
③左手で布を手前に引き、規則的にできるギャザーの山と布の格子をたよりに、2本目以降のもようを上から順にさしていく。花や葉はあとからししゅう。
糸の引き加減を同じ調子にするとでき上がりがきれい
④全部さし終わったら、裏からぬれた布をあててアイロンをかけ、ひだをととのえる

① 横の基本線をひく
② しつけ糸でとめる

さし方いろいろ　組み合わせるといろいろなもようができます
A　B

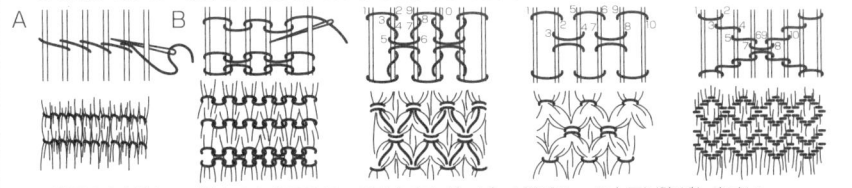

＊最初の1本はシンプルなAかBのステッチでさすとギャザーが安定し、2本目以降がしやすい。
図案によってはでき上がりの枠外（切り替えの縫い代の中など）に余分にギャザーのために1本をさします。

チェリー柄の長袖ワンピース
カラーp.33　型紙-51

冬に着せたい長袖は、落ち着いた色合いの綿ジャージーで。柔らかな材質を生かしたデザインです。

材料（ブルマースを含む）
綿ジャージー（紺チェリー柄）
　　　　　　100cm幅125〜135cm
デシン（白衿用）　65×20cm
レース（紺・衿、前ヨーク用）　90cm
接着テープ　1.5cm幅3.5m
ファスナー　30cm　かぎホック　1組
綿テープ（紺袖口用）　12mm幅55cm
ゴムテープ　4mm幅145cm

縫い方ガイド
ヨークと身頃を縫い合わせ、肩を縫って、衿、ファスナー、袖をつけ、袖下と脇を縫う。伸び止め用接着テープをでき上がり線にかかるようにはっておき、縫うときにテープもいっしょにミシンをかける。縫い代の始末は捨てミシンをしてかがるかロックミシンで。ブルマースの縫い方p.75。

❶ 接着テープをはる（脇、肩、背中心、後ろヨーク、袖、袖ぐりブルマース）

❷ 前後身頃の切り替え線の上と下をぐし縫いしてギャザーをよせ、型紙をあててたちなおす

❸ 身頃とヨークを縫い合わせる（前身頃にはレースをはさむ。）

❹ 肩を縫い、縫い代は前にたおす

❺ ファスナー下を縫って割り、ファスナーをつけ（図A）、

❻ レースをはさんで衿をつくり、つける（図B）

共布テープまつり
千鳥がけ

❼ 袖口にゴム通しの綿テープを縫いつける（袖下縫い代手前まで）。袖をつける（p.49）

❽ 袖下、脇をつづけて縫う

❾ 袖口は細くこつ折りにして端ミシン

❿ 裾を上げてまつり、かぎホックをつける（p.135）

裁ち方図（数字はcm）

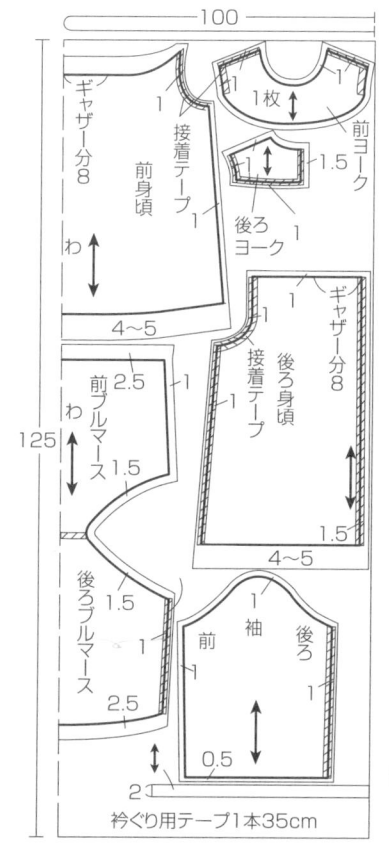

図A　つき合わせのファスナーつけ
ファスナーつけ用のミシン金具を使うと縫いやすい

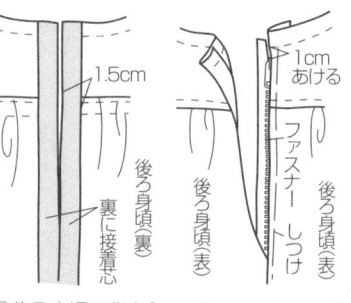

①後ろ身頃の背中心をでき上がりに折ってアイロンをかける（ジャージーなど伸びる生地の場合は、縫い代に接着芯をはっておく）

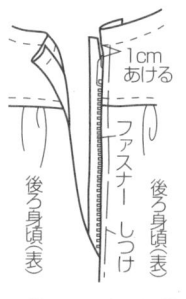

②ファスナーは衿ぐりより1cm下に金具がくるようにし、ファスナーの中心と背中心を合わせ、隙間があかないようにしつけでしっかり止める

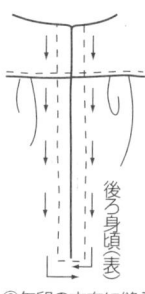

③矢印の方向に縫う

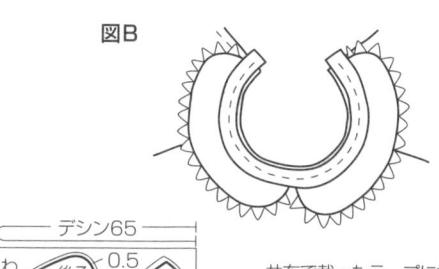

④ファスナーの端は千鳥がけで縫い代に止める

図B
共布で裁ったテープに衿をはさんでつける。テープを折り返して身頃衿ぐりにまつりつける

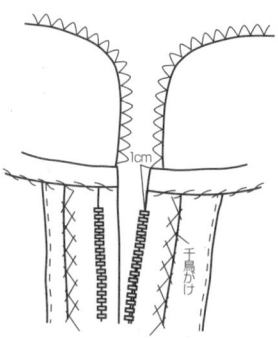

ワッフル地のボレロ
カラーp.33 型紙-52

一枚仕立てのかるくはおれるものがあると、男の子にも女の子にも重宝します。

材料
木綿(ワッフル、白)110cm幅70〜80cm
接着芯 30cm
ボタン(白)13mm1個

縫い方ガイド
袖口にゴムを入れない、衿なしブラウスのようなものですから、つくり方の大筋は白コットンのブラウス(p.62)を、見返しは別裁ちにするので、はね袖のロンパースの衿ぐり見返しを参照(ステッチをかけるので、押さえミシンは不要)してください(p.54)。

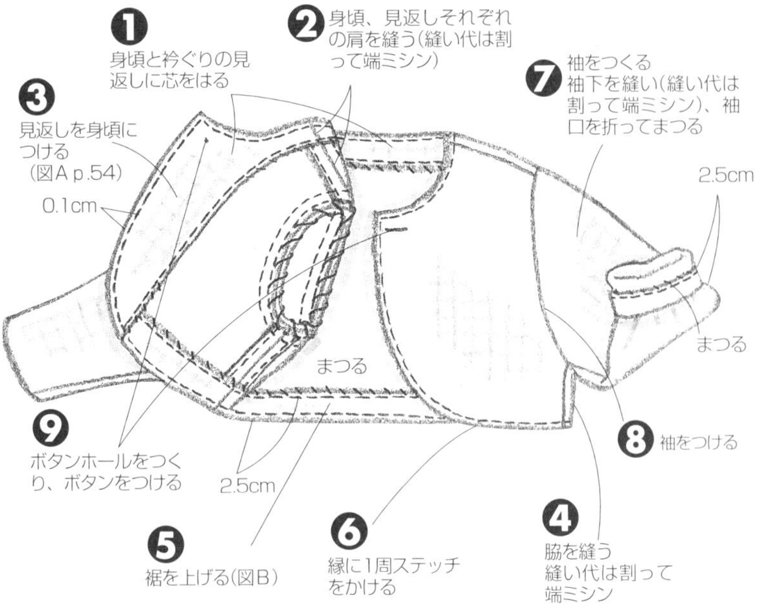

❶ 身頃と衿ぐりの見返しに芯をはる
❷ 身頃、見返しそれぞれの肩を縫う(縫い代は割って端ミシン)
❸ 見返しを身頃につける(図A p.54)
❹ 脇を縫う 縫い代は割って端ミシン
❺ 裾を上げる(図B)
❻ 縁に1周ステッチをかける
❼ 袖をつくる 袖下を縫い(縫い代は割って端ミシン)、袖口を折ってまつる
❽ 袖をつける
❾ ボタンホールをつくり、ボタンをつける

裁ち方図(数字はcm)

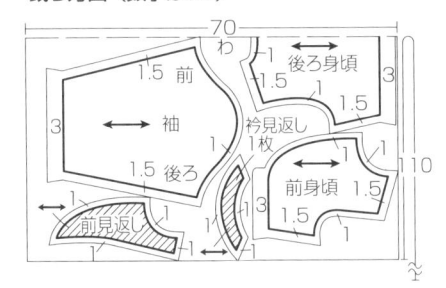

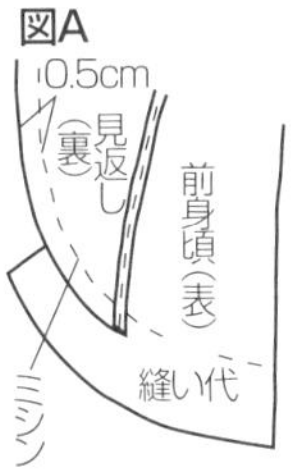

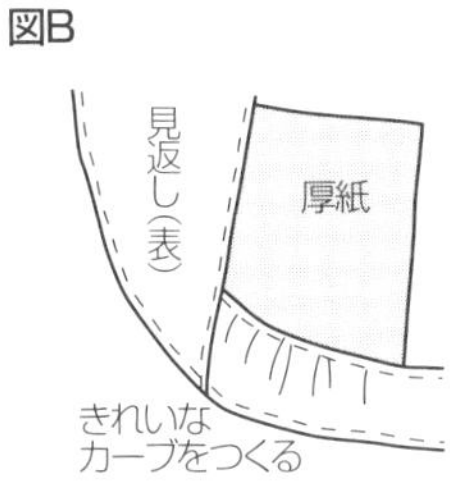

図A　前端から裾にかけての丸いラインは、ぐし縫いでちぢめ、厚紙を入れて上げ、アイロンをあてる。端ミシンをかけてまつる。左右がそろってきれいにできる。

図B　きれいなカーブをつくる

かんたんスリップ
製図p.143

よそゆきのワンピースを着るときなど、やはりスリップがあると便利。丈はスカートより5cmほど短く仕上げます。

材料
さらし 1.6〜2m (綿ローン、金巾など92cm幅なら80〜90cm)
レース 1.4m スナップボタン(小)1組

縫い方
1 背中心を縫い、割ってミシンで押さえる
2 前あき止まりから下を縫って割る
3 脇を片方だけ折り伏せ縫い(p.131)
4 裾にレースをつける(右図)
5 もう片方の脇を折り伏せ縫い
6 肩を折り伏せ縫い
7 袖ぐりと衿ぐりをバイアステープで始末
8 前のあきの縫い代をミシンで押さえ、あき止まりの力布(三角に折る)と、上にスナップをつける

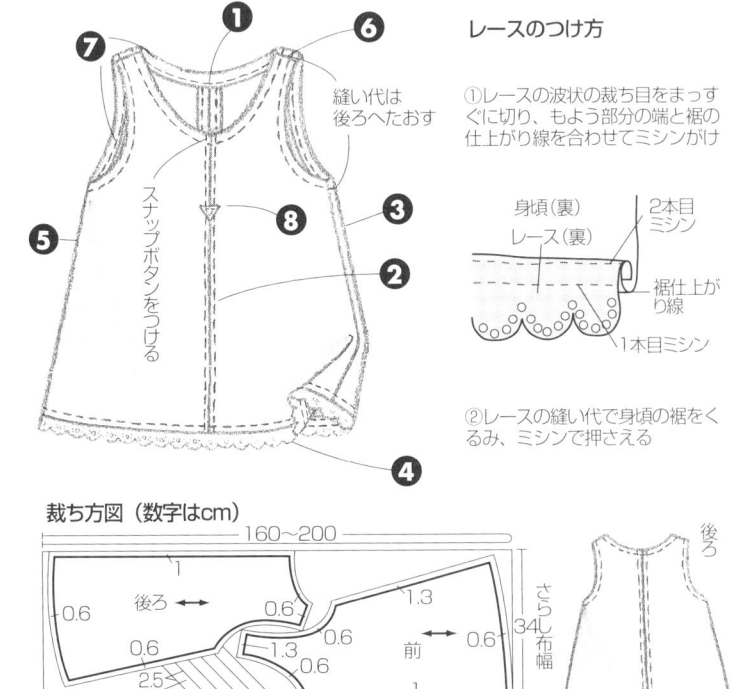

レースのつけ方
①レースの波状の裁ち目をまっすぐに切り、もう部分の端と裾の仕上がり線を合わせてミシンがけ

②レースの縫い代で身頃の裾をくるみ、ミシンで押さえる

裁ち方図(数字はcm)

フードつきジャンパー

カラーp.35 型紙-53

袖口まですっかり二枚重ねなので、風を防ぎ、寒い季節に重宝します。

材料

厚手木綿(オレンジ)110cm幅90〜100cm
裏布用綿(チェック柄)110cm幅90〜100cm
オープンファスナー 34cm(着丈に合わせる)
ゴムテープ(フード用)7mm幅17cm
　　　　　(裾用)2cm幅50cm
＊ミシン糸2色(オレンジ・グリーン)

縫い方ガイド

表布と裏布で別々に「フード」と「袖のついた身頃」をつくって重ね、合わせます。(⑦、⑨、⑪、⑫)手順としては、表布の肩を縫ったら、裏布の肩を縫う…表布に袖をつけたら、裏布の袖をつける…と、同じところを縫い進める方が早くできます。
＊縫い代は、内側にかくれるので、記載がない場合は割ってアイロンをかけておきます。

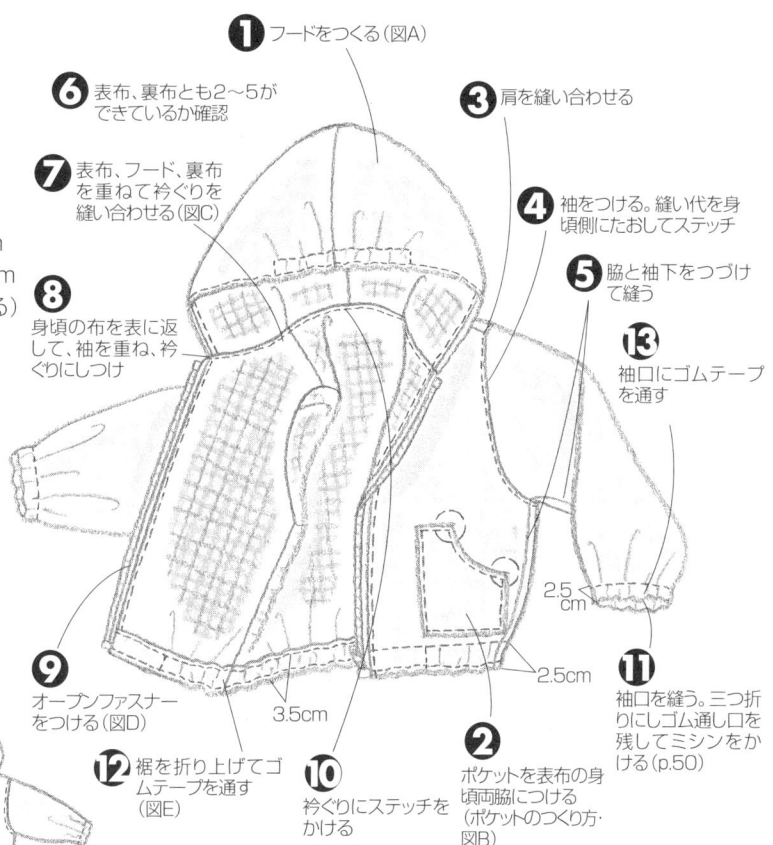

❶ フードをつくる(図A)
❷ ポケットを表布の身頃両脇につける(ポケットのつくり方・図B)
❸ 肩を縫い合わせる
❹ 袖をつける。縫い代を身頃側にたおしてステッチ
❺ 脇と袖下をつづけて縫う
❻ 表布、裏布とも❷〜❺ができているか確認
❼ 表布、フード、裏布を重ねて衿ぐりを縫い合わせる(図C)
❽ 身頃の布を表に返して、袖を重ね、衿ぐりにしつけ
❾ オープンファスナーをつける(図D)
❿ 衿ぐりにステッチをかける
⓫ 袖口を縫う。三つ折りにゴム通し口を残してミシンをかける(p.50)
⓬ 裾を折り上げてゴムテープを通す(図E)
⓭ 袖口にゴムテープを通す

図A フードのつくり方

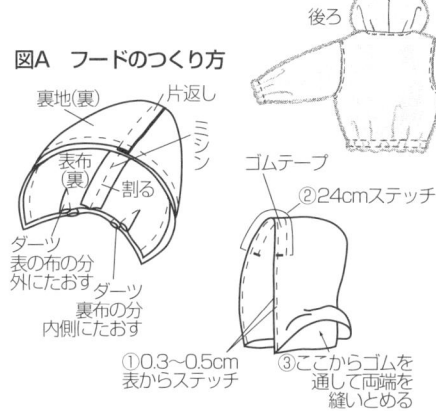

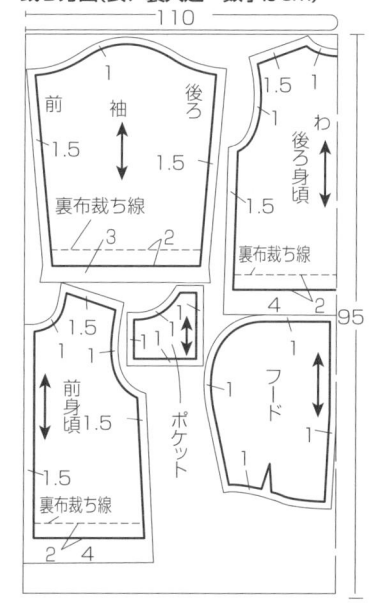

図B ポケットのつくり方

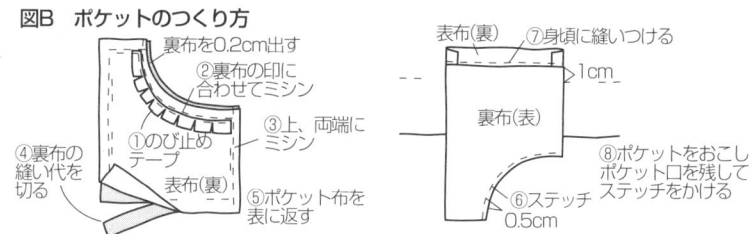

図C フードを身頃につける

表布とフードを中表に重ね、その上に裏布の裏を上にして重ね、仕上がり線を縫い、縫い代を0.5cmに切りそろえる

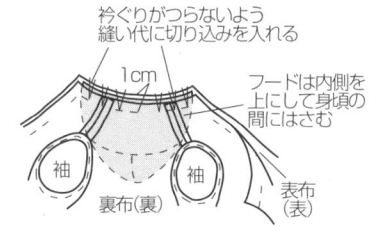

衿ぐりがつらないよう縫い代に切り込みを入れる

フードは内側を上にして身頃の間にはさむ

図D オープンファスナーをつける

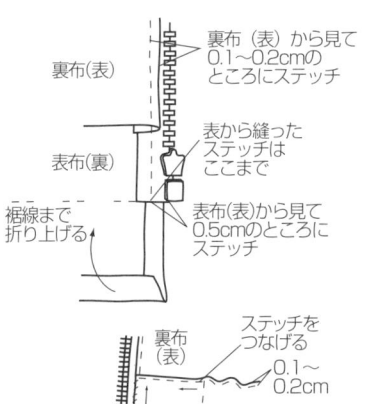

図E 裾を上げる

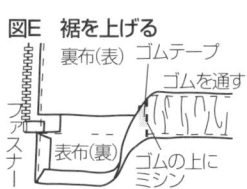

①表布をでき上がりに折り返し、下端にステッチミシン。両端(=前中央)7cmを縫い残して上端にもミシンをかける。

②ゴムを入れて端を縫い止め、形をととのえ、ファスナーの横にもミシンをかける

裁ち方図(表、裏共通 数字はcm)

ウールのベストスーツ

カラーp.36　型紙A-18・54

シンプルでオーソドックス、誰にでも似合うベストです。おなかの出ている幼児に合わせて、W字のデザインをかねた前下がりをつけました。
ウールのパンツはぬぎ着しやすいように裏地をつけ、カジュアルなハーフパンツ(p.73)より細みのラインです。

ベスト材料

ウール（濃グレー）140cm幅40〜45cm
接着芯　45cm
バイアステープ（パンツ裏地布）2cm幅180cm
ボタン（黒）15mm3個
＊ウールなので地直し、切りじつけをします(p.129)

縫い方ガイド

身頃と見返しの肩をそれぞれ縫い合わせ、2枚を中表に重ねて衿ぐりと前、袖ぐりを縫い合わせて表に返します。あとは脇縫いと裾の始末、仕上げです。

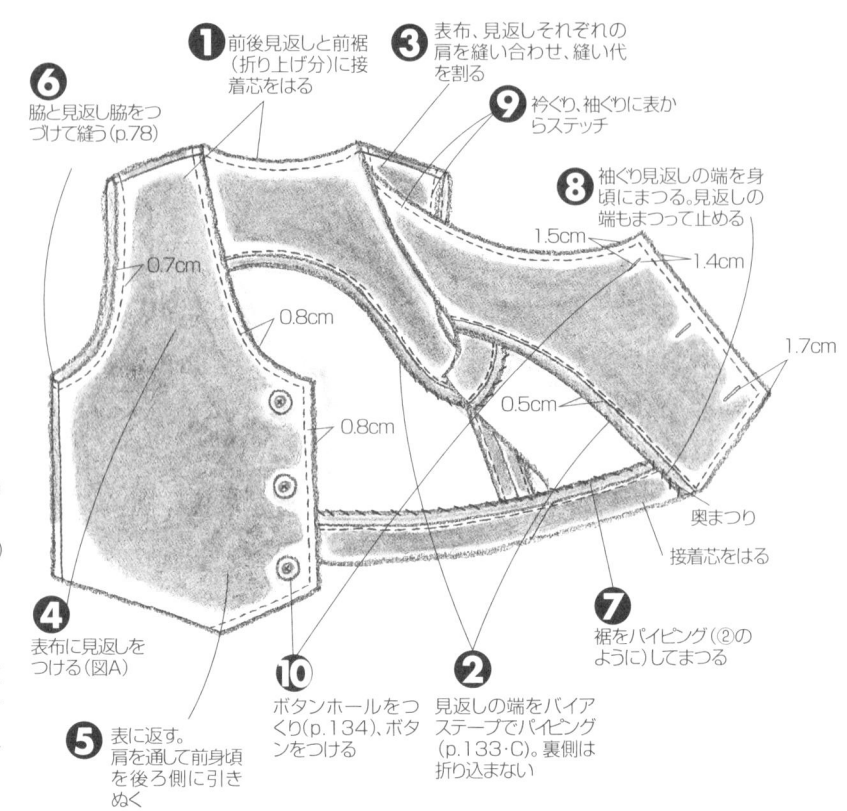

❶ 前後見返しと前裾（折り上げ分）に接着芯をはる
❷ 見返しの端をバイアステープでパイピング(p.133・C)。裏側は折り込まない
❸ 表布、見返しそれぞれの肩を縫い合わせ、縫い代を割る
❹ 表布に見返しをつける（図A）
❺ 表に返す。肩を通して前身頃を後ろ側に引きぬく
❻ 脇と見返し脇をつづけて縫う(p.78)
❼ 裾をパイピング（②のように）してまつる
❽ 袖ぐり見返しの端を身頃にまつる。見返しの端もまつって止める
❾ 衿ぐり、袖ぐりに表からステッチ
❿ ボタンホールをつくり(p.134)、ボタンをつける

図A　表布と見返しを合わせる

でき上がったときに、しぜんに見返しがひかえられるようにつける。
見返しの縫い代を0.2cm切り落とす。見返しと表布を中表に合わせ、前端の角と角の印をピンでとめ、2枚の裁ち目をぴったりそろえ、つり具合を平均にのばしながら、間にもピンを打ってしつけする。見返し側から印通りにミシンをかける。
カーブしている縫い代、袖ぐり、衿ぐりは0.5cm、前端は0.7cmに切りそろえ、切りこみを入れる

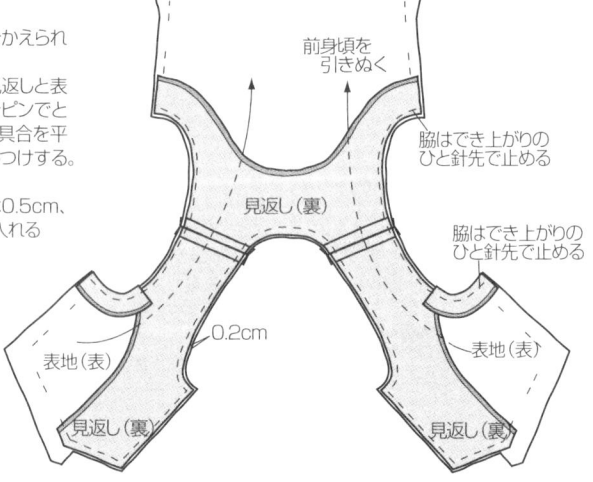

裁ち方図（数字はcm）

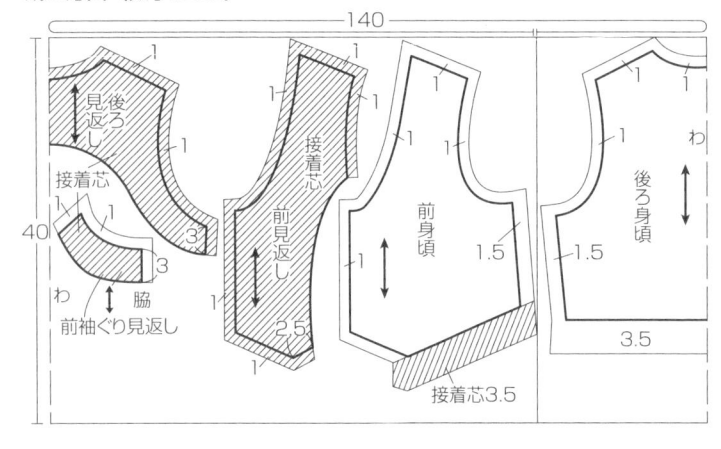

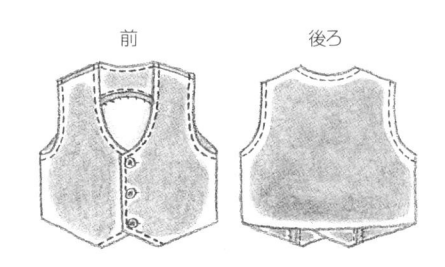

パンツ材料
ウール（黒白千鳥格子）140cm幅40～50cm
裏地（黒）90cm幅60～70cm
（ベスト用バイアステープ分含む）
ゴムテープ　2cm幅40cm
*ウールなので地直し、切りじつけをします
（p.129）

縫い方ガイド
総裏つきの仕立てです。ポケットのついた表布のパンツと裏地のパンツをつくって重ね、ウエストの折り返しで2枚縫い合わせます。裏地の裾は、3cm短く仕上げます。

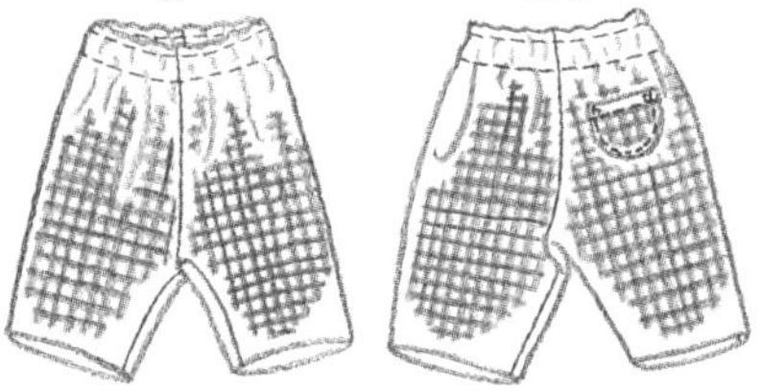

前　　後ろ

裁ち方図（表地・数字はcm）

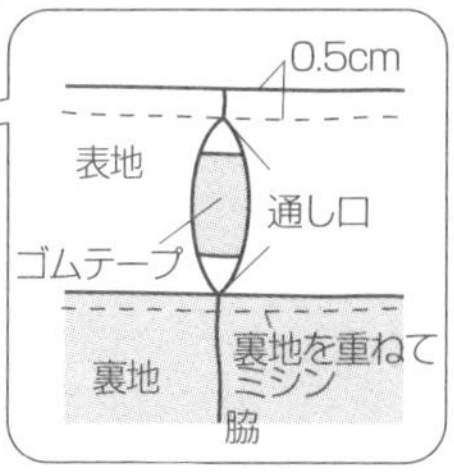

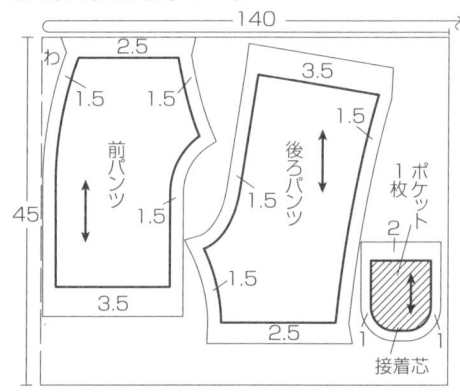

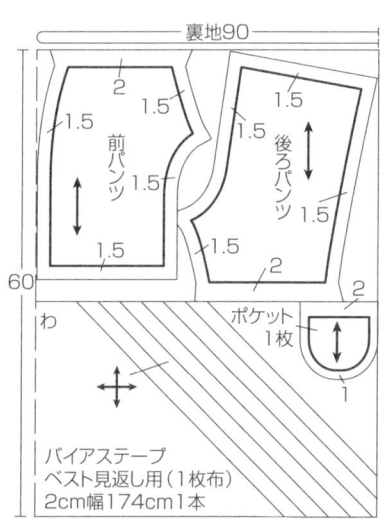

❶ ポケットをつくり、後ろ右側につける（図A）

❷ 股下、脇を縫い合わせ、縫い代は割る。脇は、ウエスト折り返し部分でゴム通し口の分を縫い残す

❸ 股上を前後つづけて縫う

❹ 裾をでき上がりに折り、端ミシンをかけてまつる。糸ループ（p.135）をつくり、裏地と表布をつなぐ。（図B）

❺ 裏パンツを縫う。順序は表と同じ。脇と股上はでき上がりより0.5cm外側を縫う。縫い代は仕上がり線で片返し。裾は三つ折りにしてミシン（p.83裏地のきせ）

❻ 裏パンツを表パンツにつける。脇と股上の縫い代をでき上がりに合わせ、中とじでとめる（図C）

❼ ウエスト部分を縫う。表地をでき上がりに折り、裏地もでき上がりに折って重ね、ゴム通しづくりを兼ねてミシンがけ

❽ ゴムテープを通す

図A　裏つきポケットのつくり方

① 裏に接着芯をはった表布と裏地布の端を中表に合わせ、中央の1/3を残して縫い合わせる

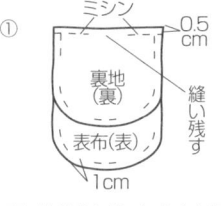

② ポケット口をでき上がり線で折り、裏地の縫い代を切る

③ 表布を裏地より0.2cmひかえてでき上がり線にしつけ。しつけより0.2cm外側にミシンをかけ、表に返す

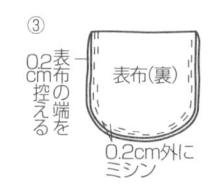

④ 裏地布をひかえて縁をアイロンでととのえ、縫い残したところをまつる

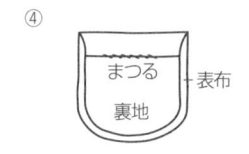

⑤ 後ろパンツの右側にポケットをつける

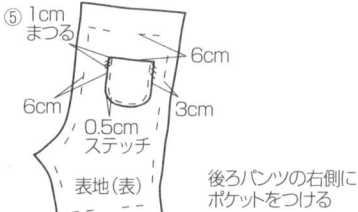

図B　裾の始末

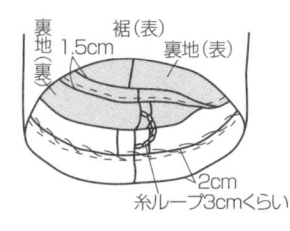

図C　裏地の中とじ

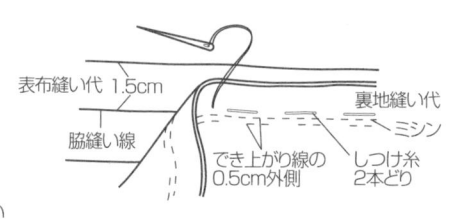

胸あてボタンのパジャマ
カラーp.41　型紙-55

おなかが出ないので、寝冷えの心配がぐんと減ります。素材の伸縮性を大切に、柔らかく仕上げました。

材料
薄手綿ジャージー（水玉もよう）
　　　　　94cm幅85〜105cm
薄手綿ジャージー（ピンク）
　　　　　94cm幅70〜80cm
接着芯　45cm
ボタン（ピンク）12mm 4個　15mm 2個
ゴムテープ　4mm幅65cm

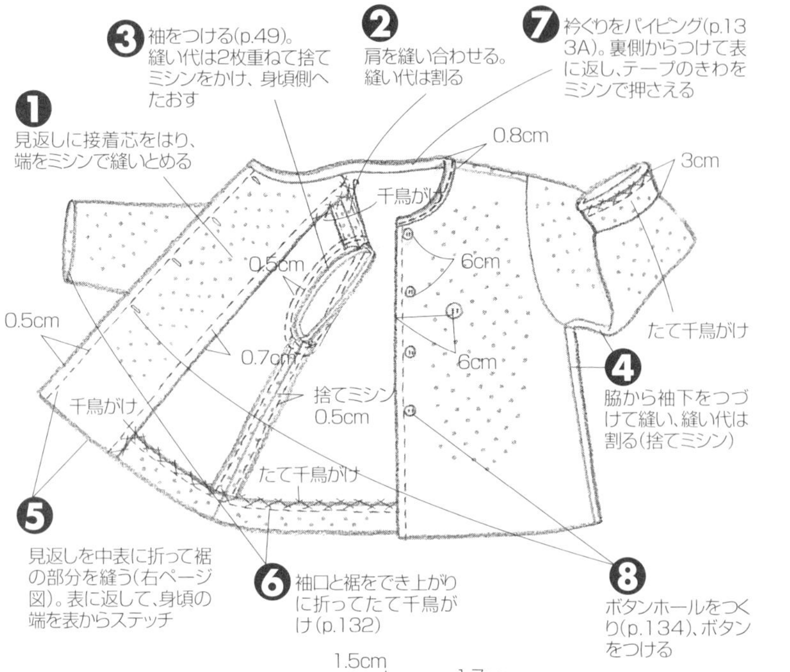

縫い方ガイド
衿ぐりはパイピングなので、縫い代は不要。見返しは肩までかかるように幅広くとります。生地が綿ジャージーなので、縫い代の始末は捨てミシンだけで充分です。袖口や裾などは折り上げて、伸縮性のよいたて千鳥がけでかがりましたが、ミシンでもよいでしょう。ズボンは、胸あて以外ショートパンツ(p.72)と同じです。

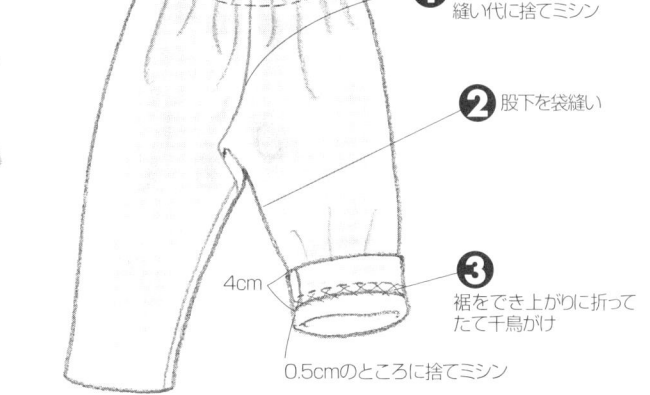

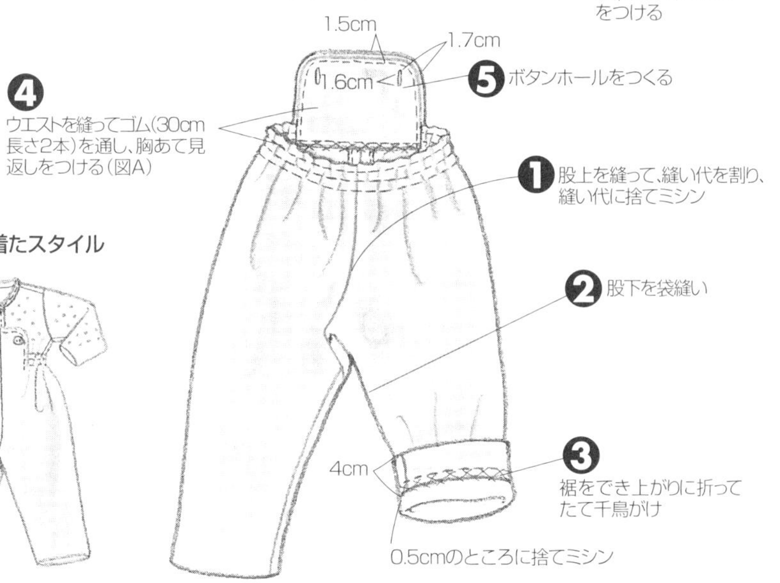

裁ち方図（数字はcm）

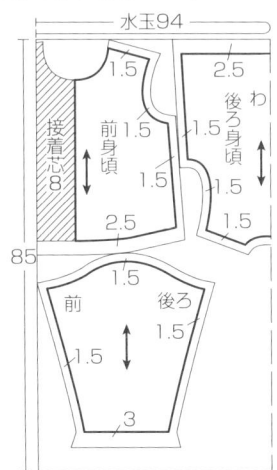

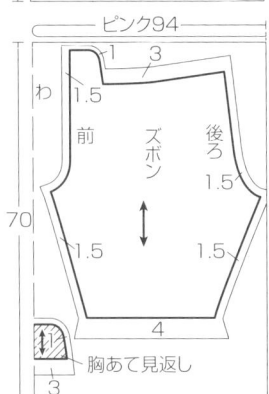

❶ 見返しに接着芯をはり、端をミシンで縫いとめる
❷ 肩を縫い合わせる。縫い代は割る
❸ 袖をつける(p.49)。縫い代は2枚重ねて捨てミシンをかけ、身頃側へたおす
❹ 脇から袖下をつづけて縫い、縫い代は割る（捨てミシン）
❺ 見返しを中表に折って裾の部分を縫う（右ページ図）。表に返して、身頃の端を表からステッチ
❻ 袖口と裾をでき上がりに折ってたて千鳥がけ(p.132)
❼ 衿ぐりをパイピング(p.133A)。裏側からつけて表に返し、テープのきわをミシンで押さえる
❽ ボタンホールをつくり(p.134)、ボタンをつける

❶ 股上を縫って、縫い代を割り、縫い代に捨てミシン
❷ 股下を袋縫い
❸ 裾をでき上がりに折ってたて千鳥がけ
❹ ウエストを縫ってゴム(30cm長さ2本)を通し、胸あて見返しをつける（図A）
❺ ボタンホールをつくる

上下合わせて着たスタイル

図A　胸あて部分のつくり方

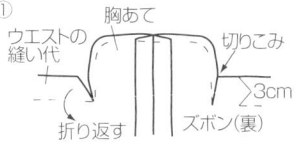

① 胸あての両側に切りこみを入れ、ウエストをでき上がりに折る

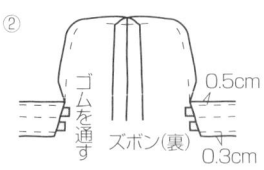

② ウエストにミシンをかけ、ゴムを通して端を縫いとめる

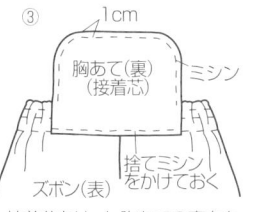

③ 接着芯をはった胸あての裏布を中表に重ねる。でき上がり線をウエストの直前まで縫い、表に返す

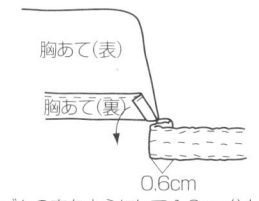

④ ゴムの穴を中心にして、1.2cm分を胸あて部分にはさんでつけ。胸あてをかぶせ、上からミシン

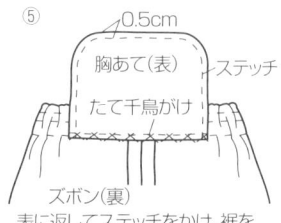

⑤ 表に返してステッチをかけ、裾を縫いとめる

夏のパジャマ
カラーp.41 型紙-56

夏はさっぱりとして着心地のよいサッカーやリップルなどのパジャマを。

材料
木綿リップル（水玉もよう）
　　　　　110cm幅　120〜135cm
接着芯　45cm
ボタン（白）12mm6個
ゴムテープ　4mm幅30cm

縫い方ガイド
背あてをつけるので、前身頃の見返し端の始末から始めます。ズボンはボタン穴以外はショートパンツ(p.72)とほぼ同じ。

❶ 見返しに接着芯をはる
❷ 見返しを中表に折って衿ぐりと裾を縫い、表に返してステッチで押さえる。（右図）
❸ 肩と後ろ衿ぐりを縫う（図A）
❹ 袖をつける(p.49)。身頃側に縫い代をたおして折り伏せ縫い(p.131)
❺ 脇、袖下をつづけて袋縫い
❻ 袖口と裾を三つ折りにしてミシン
❼ ボタンホールをつくり、ボタンをつける

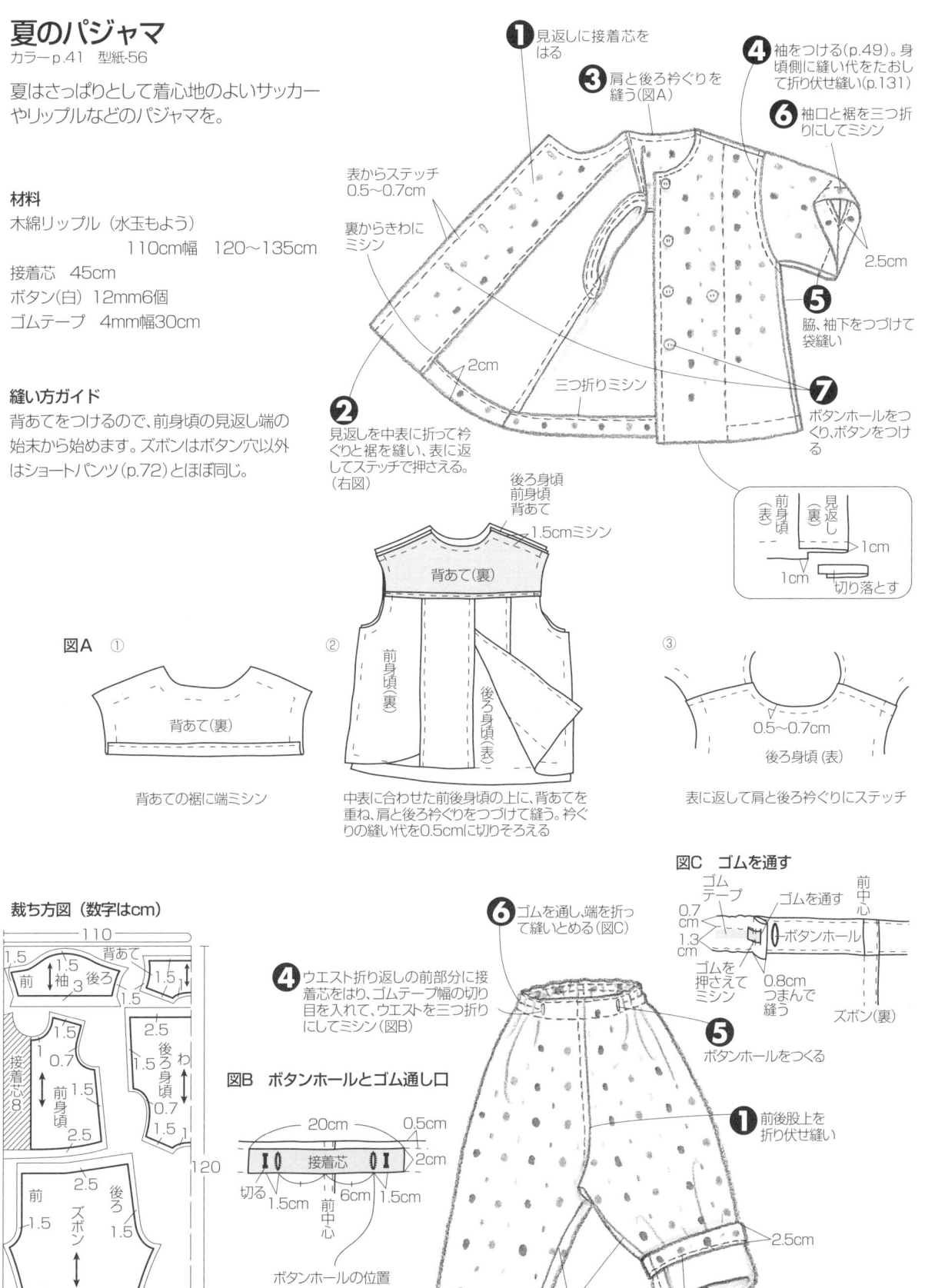

表からステッチ 0.5〜0.7cm
裏からきわにミシン
2cm
三つ折りミシン
2.5cm

前身頃(表)　見返し(裏)　1cm　1cm　切り落とす

図A
① 背あての裾に端ミシン　背あて(裏)
② 中表に合わせた前後身頃の上に、背あてを重ね、肩と後ろ衿ぐりをつづけて縫う。衿ぐりの縫い代を0.5cmに切りそろえる
　後ろ身頃／前身頃／背あて　1.5cmミシン
　背あて(裏)　前身頃(裏)　後ろ身頃(表)
③ 表に返して肩と後ろ衿ぐりにステッチ　0.5〜0.7cm　後ろ身頃(表)

裁ち方図（数字はcm）
110幅
背あて　1.5
前袖 1.5 / 後ろ 1.5 / 3
接着芯8
前身頃　1.5 / 0.7 / 1.5 / 2.5
後ろ身頃　2.5 / 1.5 / 0.7 / 1.5　わ
前ズボン　2.5 / 1.5 / 1.5　後ろズボン　1.5
4
120

❶ 前後股上を折り伏せ縫い
❷ 股下を袋縫い
❸ 裾をでき上がりに折ってミシン
❹ ウエスト折り返しの前部分に接着芯をはり、ゴムテープ幅の切り目を入れて、ウエストを三つ折りにしてミシン（図B）
❺ ボタンホールをつくる
❻ ゴムを通し端を折って縫いとめる（図C）

図B　ボタンホールとゴム通し口
20cm　0.5cm　2cm　接着芯
切る　1.5cm　6cm　1.5cm　前中心
ボタンホールの位置

図C　ゴムを通す
ゴムテープ　ゴムを通す　前中心
0.7cm　ボタンホール
1.3cm　ゴムを押さえてミシン
0.8cm つまんで縫う　ズボン(裏)

2.5cm

91

らくらくスモック

カラー-p.39 型紙-57

衿と袖口にゴムを入れました。縫いやすく、すぽっとかぶれる着せやすい形です。

材料
綿リップル（青のギンガムチェック）
110cm幅90～100cm
ゴムテープ 4mm幅約80cm

縫い方ガイド
ラグラン袖をつけ、袖下、脇を縫い、衿ぐり、袖口、裾を始末します。

❶ ポケットをつくり、身頃につける。力布（共布）を裏にあて、いっしょに縫う（図A）

❷ 前後の身頃と袖を袋縫い(p.131)。縫い代は袖側にたおす

❸ 衿ぐりにバイアステープ（共布）を見返しのようにつけ、ゴム通し口を残して縫う

❹ 袖下と脇をつづけて袋縫い

❺ 裾を三つ折りにして縫う

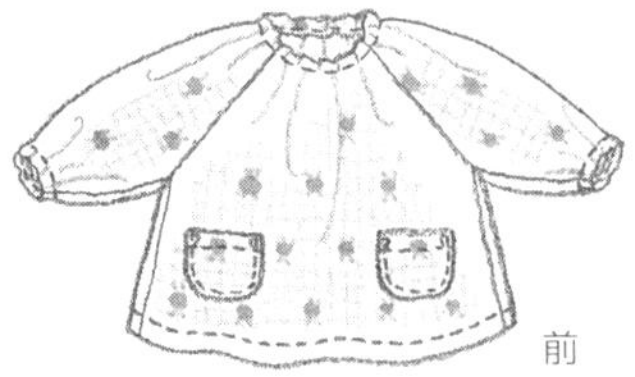

❻ 袖口を三つ折りにし、ゴム通し口を残して縫う

❼ 衿ぐり、袖口にゴムを通す

裁ち方図（数字はcm）

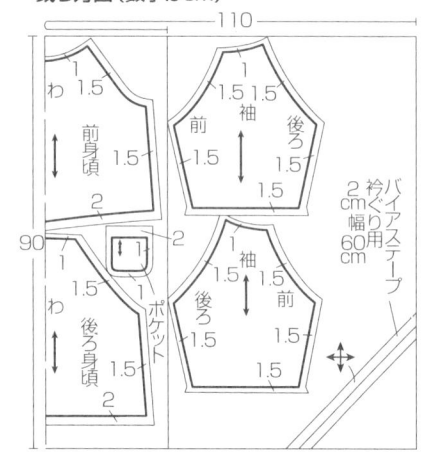

図A ポケットのつくり方

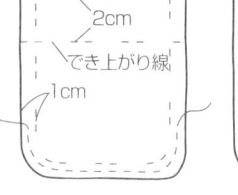

①縫い代をつけて裁つ。左右の丸みをぐし縫いする

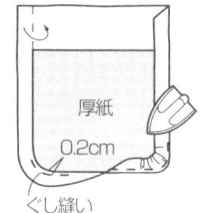

②縫い代を折る。丸みを形よくつくるためにポケット型の厚紙を中にあて、ぐし縫いの糸を引きながらアイロンで押さえる

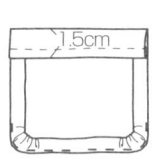

③ポケット口を三つ折りにしてミシンをかける

④身頃にステッチでつける。裏側の角に力布をあてる

市販のタオルでつくる食事エプロン

タオルの柄を生かしたり、アップリケをすると、すてきなエプロンに。

材料 浴用タオル1枚 ドットボタン1組

縫い方
1 Bを切り離してAに重ね、衿ぐり線にミシンをかけてから丸く切りとり、表に返す
2 後ろの裾と斜めの裁ち目を三つ折りにしてミシン、つづけて衿ぐりをステッチで押さえ、反対側も同様に縫う
3 2枚重ね部分のみをステッチで押さえる
4 脇を縫い合わせる
5 ドットボタンをつける

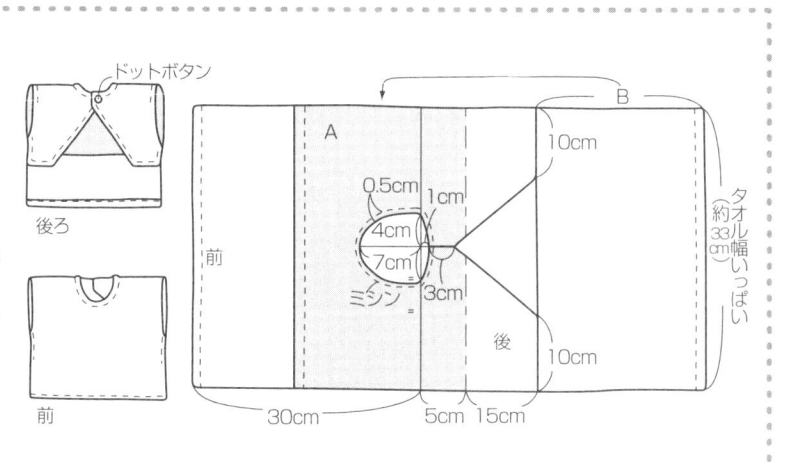

後ろあきの砂場着

カラーp.39 型紙-58

どんな動きもらくにできるように、ゆったりとシンプルな形にしました。脇縫いのいらない直線仕立て、とてもかんたんに縫える一枚です。

材料
綿リップル　110cm幅120～135cm
ファスナー　40cm（着丈に合わせる）
かぎホック　1組
ゴムテープ　6mm幅90cm

縫い方ガイド
袖をつけ、前中心を合わせ、後ろにファスナーをつけて股下を縫い、袖口、裾、衿ぐりを始末。

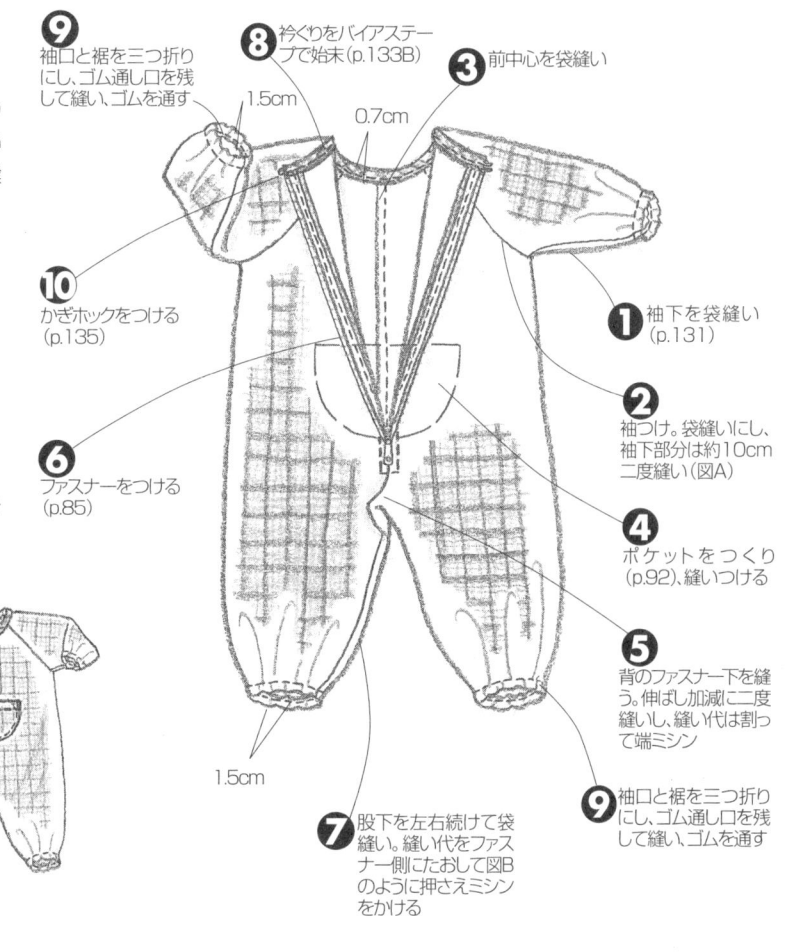

❶ 袖下を袋縫い（p.131）
❷ 袖つけ。袋縫いにし、袖下部分は約10cm二度縫い（図A）
❸ 前中心を袋縫い
❹ ポケットをつくり（p.92）、縫いつける
❺ 背のファスナー下を縫う。伸ばし加減に二度縫いし、縫い代は割って端ミシン
❻ ファスナーをつける（p.85）
❼ 股下を左右続けて袋縫い。縫い代をファスナー側にたおして図Bのように押さえミシンをかける
❽ 衿ぐりをバイアステープで始末（p.133B）
❾ 袖口と裾を三つ折りにし、ゴム通し口を残して縫い、ゴムを通す
❿ かぎホックをつける（p.135）

裁ち方図（数字はcm）

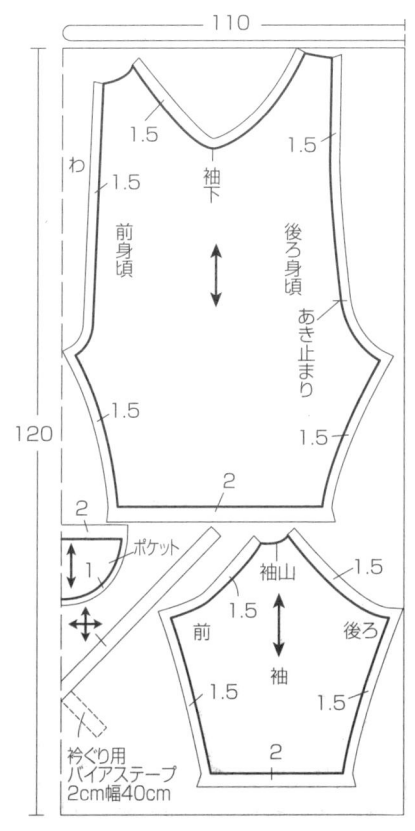

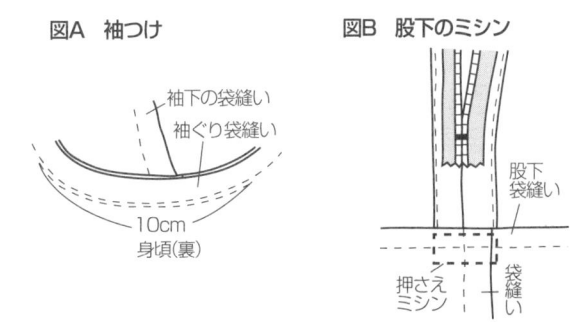

図A　袖つけ
袖下の袋縫い
袖ぐり袋縫い
10cm
身頃（裏）

図B　股下のミシン
股下袋縫い
押さえミシン
袋縫い

ベビーカー用レッグカバー

冬、ベビーカーや自転車での外出時に便利な足カバー。股ベルトがしやすく、小さいうちは頭まですっぽり包めます。キルティングや使わなくなった毛布を利用して。

縫い方
1　フードの下端を三つ折りして縫う。
2　フードと背あて布を重ねてパイピング。
3　前布の上端をカーブに三つ折りして縫い、ゴム（35～40cm）を通す。ゴムの両端を1.5cmずつ仮止めしておく。
4　背あて布と足の袋部分を中表に合わせて縫う。
5　股ぐりのところの縫い代は本線2mm手前まで放射状に切りこみを入れて自然なカーブにする。縫い代はパイピングでくるむ。

タオル地のよだれかけ

カラーp.38　型紙-A19

かんたんに着脱できる形。赤ちゃんのよだれの量に応じて、タオル地の厚さ、種類を選ぶとよいでしょう。離乳食の初期には食事にも兼用できます。

材料

タオル地　40×25cm
バイアステープ　200cm(よだれかけの縁に約120cm　ひもに40cm×2本)
ドットボタン　10mm1組
＊縫い代はつけずに裁ちます。

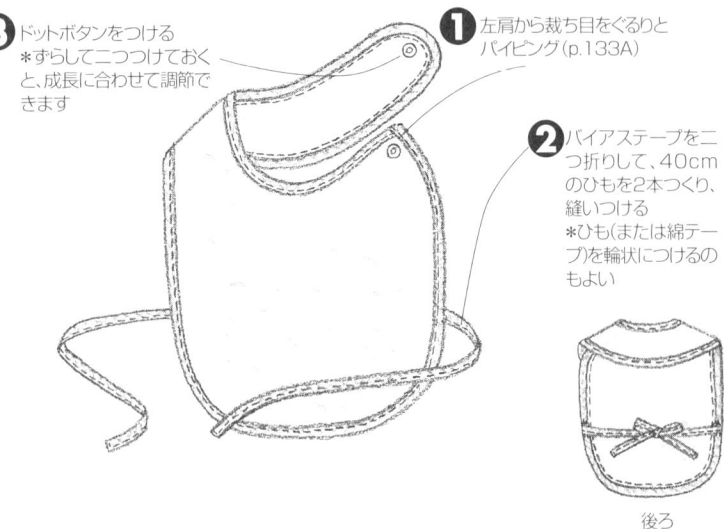

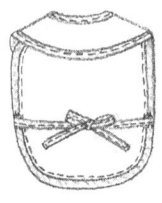

❶ 左肩から裁ち目をぐるりとパイピング(p.133A)
❷ バイアステープを二つ折りして、40cmのひもを2本つくり、縫いつける
＊ひも(または綿テープ)を輪状につけるのもよい
❸ ドットボタンをつける
＊ずらして二つつけておくと、成長に合わせて調節できます

後ろ

ポケットつき食事エプロン

カラーp.39　型紙-A20

こぼれたものを受け止めるポケットつき。裁ち目をテープでくるみながら、袖ぐりや結びひもをつづけてつくります。

材料

タオル地(テリークロス)　45×30cm(または浴用タオル1枚)
花柄プリント　30×30cm(バイアステープ250cm分)を裁ちます
＊目のつんだ、ループの短い、やや地厚のタオル地がよいでしょう
＊縫い代はつけずに裁ちます

❶ ポケット口をパイピングし(p.133A)、前裾に重ね、しつけておく
❷ 前袖ぐりをパイピング(左右とも)
❸ 衿ぐりの端から肩後ろの裁ち目をパイピング
❹ つづけて後ろ袖ぐりになる9cmをひも状につくる(綿テープを芯に入れるとしっかりする)
❺ つづけて脇から裾をパイピング、反対側も衿ぐり端まで同様にくるむ
❻ 結びひも分20cmを残して、衿ぐりをパイピングし、つづけて結びひもをつくる

後ろ

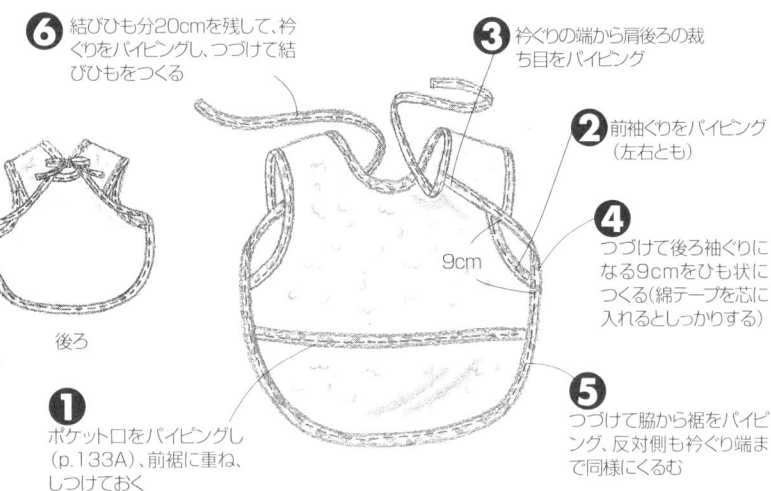

三枚仕立ての食事エプロン

カラーp.39　型紙-A21

前部分にはナイロン地をはさみました。タオル地と花柄地は、脇と肩にのみ、0.8cmの縫い代をつけます。

材料

タオル地(テリークロス)　90cm×30cm
木綿(花柄プリント)　90cm幅35cm
ナイロン地(薄手)　90cm幅30cm
マジックテープ　少々
＊花柄プリントでバイアステープ4cm幅180cm分を裁ちます

❶ タオル地の肩を縫う
❷ 花柄地にナイロン地を重ね肩を縫い合わせる
❸ タオル地、ナイロン地、花柄と3枚重ね、脇線をミシンがけしてナイロン地を縫いとめる
❹ 裁ち目をバイヤステープでくるむ(図A)
❺ マジックテープを縫いつける

タオル地
後ろ

図A　厚地の場合のパイピング

バイアステープを4cm幅に裁ち、二つ折りにして使う。
布端に表布裏側の裁ち目を合わせてミシン。表に返してくるみ、テープのわ側のきわを縫う

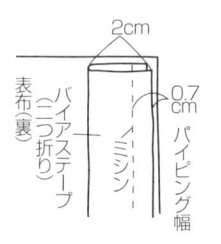

表布(裏)／バイアステープ(二つ折り)／ミシン／パイピング幅／2cm／0.7cm

表布(表)／ミシンでき上がり／0.7cm／0.6cm

How to Make

.... 編みもの

手編みのベビー服こそ、手づくりの真骨頂。
自由な彩りが楽しめて、場所をとらずに
気軽にはじめられるのも魅力です。
編みやすさ、配色、子どもに合うデザインなど、
ひとつひとつ考えられたものばかりですので、
どなたにも楽しんでしていただけるでしょう。

体に合ったサイズに変更する場合
編みものは、つくり方ページにでき上がりサイズが掲載されています。
ニットのものは伸縮性に優れていますし、0～3歳のものなら、以下のような単純な方法で大きくしたり小さくしたりすることができます。まず、子どものサイズを確かめ、大きく（小さく）する分を決めます。身幅は、衿ぐりと両肩幅で3等分して増（減）します。着丈は脇までの丈と袖ぐりの深さで2等分して増（減）。袖ぐりや衿ぐりの減らし目など、曲線の部分は本の通りに編み、直線の部分で増減するわけです。

ちょうちょのおくるみ
サックコート 帽子 くつした
カラーp.20

小さな交差編みが、ちょうちょのようにとんでいます。配置をかえてサックコート、おくるみ、帽子、くつしたのひとそろいに。

サックコート
編み方図1

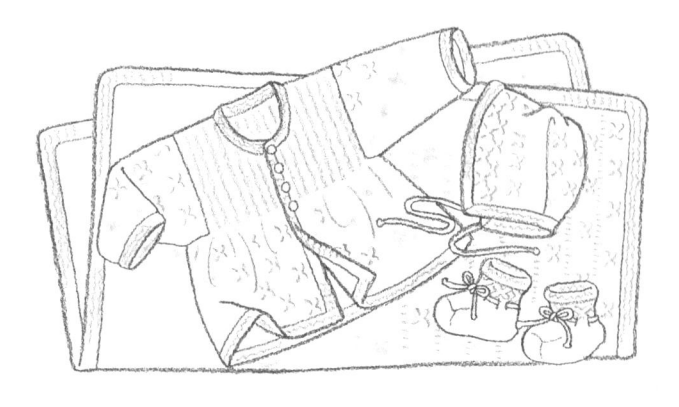

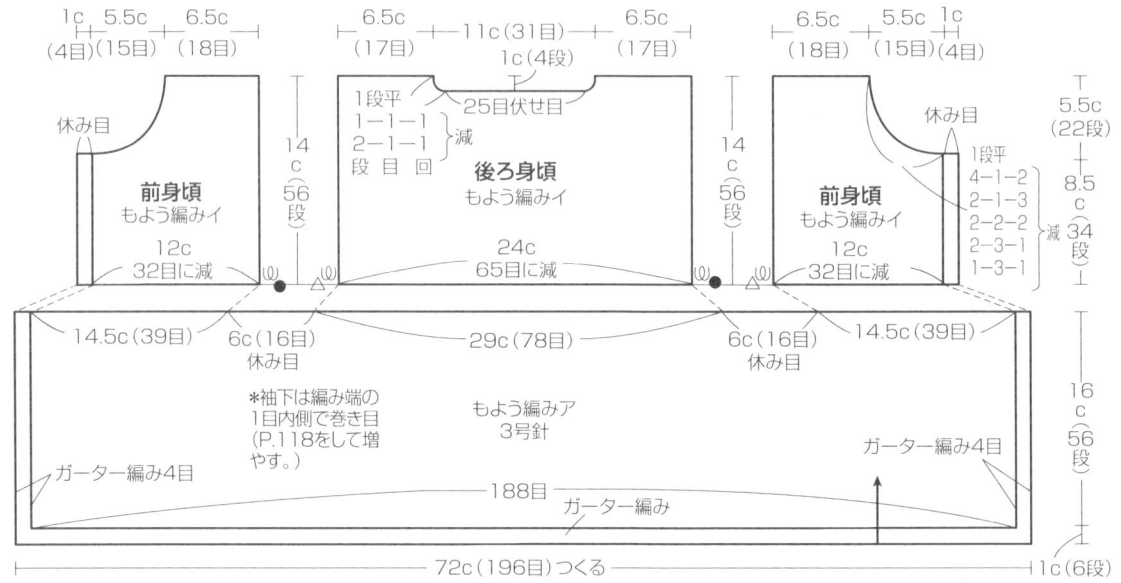

材料・用具
細めの中細毛糸90g (パピーベビーウール白 102 毛100%、50g・240m)
棒針3号 ボタン 1.3cm 4個
かぎ針3号

ゲージ
もよう編みア 10cm平方=27目36段
もよう編みイ 10cm平方=27目40段

でき上がり寸法 身幅30cm 背幅25cm
丈31cm 袖丈18cm

編み方順序

1 身頃は、棒針に直接目をつくる方法(P.117)で196目つくり、前後身頃をつづけて裾から脇まで62段編む(ガーター編みともよう編みア)。

2 前後の身頃に分け、最初の段でそれぞれの目数に減目し、袖下の16目ずつを休ませ、別針にとっておく。袖側の端で1目巻き増し目し(P.118袖つけがきれいにできる)、衿ぐりをつくりながら肩まで編む(もよう編みイ。左身頃にボタンホール、図B)。
*肩を引き抜きはぎ(p.118)。

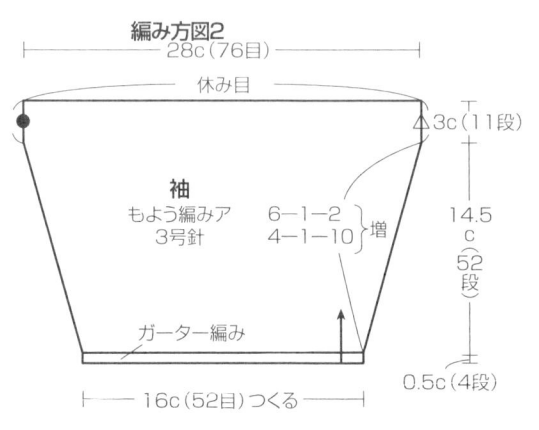

3 袖もつくり目をして編み、76目は休ませておく。(編み方図2)

4 袖の休み目と身頃をはぐ(段と目のはぎ方 P.104。袖下はすくいとじ・p.118)。

5 衿は前たての休み目4目と身頃衿ぐりから拾い目し、ガーター編み、ボタン穴を(図C)つくる(編み方図3)。

6 仕上げにガーター編みの縁(裾)にかぎ針で引き抜き編みを、前たての端に細編みを編んで、落ちつかせる(図A)。ボタンをつける。

図A　もよう編みア（サックコート）

□ = | 表目
× = 細編み
● = 引き抜き編み

図B　もよう編みイ

前立てボタンホール（57段目）
← 57段目

編み方図3
30目拾う
18目拾う
1cm(6段) ガーター編み
9段め
12段め
12段め
57段め

図C　衿のボタン穴

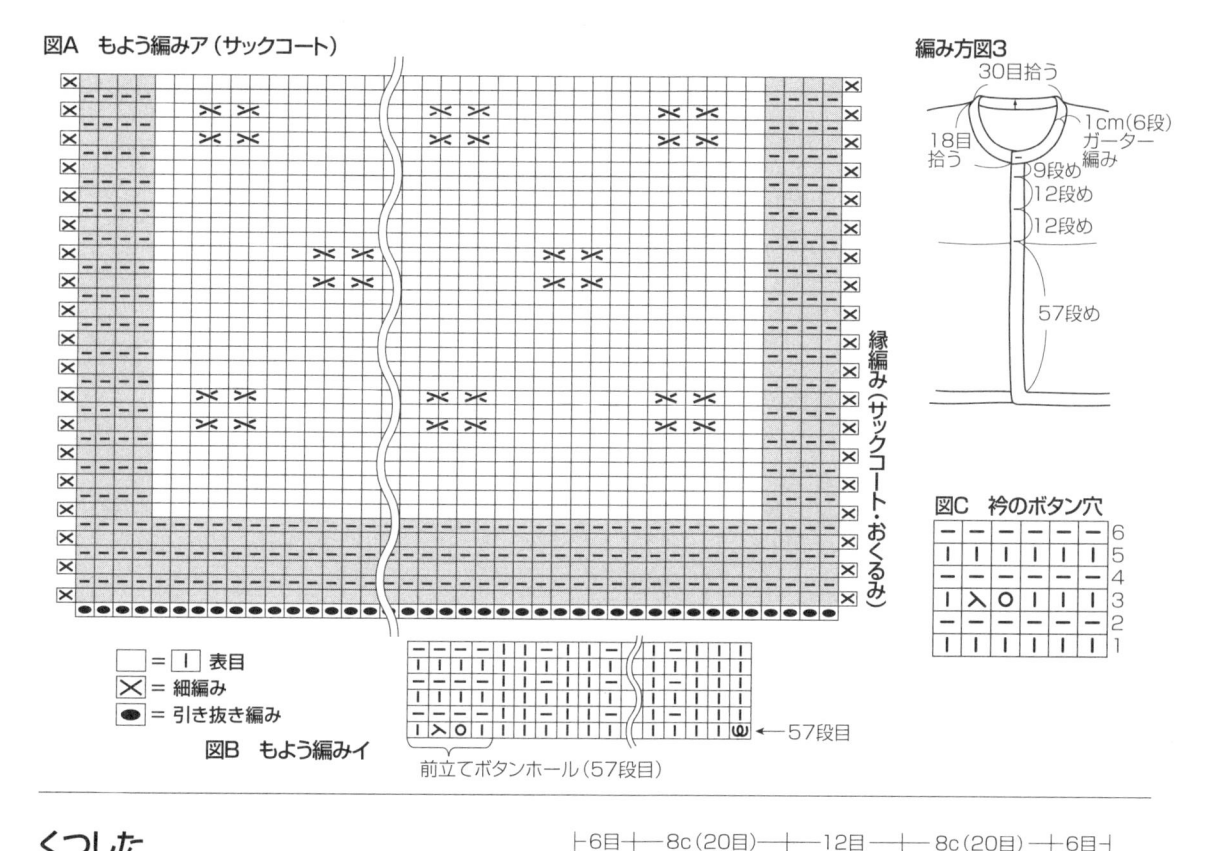

くつした
カラー p.21

材料・用具
毛糸　パピーベビーウール白(102)（サックコートと同じ）　15g　棒針3号　とじ針
ゲージ　もよう編みウ10cm平方=27目36段
でき上がり寸法　底丈の長さ　10cm

編み方順序
1. 40目つくり目し(p.117)、4段ガーター編み、15段目でひも通し穴をつくりながらもよう編みウ（図A）で17段編み、両端から13目ずつ休ませておく。
2. 中央14目を16段編み、糸を切る。
3. 右側の休ませた目13目、とメリヤス編み16段から13目、メリヤス編み12目と反対側からも同じように16段から13目、休み目13目とでガーター編みを10段編む。4カ所で目を減らし底をガーターはぎ（図B）する。
4. うしろをすくいとじ、1本どりの二重くさり編み(P.111)でひもをつくり、穴に通す。

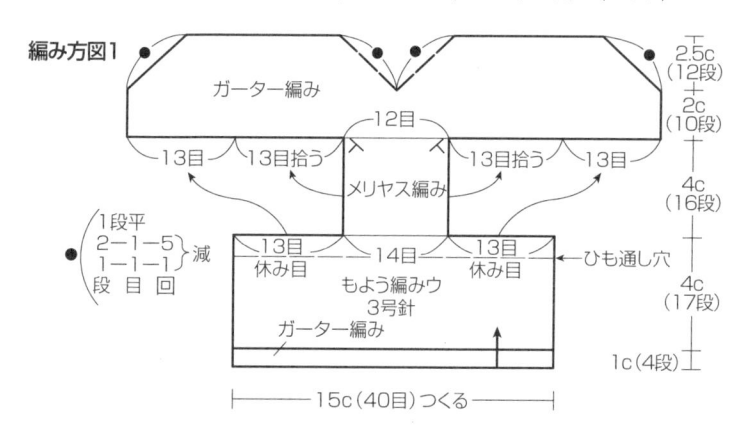

編み方図1
6目／8c(20目)／12目／8c(20目)／6目
ガーター編み
2.5c(12段)
2c(10段)
13目／13目拾う／12目／13目拾う／13目
メリヤス編み
4c(16段)
1段平 2-1-5 1-1-1 減 段目回
13目休み目／14目／13目休み目
もよう編みウ 3号針
ガーター編み
ひも通し穴
4c(17段)
1c(4段)
15c(40目)つくる

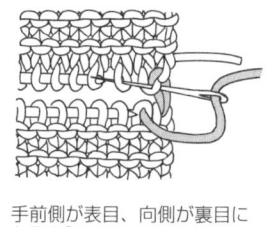

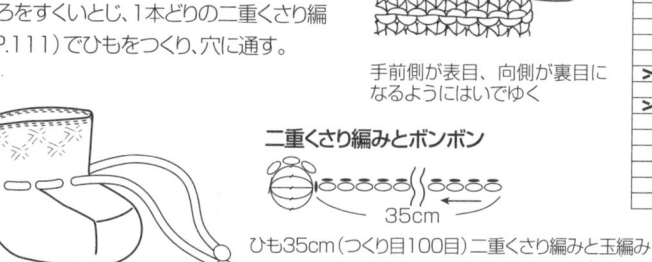

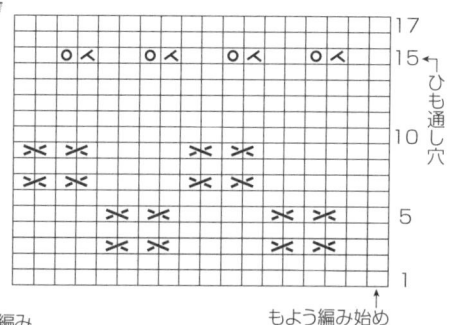

図B　ガーターはぎ
手前側が表目、向側が裏目になるようにはいでゆく

二重くさり編みとボンボン
35cm
ひも35cm(つくり目100目)二重くさり編みと玉編み

図A　もよう編みウとひも通し
17
15 ひも通し穴
10
5
1
もよう編み始め

帽子
カラーp.21

材料・用具
毛糸 パピーベビーウール白(102・サックコートと同じ)20g 棒針3号 とじ針
ゲージ もよう編みエ10cm平方=27目36段
でき上がり寸法 顔まわり 36cm

編み方順序
1. 98目つくり目し(P.117)、ガーター編み4段、もよう編み(図A)44段編み、両端32目ずつ休ませておく。中央34目の両側で、巻き増し目を1目ずつ加え、そのまま40段編む(編み方図1)。
2. 休ませておいた32目と編みすすんだ40段をはぎ合わせる(段と目のはぎ方p.104)。
3. 首まわりは目を減らしながら67目拾い、ガーター編み6段編む(図B)。顔まわりのガーター編みに引き抜き編み(p.110)を編む。
4. 1本どりの二重くさり編み(p.111)でひもを編み、縫いとめる。

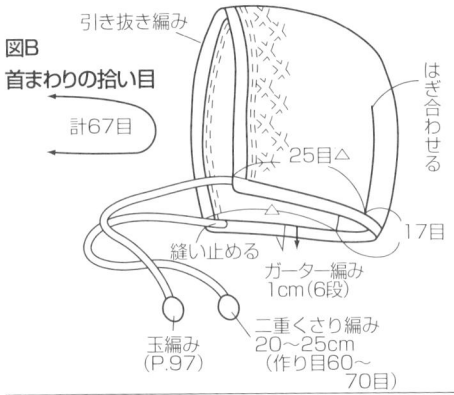

ちょうちょのおくるみ
カラーp.20

材料・用具
毛糸 パピーベビーウール白(102)(サックコートと同じ)170g 棒針3号 とじ針
ゲージ もよう編みオ 10cm平方=27目38段
でき上がり寸法 縦75cm 横75cm

編み方順序
1. 198目つくり(P.117)、ガーター編み8段、両端にガーター編みをしながらもよう編みオを編む。ガーター編みを8段編み、引き抜き編み(p.110)で止める。
2. 縁に引き抜き編みと細編み(p.110)で仕上げをする(p.97図A)。

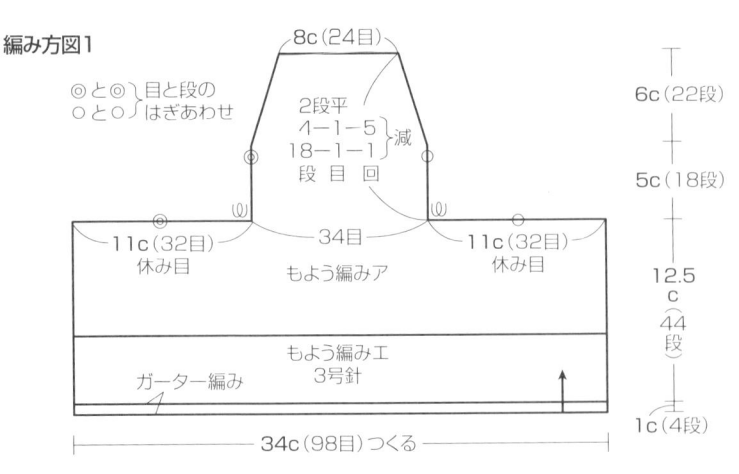

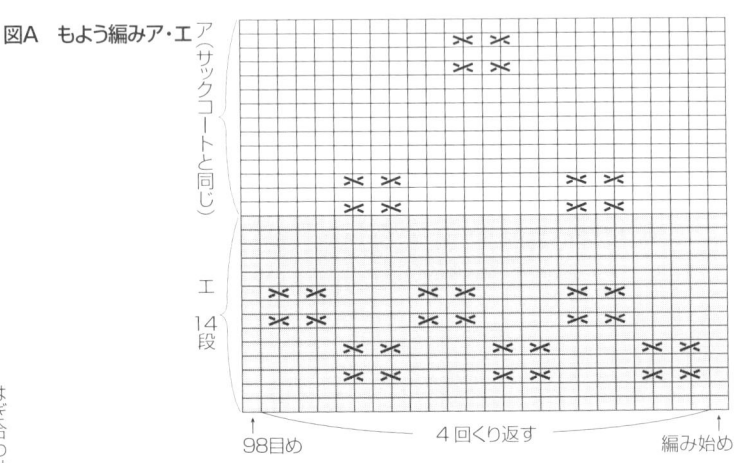

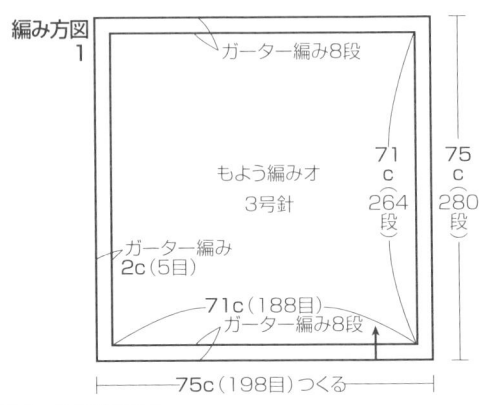

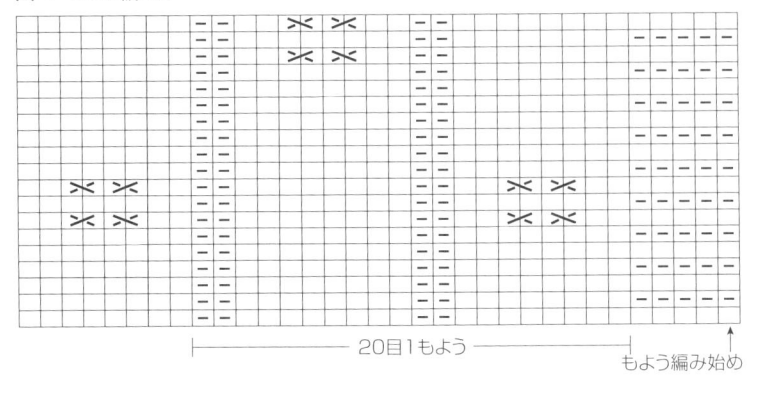

ガーター編みのベスト
カラーp.23

縁編みがゴム編みで、あとはガーター編み。ポコポコした編み地が赤ちゃんを愛らしく見せます。ゆったりめに編むと2〜3歳までも着せられます。

材料・用具
毛糸 パピーベビーウール70g(白 102 毛100%、50g・240m)
貝ボタン 10mm4個
棒針3号 2号 とじ針

ゲージ ガーター編み10cm平方=28目52段

でき上がり寸法
身幅26cm 背幅21cm 丈27cm

編み方順序

1. 後ろ身頃から前身頃へひとつづきで編む。別糸で73目つくり(目のつくり方p.117)、ガーター編みで62段編み、袖ぐりのために両端で減目(p.118)し、肩まで編みすすむ。
2. 袖ぐりから64段編んだら中央25目を伏せ止め(p.118)し、左右別々に4段編んで後ろ身頃を終わる。
3. 肩線の13目につづけて前身頃を左右に分けて編む。衿ぐり側から6目入ったところで増目(p.118)し、引き返し編み(図A)をして前たての角をつくる。
4. 上前の方にはボタンホールをつくる(図B)。
5. 袖ぐりを巻き目(p.118)で増目し、その後は、62段増減なく編みすすみ、ゴム編みにかえて編み、止める(ゴム編み止めp.101)。
6. 後ろ身頃の裾のつくり目をほどいて(p.101)ゴム編みを編み、同様に止める。
7. 脇をすくいとじする(図C)。
8. 袖ぐりから2号4本針で112目拾い(編み方図2)、1目ゴムを編み、少しゆるめに止める。
9. 下前の前端から3目めにボタンをつける。

編み方図1

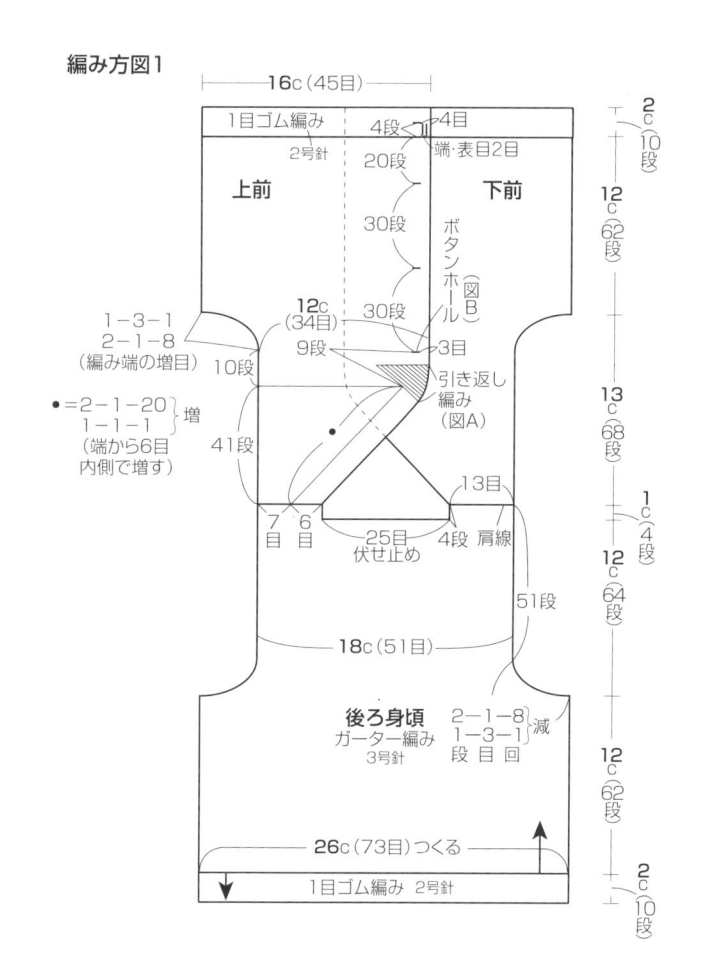

図A 引き返し編み (衿ぐり角)
端から5目編み、裏返して最初の1目は編むように針を入れ、すべり目、次の4目を編んでもどり、次の2段は全目編む。これを3回くり返す。(記号で表したもの・上図) 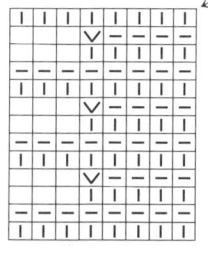 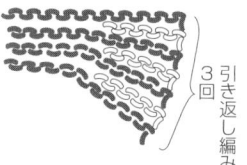

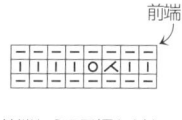

図B ボタンホール
前端から2目編んだところで3目と4目を左上2目一度に編み、1目かけ目をする。

図C すくいとじ 
編み地の表側を上にして編み端をつき合わせ、一番端のガーターの山を向こう側、手前側、と交互に規則正しくすくう

編み方図2

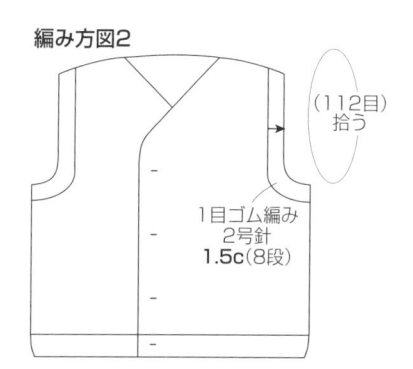

縞もようのカーディガン
カラー p.42

縞の色づかいにお母さんのセンスが光ります。メリヤス編みだけでも4色使うとこんなに変化がつきます。編みこみもようのオレンジとアイボリーの段が浮き上がって、かわいい縞になりました。

材料・用具
毛糸 パピーニュー4PLY(毛100% 40g 150m) アイボリー(402)80g オレンジ(450) 10g ベージュ(435)25g ブルー(405) 25g
棒針3号・2号 かぎ針3号
ボタン 13mm6個

ゲージ
もよう編み 10cm平方=26目32段

でき上がり寸法
身幅33cm 背肩幅26cm
丈35.5cm 袖丈30cm

編み方順序
1. 前身頃、後身頃、袖ともに別糸でつくるつくり目をし(p.117)、編みこみもよう(図A)でそれぞれ編み(編み方図1、2、3)、肩の目は休ませておく。
2. 身頃、袖のつくり目をほどきながら、2号針にとり(右ページ)、1目ゴム編みを編み、ゴム編み止め(右ページ)をする。
3. 肩は引きぬきはぎ(p.118)をし、身頃の脇をすくいとじ(p.118)で合わせる。
4. 衿、前たては、目を拾い(編み方図4)、右前たてにボタンホールをつくりながら1目ゴム編みを編み(図D)、ゴム編み止めをする。
5. 袖下をすくいとじ(p.118)、身頃に袖を引きぬきとじでつける(図B、C)。
6. 左前立てにボタンをつける。

編み方図1

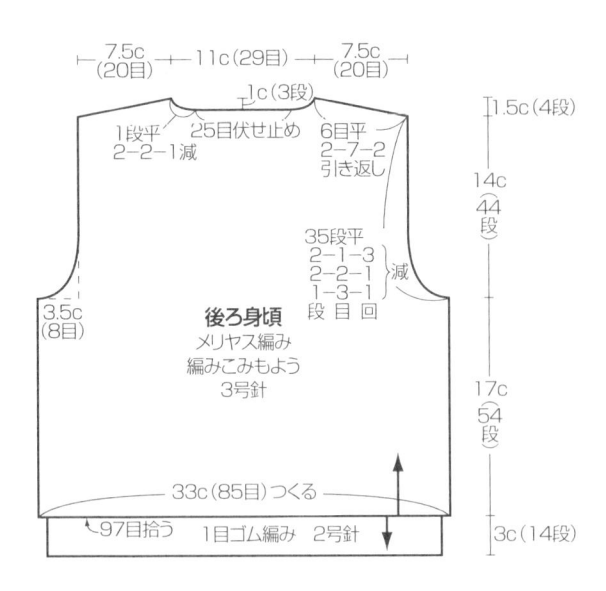

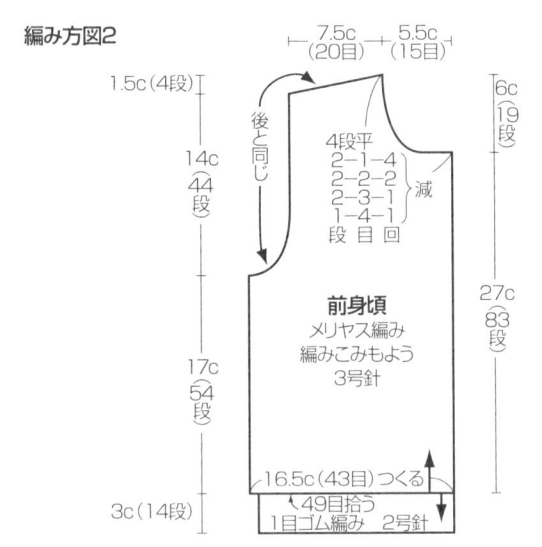

(後ろ身頃 メリヤス編み 編みこみもよう 3号針)
7.5c(20目) 11c(29目) 7.5c(20目)
1c(3段)
1段平 25目伏せ止め 6目平
2-2-1減 2-7-2引き返し
1.5c(4段)
14c(44段)
35段平
2-1-3
2-2-1 減
1-3-1
段目回
3.5c(8目)
17c(54段)
33c(85目)つくる
97目拾う 1目ゴム編み 2号針
3c(14段)

編み方図2

(前身頃 メリヤス編み 編みこみもよう 3号針)
7.5c(20目) 5.5c(15目)
1.5c(4段)
6c(19段)
14c(44段)
後と同じ
4段平
2-1-4
2-2-2
2-3-1 減
1-4-1
段目回
17c(54段)
27c(83段)
16.5c(43目)つくる
49目拾う 1目ゴム編み 2号針
3c(14段)

図A 編みこみもよう

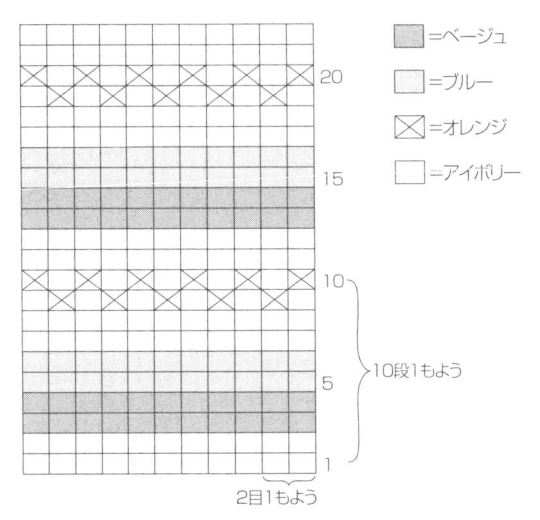

■=ベージュ
▨=ブルー
⊠=オレンジ
□=アイボリー

10段1もよう
2目1もよう

編みこみもようは、裏にわたす糸に多少のゆるみをもたせ、引きつれないように注意する

編み方図3

22目伏せ止め

1段平
2-3-1
2-2-5
2-1-4
2-2-2
1-2-1 減
段目回

8c(26段)

26c(68目)

袖
メリヤス編み
編みこみもよう
3号針

19c(60段)

6段平
6-1-1
4-1-12 増

16c(42目)つくる
45目拾う
1目ゴム編み 2号針

3c(14段)

図B 袖つけ

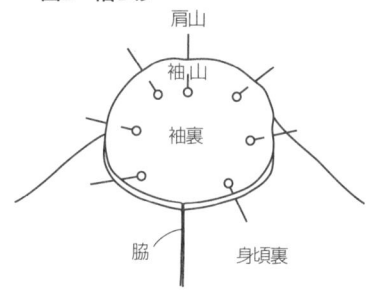

肩山
袖山
袖裏
脇　身頃裏

身頃と袖を中表に合わせ、肩山と袖山の中央をまち針で止めて、全体を平らに合わせてまち針を打っておく

図C 引きぬきとじ

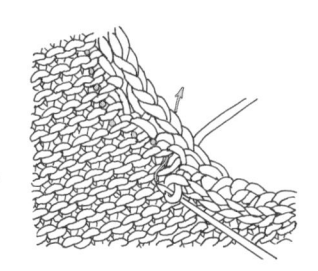

身頃の裏を見ながらかぎ針で引きぬきとじする。2枚の編み地の端をそろえ、端の目と2目めの間を、一段ずつ引きぬく

編み方図4　衿ぐりと前立て

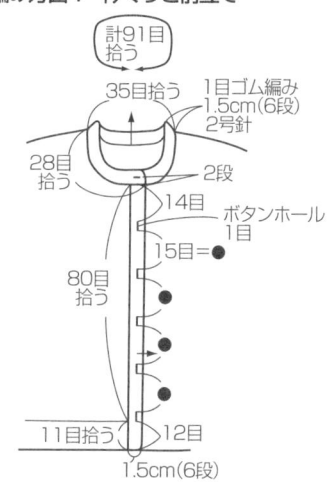

計91目拾う

35目拾う　1目ゴム編み
1.5cm(6段)
2号針

28目拾う　2段

14目　ボタンホール1目

15目＝●

80目拾う

11目拾う　12目

1.5cm(6段)

図D 前立てとボタンホール

I	—	I	—	I	—	I	—	I	—	I	—	I	—	I	—	I	—	I	6
I	—	I	—	I	—	I	—	I	—	I	—	I	—	I	—	I	—	I	5
I	—	I	—	I	—	I	—	I	—	I	—	I	—	I	—	I	—	I	4
I	—	I	—	I	—	I	—	I	人	O	I	—	I	—	I	—	I	—	I	3
I	—	I	—	I	—	I	—	I	—	I	—	I	—	I	—	I	—	I	←2
I	—	I	—	I	—	I	—	I	—	I	—	I	—	I	—	I	—	I	←1

端

図E ボタンのつけ方

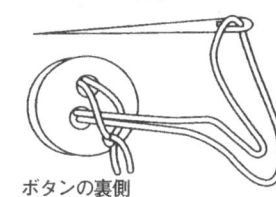

ボタンの裏側

共糸か穴糸を2本どりにし、ボタンの裏で輪にくぐらせてからボタンつけを始める。最後は編み地の裏の糸に止めつけ、糸端は1〜2cm毛糸の中に縫いこむように始末する

101

1目ゴム編み止め　ゴム編みの編み目と同じように仕上がります。止める長さの3〜4倍の糸を残して切り、表側から見て右端からとじ針を使って止めていきます

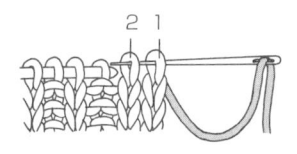

①1と2の目の裏から針を通し、棒からはずす

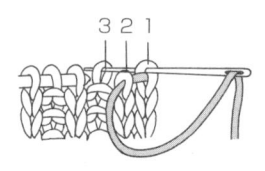

②再び1の目の表から針を入れ、3の目の表から針を入れて棒からはずす

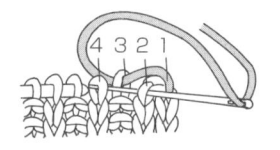

③2の目の表から針を入れ、4の目の裏から針をだして棒からはずす

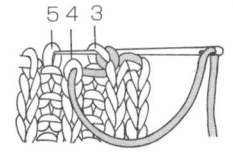

④3の目の裏から針を入れ、5の目の表から針をだして棒からはずす。きつくならないように編み端まで3と4をくり返す

つくり目のほどき方

別糸を使ってつくるつくり目で編み始めた場合、あとでそこから別の編み地を編みだすときに、最初の別糸をほどきながら目を拾います

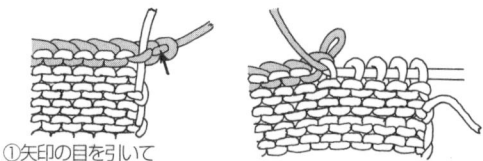

①矢印の目を引いてくさりをほどく

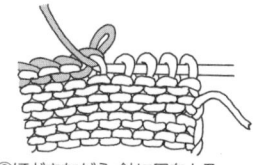

②ほどきながら、針に目をとる

輪に編んだゴム編みを止める場合

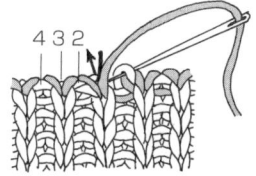

袖口、裾まわりなど、1周したら最後の表目と編み始めの表目を1本ずつすくい(③の針の入れ方と同じ)、間の裏目の裏から針を入れ、編み始めの目の表から針を入れて終了、編み地の裏で糸の始末をする。

段染めセーター
カラーp.43

ラグラン袖は袖つけがない分肩幅のせまい子どものからだになじみます。あさいVネックのガーター編みとボタンがポイントに。

材料
並太段染め毛糸（パピーミュルティコ毛75%モヘア25%40g・80m）オレンジ（543）160g　ボタン12mm1個　棒針7号、5号（つくり目用）　とじ針

ゲージ
メリヤス編み10cm平方＝20目26段

でき上がり寸法
身幅28cm　丈29cm　ラグラン袖丈32cm

編み方順序
1. 後ろ身頃から編む。5号針2本でつくるつくり目（p.117）で56目つくって、縁編みのガーター編みを3山編む。7号針に替えてメリヤス編みで袖下まで編み、両端の1目内側で減目してラグラン線をつくる。衿ぐりの16目を休ませておく（編み方図1）。
2. 後ろ身頃と同様に前身頃と、袖を2枚編む。V衿は袖下の上6段で左右に分けて減目し、肩先は1目になる。
3. 身頃のラグラン線に合わせて袖をすくいとじ（p.118）でつける（右前は残して）。
4. 身頃の衿ぐりから70目拾い（図A）、もちだし分4目つくり目し、ガーター編みでV衿を編む（図B）。2段目ではボタンホールをつくる。伏せ止める（p.118）。
5. 右前をとじてから、脇と袖下をつづけてすくいとじする。
6. 衿にボタンをつける。

編み方図1

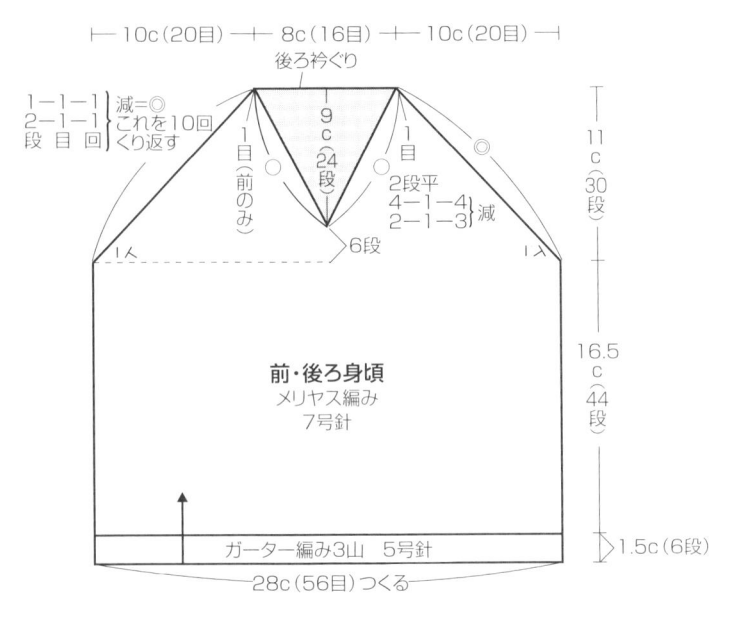

前・後ろ身頃　メリヤス編み　7号針

10c（20目）　8c（16目）　10c（20目）
後ろ衿ぐり
9c　24段
1目（前のみ）　6段
1目　2段平　4-1-4　2-1-3　減
1-1-1　2-1-1　段目回　これを10回くり返す　減＝◎
1人
11c（30段）
16.5c（44段）
1.5c（6段）
ガーター編み3山　5号針
28c（56目）つくる

編み方図2

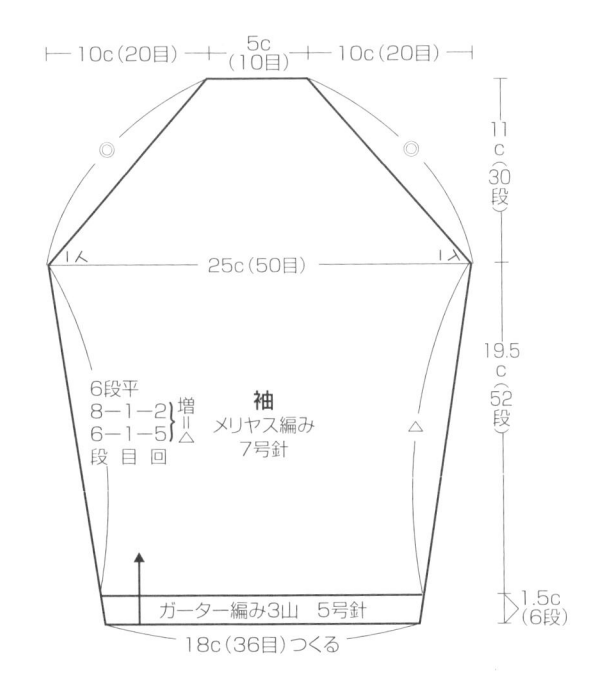

袖　メリヤス編み　7号針

10c（20目）　5c（10目）　10c（20目）
1人
25c（50目）
6段平　8-1-2　6-1-5　段目回　増＝△
11c（30段）
19.5c（52段）
1.5c（6段）
ガーター編み3山　5号針
18c（36目）つくる

図A　衿ぐりの拾い方

後
袖　14目　袖
8目　8目
70目+4目
持ち出し4目
20目　20目
ボタンホール　ガーター編み
2段目に入れる　1.5c（3山6段）
前

図B　V衿先の編み方

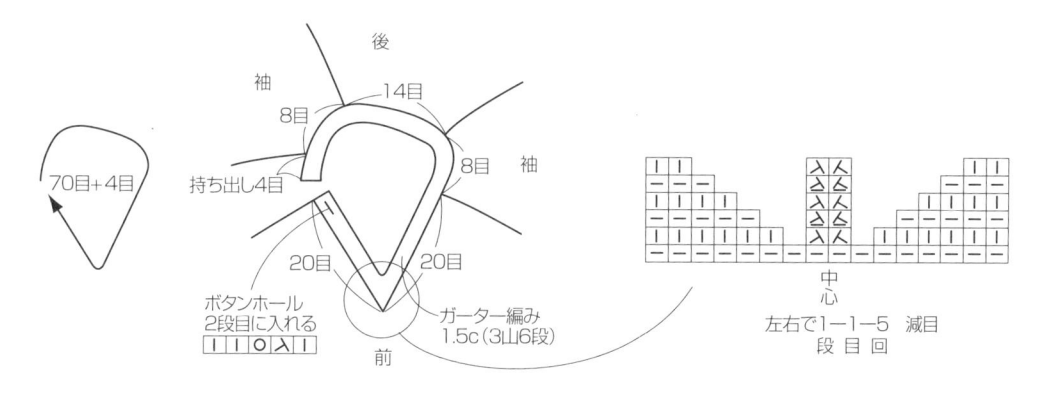

中心
左右で1-1-5　減目
段目回

ステッチししゅうのパンツ
カラーp.43

メリヤス編みだけで、やさしく編めるパンツ。段染めの糸のステッチししゅうで、たのしい組み合わせになりました。

材料
細めの並太毛糸（リッチモアパーセント毛100%　40g・120m）ベージュ（120）120g、ゴムテープ2cm幅42cm
棒針6号、4号　とじ針

ゲージ
メリヤス編み10cm平方＝23目29段

でき上がり寸法
胴囲56cm　丈43cm

編み方順序
1　4号針2本で58目つくり（p.117）ガーター編みを編む。
2　6号針にかえてメリヤス編みで股下まで両端より1目内側で増目（p.118）する。次に前後で減目して編みすすみ、おしりのふくらみのために引き返し編み（図A）を2回し、目を休ませておく。左右対称に2枚編み、ウエストの目を休ませておく（編み方図）。
3　前の股上をすくいとじ（p.118）して、ゴム通し部分を4cm、1目段で段消ししながら編み、伏せ止める（p.118）。
4　ゴム通し口を残して後ろの股上をすくいとじ（p.118）し、メリヤス部分を半分に折って、共糸で1目ずつの半返し縫いでとじつける。
5　股下をすくいとじし、裾にししゅうする。（セーターの糸で3目3段でクロスステッチ。）
6　子どもの寸法に合わせてゴムを入れる。

編み方図

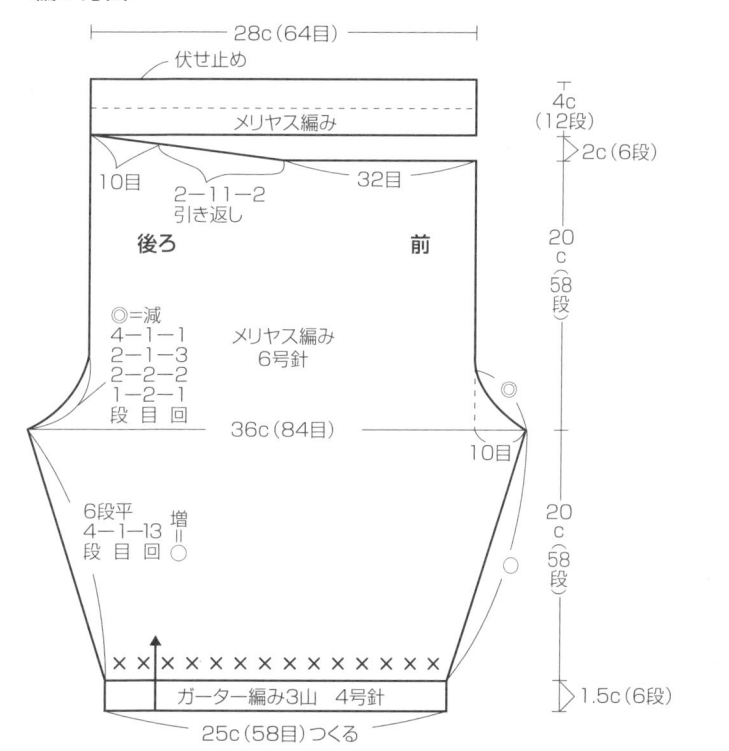

28c（64目）
伏せ止め
メリヤス編み
4c（12段）
2c（6段）
10目　2-11-2　32目
引き返し
後ろ　前
20c（58段）
◎＝減
4-1-1
2-1-3
2-2-2
1-2-1
段目回
メリヤス編み
6号針
36c（84目）
10目
6段平
4-1-13　増＝
段目回　◎
20c（58段）
ガーター編み3山　4号針
25c（58目）つくる
1.5c（6段）

図A　引き返し編み

①引き返すときに向きをかえたら、次段の編み始めでまずかけ目をし、次の目は編まずにすべり目でとる（段差がきれいになる）。

②引き返し編みが終わったら、段をなめらかにするために、1段通して編む（段消し）。かけ目をしたところは、図のように次の目と2目一度に編む（裏目で段消しをする場合は、かけ目が表に出ないようにかけ目と次の目の順番を入れ替えて2目一度に編む）。

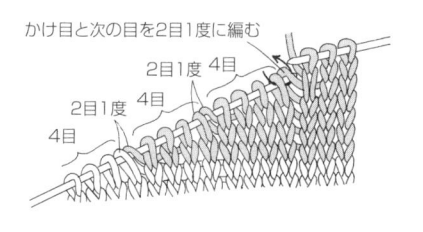

かけ目と次の目を2目1度に編む
2目1度　4目
2目1度　4目
4目

＊2段毎に4目を引き返す例

もよう編みの丸首セーター
カラーp.42

メリヤス編みと裏編みだけでできるやさしいもよう編み。かぶりの丸首も、幼児のものなので肩あきのデザインです。

材料・用具
並太モヘア入り毛糸（リッチモアバカラピュール毛90%・ナイロン10% 40g・80m）
薄いグレー（102）180g
ボタン12mm3個 棒針6号・4号
とじ針 かぎ針6号

ゲージ
もよう編み10cm平方＝20目30段
ゴム編み24目30段

でき上がり寸法
身幅33cm 丈32cm 袖丈27cm

編み方順序
1. 後ろ身頃から編む。別糸で66目つくって（p.117）くさりの裏山から6号針で目を拾い、裏編みで1段編んでからもよう編み（図A）に入り、42段編む。左右6目ずつ伏せ止め（p.118）、次に40段編み、中央22目を休めて左右に分け、4段ずつ編み、目は休ませておく。（編み方図1）
2. 前身頃と袖を2枚編む（後ろ身頃と同様のつくり目で）。ともに編み終わりは目を休ませておく。（前身頃の左肩は40段 右肩は44段）。
3. 身頃の裾と袖口のつくり目の糸をほどきながら（p.101）4号針にとり、1段目で平均に減目し、1目ゴム編みを編み、ゴム編み止めする（p.101）。
4. 前・後ろを合わせて右肩を引き抜きはぎし（p.118）、左肩に肩あきの1目ゴム編みを編む（16目＋増目1目＝17目で1cm（4段）両端表目2目）。前身頃側にはボタンホールを入れる（図C）。
5. 衿ぐりから拾い目し（図C）、1目ゴム編みを編み、ゴム編み止め（p.101）する。
6. 脇と袖下をすくいとじ（p.118）する。袖を身頃に段と目のはぎ方（図B）でつける。肩あき部分は、ゴム編みを重ねる。
7. ボタンをつける。

編み方図1

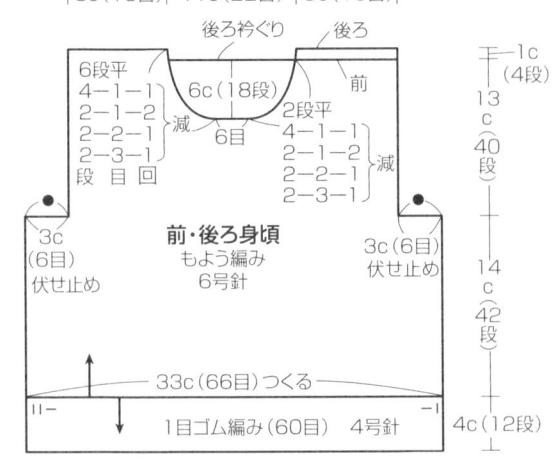

編み方図2

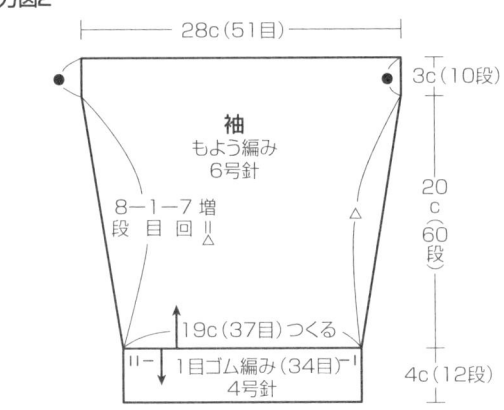

図A もよう編み

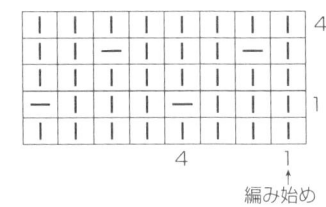

図B 段と目のはぎ方
向側の1目めと2目めの間の横糸と、手前の目を交互にすくい、目と段をバランスよくとじていく 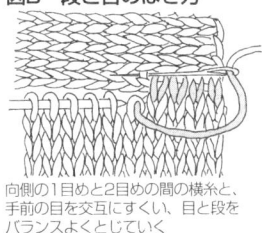

図C 衿ぐりの拾い方とボタンホール
衿ぐりのボタンホール 2段目に入れる
左前身頃肩のボタンホール 1段目に入れる

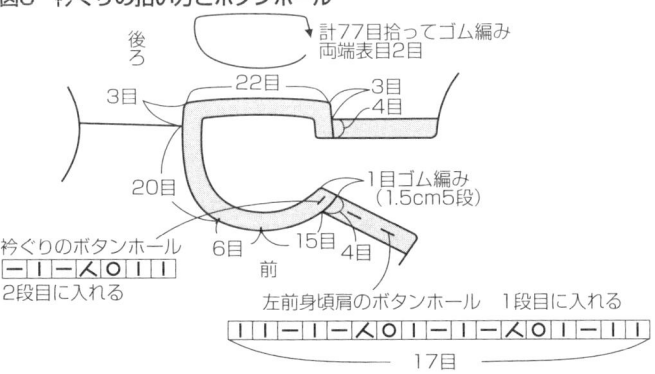

アランもようのベスト
カラーp.44

もよう編みの代表ともいえる、なわ編みとかのこ編みに挑戦。ここでは明るいオレンジピンク色でつくりましたが、ベーシックな色にすると何にでも合わせられるでしょう。

編み方図1

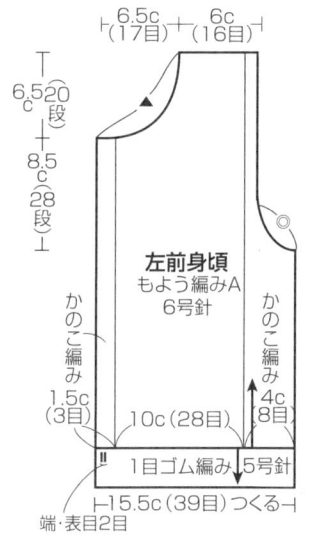

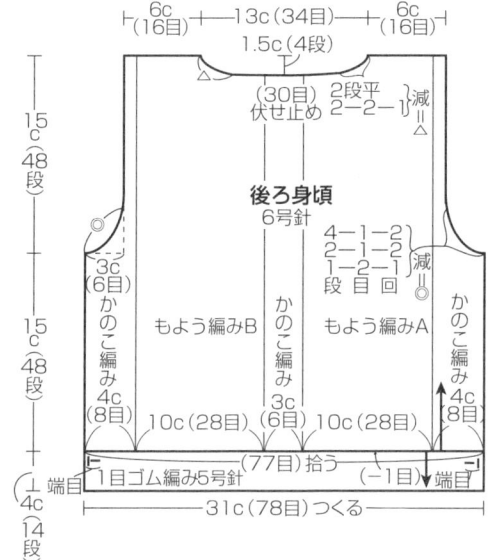

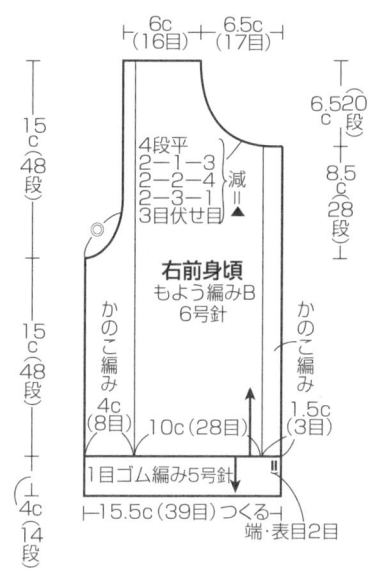

材料・用具
並太毛糸（ハマナカ ピーターラビットベビー用 毛100%、40g・97m）オレンジピンク(8) 140g

棒針6号 5号 とじ針

ゲージ
かのこ編み10cm平方＝20目32段
もよう編み10cm平方＝28目32段

でき上がり寸法
身幅31cm 背幅29cm
丈34cm

編み方順序
1. 後ろ身頃から編む。別糸で編んだくさり編みに78目つくり(1段目)(目のつくり方p.117)、もよう編みで肩まで編み(編み方図1、図A)、目は休ませておく。
2. 前身頃を左右に分けて編む。同様のつくり方で39目つくり、左右対称の形に編む。肩の目は休ませておく。
3. 裾の別糸をほどいて(p.101)1目ゴム編みを編み、ゴム編み止め(p.101)する。
4. 前後の肩を引き抜きはぎ(p.118)、脇をすくいとじ(p.118)。
5. 前立てを編む。68目拾い(編み方図2次頁)、1目ゴム編みをし、ゴム編み止め。左前立てにはボタンホールをする(図B、C)。
6. 衿ぐり、袖ぐりからそれぞれ目を拾い1目ゴム編みを編み(編み方図2)、ゴム編み止め。
7. ボタンをつける。

図A かのこ編みともよう編み

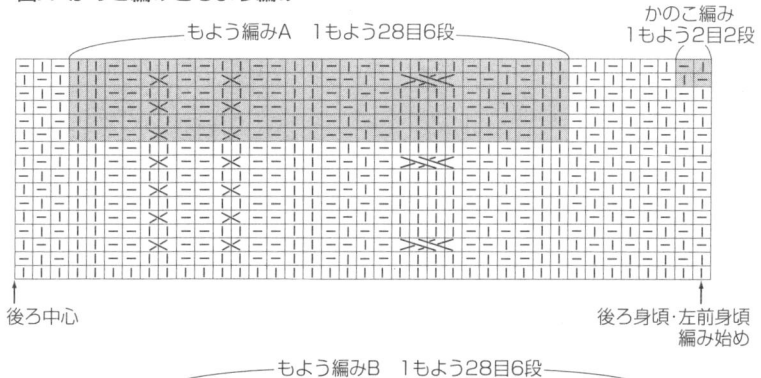

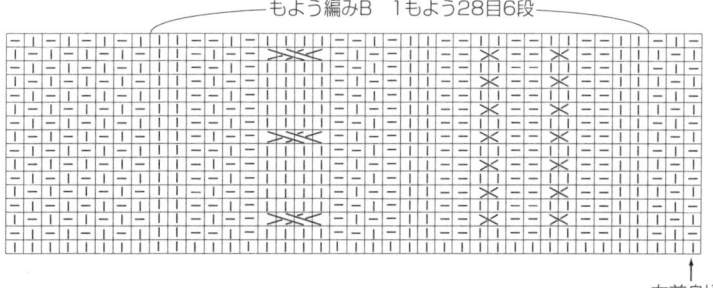

編み方図2

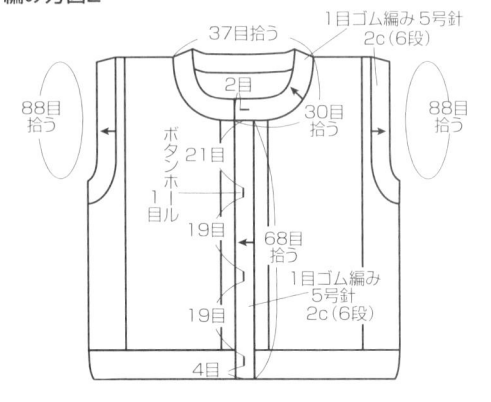

図B ボタンホール前たて

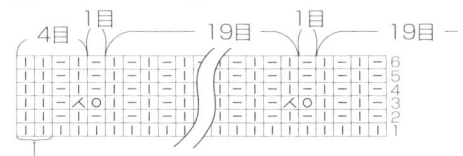

図C ボタンホール衿

ゴム編みの端は2目表にする
（前立て下裾端）

ゴム編みの端は2目表にする

ボタンホール
かけ目
2目一度

タイルもようの帽子
カラーp.44

ベストとそろいのキュートな帽子

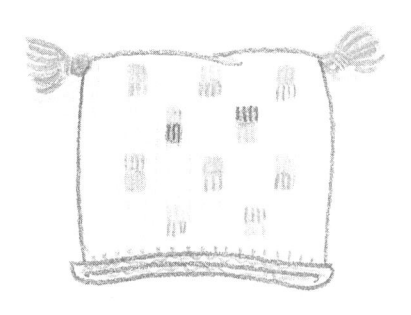

材料・用具
並太毛糸リッチモア パーセント （ベストと同じ）
白(1)30g 黄色(4) 茶色(9) 若草(12)
水色(22) ピンク(79)各少々
棒針6号 5号 とじ針
ゲージ メリヤス編み10cm平方＝22目30段
でき上がり寸法 頭回り46cm 深さ21cm

編み方順序
1 別糸で50目つくり（目のつくり方p.117）、白糸で始め、裏編みで1段編んでからメリヤス編みを編む。
2 8段編んだら配色編みに入り、編み方図1のようにもようをとばしながら編む。編みこみは、たてに糸をわたしながら編む（次ページ図A）。
3 編み終わりは別糸に目を通して休めておく。
4 二つ折りにし、両脇をすくいとじする（編み方図2）（とじ方p.118）。
5 つくり目の別糸をほどいて（p.101）5号針に替え黄色の糸で1目ゴム編み6段・メリヤス編みを4段編み、編み終わりは伏せ止め（p.118）する。
6 タッセルをつくり（図C）、とじつける。

編み方図1

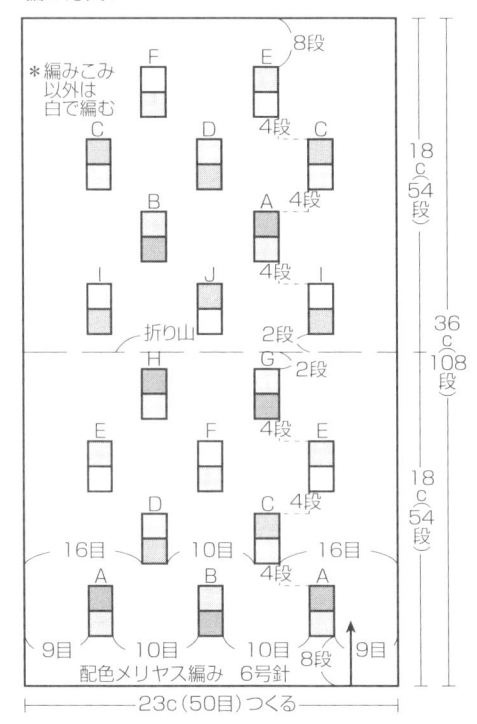

配色メリヤス編み 6号針
23c（50目）つくる

図A 編みこみもよう

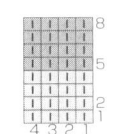

図B 編みこみもようの配色
A =茶色／=水色
B =水色／=茶色
C =若草色／=ピンク
D =ピンク／=若草色
E =水色／=黄色
F =黄色／=水色
G =ピンク／=茶色
H =茶色／=ピンク
I =黄色／=若草色
J =若草色／=黄色

編み方図2

1目ゴム編み 5号針 黄色 6段
メリヤス編み 5号針 黄色 4段
100目拾う

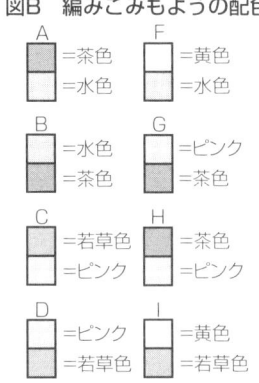

図C タッセル

若草色＋水色
ピンク＋茶色

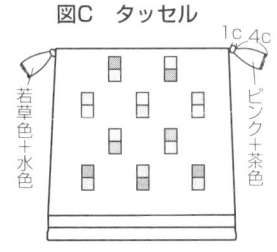

①タッセルの長さ（4cm）＋0.5cm＝4.5cm幅の厚紙に指定の糸を12回ずつ巻きつけて、一方の輪を切る 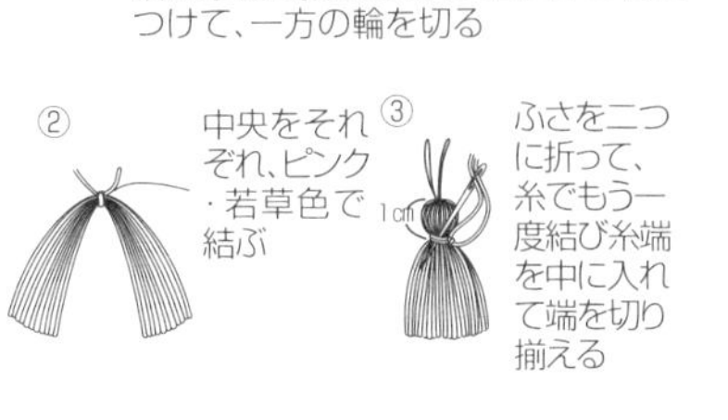
②中央をそれぞれ、ピンク・若草色で結ぶ
③ふさを二つ折って、糸でもう一度結び糸端を中に入れて端を切り揃える

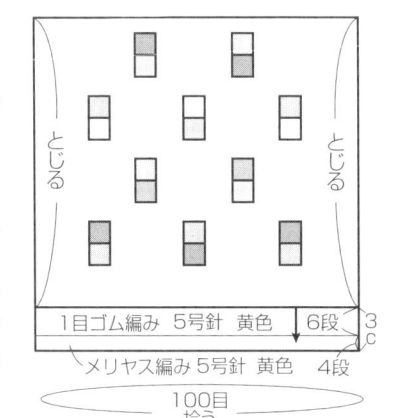

タイルもようのベスト
カラー p.44

くるっとまるまった縁どりのメリヤス編みがやんちゃ盛りに似合いそう。配色糸は少しずつですから、楽しく変化させてください。

材料・用具
並太毛糸リッチモア パーセント（毛100%　40g・120m）
白(1)60g　黄色(4)5g　茶色(9)少々(2g)
若草(12)5g　水色(22)5g　ピンク(79)5g
棒針6号　5号　とじ針

ゲージ　メリヤス編み10cm平方＝22目30段

でき上がり寸法
身幅31cm　背幅29cm　丈34cm

編み方順序
1. 後ろ身頃から編む。別糸で編んだくさり編みに、白糸で68目つくり(1段目)(目のつくり方p.117)メリヤス編みを袖下まで編み、袖ぐりのために減目して編みすすむ。
2. 40段編んだら、中央で衿ぐりをつくり、肩の目は休ませておく(編み方図2)。
3. 前身頃を編む。後ろ身頃と同様につくり目をして、白糸で14段編む。15段めから配色編み(編み方図1)に入る。白糸で22目編み、3色の色糸で編み、白糸で22目編む。これをくり返して、袖下まで編む。編みこみは、たてに糸をわたしながら編む(図A)。
4. 白糸で袖ぐりの減目をして20段編み、衿ぐりを減らして肩まで編み、目は休ませておく。
5. 裾はつくり目の別糸をほどいて拾い目し、1目ゴム編みを10段、メリヤス編みを4段編む。最後は伏せ止めする(p.118)。
6. 前後の肩を引きぬきはぎし(p.118)、脇をすくいとじ(p.118)。
7. 衿ぐりは、メリヤス編みの1段に全体で6目増目をして100目にする。袖ぐりは4本針に目を拾い(編み方図3)、1目ゴム編み・メリヤス編みをし、伏せ止める。

編み方図1　前身頃　配色メリヤス編み

6c(13目)　13c(30目)　6c(13目)
8c(24段)
10段平　4-1-1　2-1-2　2-2-2　2-3-1　減　段目回
10目休める
20段
3c(6目)
10c(24目)
6号針
*配色編み以外は白で編む

水色	茶色	若草
黄色	ピンク	水色
茶色	若草	黄色
8目	8目	8目

10c(30目)　14段　22目
31c(68目)つくる
端・表目2目　1目ゴム編み　5号針水色　10段
メリヤス編み5号針水色
15c(44段)　15c(44段)　4c(14段)

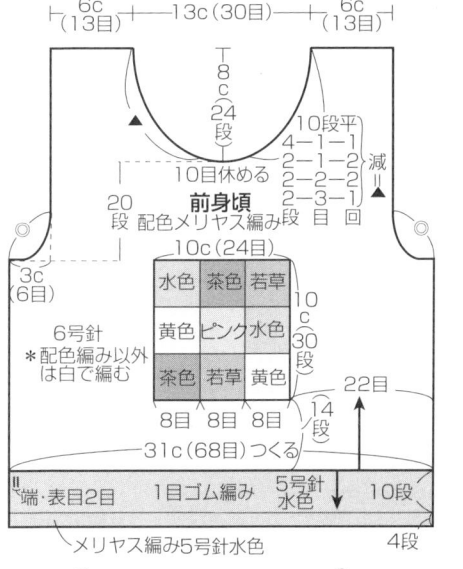

編み方図2　後ろ身頃　メリヤス編み　6号針　白

6c(13目)　13c(30目)　6c(13目)
1.5c(4段)
26目伏せ止め
2段平　2-2-1　減
4-1-2　2-1-2　1-2-1　段目回
31c(68目)つくる
端・表目2目　1目ゴム編み　5号針水色　10段
メリヤス編み 5号針水色 (4段)
1.5c(4段)　13.5c(40段)　15c(44段)　4c(14段)

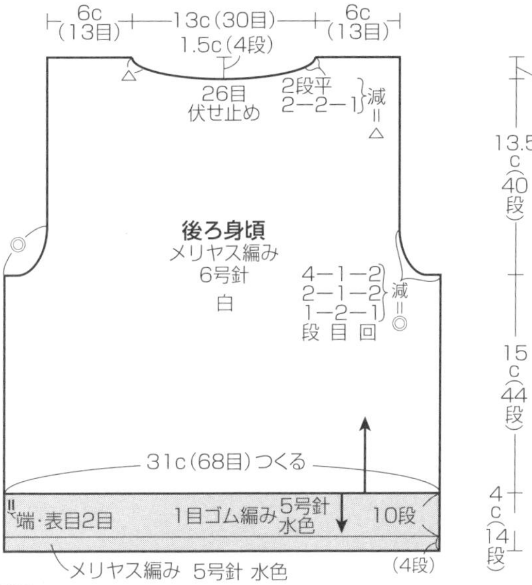

図A　編みこみ

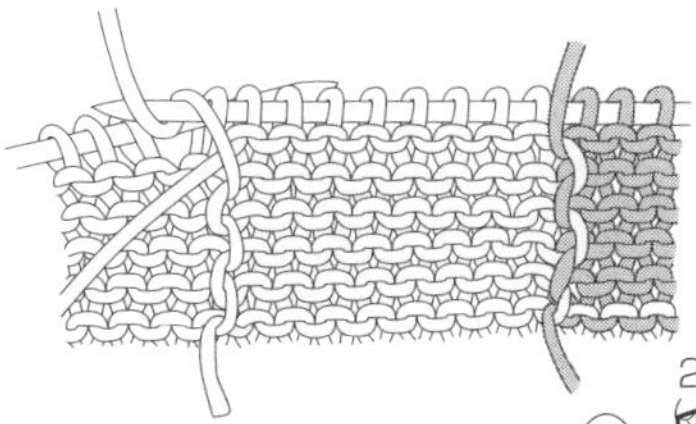

色がかわるとき、次の色糸と交差させる

編み方図3

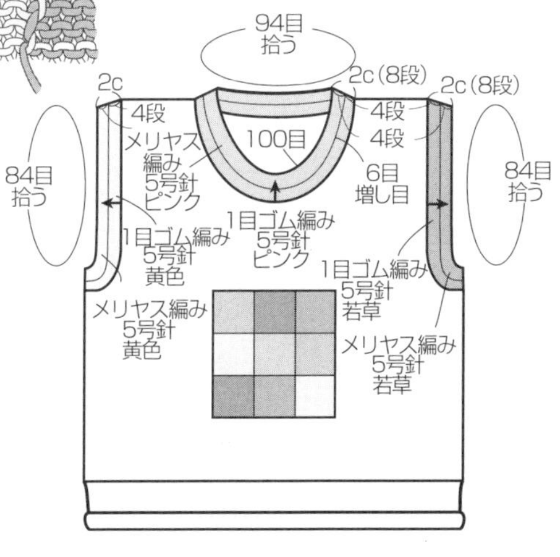

94目拾う
2c(8段)　2c(8段)　2c(8段)
4段　4段
メリヤス編み5号針ピンク　100目　メリヤス編み5号針ピンク
6目増し目
1目ゴム編み5号針ピンク
84目拾う　84目拾う
1目ゴム編み5号針黄色　1目ゴム編み5号針若草
メリヤス編み5号針黄色　メリヤス編み5号針若草

107

白のサマーカーディガンと ワンピース
カラーp.45

夏の日射しによく似合う真っ白なカーディガン。斜めに並んだすかしもようは、ボタンホールと同じやさしいつくり方。

ワンピース後ろ

材料・用具
中細タイプのサマーヤーン(東洋紡績イシスコットン綿100%、40g・108m)白(IS202) 95g　貝ボタン　11mm4個
棒針　5号　2号
かぎ針4号　とじ針

ゲージ
もよう編み10cm平方=24目32段
縁編み10cm27目

でき上がり寸法
身幅30cm　丈25cm　袖丈12cm

編み方順序（カーディガン）
1 後ろ身頃から編む。棒針5号と2号を1本ずつ合わせて(同じ号数2本では編み目が大きくなりすぎるので)、2本で73目つくり(目のつくり方p.117)もよう編み(図A)を36段編み、左右の袖ぐりをつくり、中央を伏せ止めし、左右に分けて肩まで編み、肩は目を休ませておく(編み方図1)。
2 後ろ身頃と同様につくり目して前身頃を左右2枚(編み方図2)、袖(編み方図3)も2枚編み、肩は目を休ませておく。
3 前後の肩を引き抜きはぎ(p.118)し、脇と袖下はすくいとじ(p.118)する。
4 袖口に縁編み(図C)をつけ、身頃に返し縫いで袖つけする。
5 縁編みをつける(図B)。脇から始めて裾、前たて、衿ぐりを拾い目しながら、ぐるりと縁編みし(図C)、右前にはボタンホール(図D)を入れる。左前にボタンをつける。

図A　もよう編み

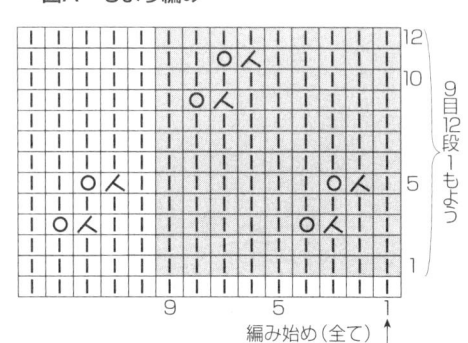

編み方図1

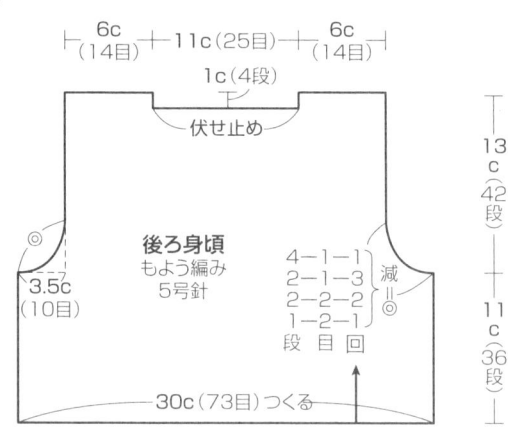

後ろ身頃
もよう編み
5号針

4-1-1
2-1-3
2-2-2
1-2-1
段目回 減

3.5c(10目)
6c(14目)　11c(25目)　6c(14目)
1c(4段) 伏せ止め
13c(42段)
11c(36段)
30c(73目)つくる

編み方図2

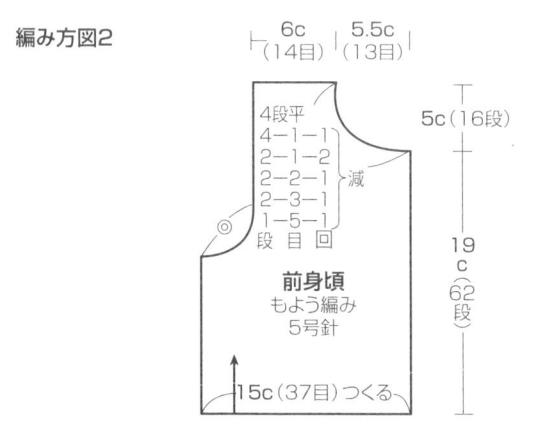

前身頃
もよう編み
5号針

6c(14目)　5.5c(13目)
4段平
4-1-1
2-1-2
2-2-1
2-3-1
1-5-1
段目回 減

5c(16段)
19c(62段)
15c(37目)つくる

編み方図3

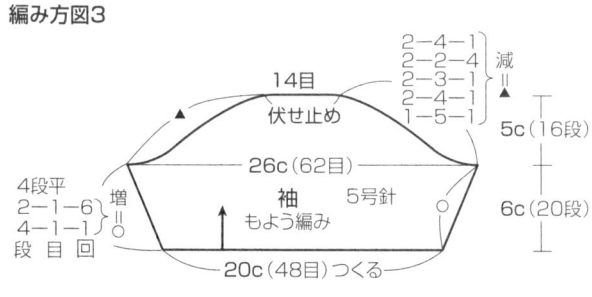

袖
もよう編み
5号針

14目 伏せ止め
2-4-1
2-2-4
2-3-1
2-4-1
1-5-1
減

4段平
2-1-6
4-1-1
段目回 増

26c(62目)
5c(16段)
6c(20段)
20c(48目)つくる

編み始め(全て)

図B　縁編みの仕方

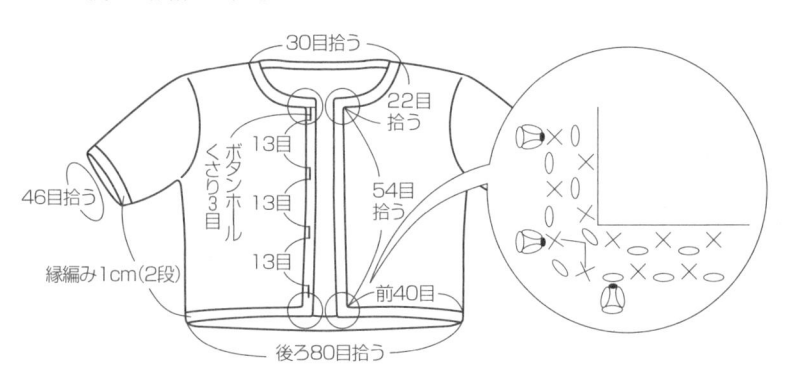

- 30目拾う
- 22目拾う
- ボタンホール くさり3目
- 13目
- 13目
- 13目
- 54目拾う
- 46目拾う
- 縁編み1cm(2段)
- 前40目
- 後ろ80目拾う

図C　縁編み

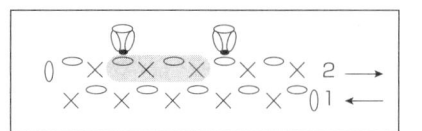

1段目は細編み1目 くさり1目で目を拾いながら編み、2段目は4目ごとにくさり3目のピコットを編む。

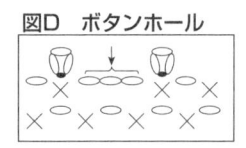

図D　ボタンホール

レースのサマーワンピース
カラーp.45

メリヤス編みの身頃に、ギャザースカートをつけたサンドレス。
ギンガムチェックやストライプの布にするとまた、たのしい雰囲気に。

材料・用具

糸(カーディガンと同じ)65g
ボタン　12mm4個
棒針　5号(2本)　2号(1本)　かぎ針4号
とじ針
スカート布　綿レース(150cm幅)40cm
ゲージ　メリヤス編み10cm平方=26目30段
　　　　縁編み10cm　26目
でき上がり寸法　身幅27cm　身頃丈19cm

編み方順序(ワンピース)

1. 前身頃を編む。棒針5号と2号を1本ずつ合わせて(前頁参照)、針に直接つくるつくり目で70目つくり(p.117)、メリヤス編みで24段編んで、袖ぐり9目を伏せ止める(p.118)。さらに16段編んで、中央28目を伏せ止め。肩ひもは後ろまで合わせて21cm・64段編んで伏せ止める(編み方図)。
2. 後ろ身頃を編む。同様に目をつくり、24段編む。
3. 脇をすくいとじする(p.118)。
4. ウエストラインと袖ぐり、衿ぐりに縁編み(図A)を1段つける。後ろ身頃はボタンホールを入れる。
5. 子どもの寸法に合わせて肩ひもにボタンをつける。
6. スカートをつくり、縫い合わせる。
☆ 前身頃に共糸でししゅうする。

編み方図

- 4.5c(12目) 伏せ止め　ボタン
- 11c(28目) 伏せ止め
- ししゅう
- 15c(46段)
- 6c(18段)
- 5c(16段)
- 8c(24段)
- 3.5c(9目)
- 前身頃　メリヤス編み　5号針
- 伏せ止め
- 27c(70目)つくる

- 3.5c(9目)　伏せ止め　3.5c(9目)
- ボタンホール
- 後ろ身頃　メリヤス編み　5号針
- 27c(70目)つくる

図A　縁編み

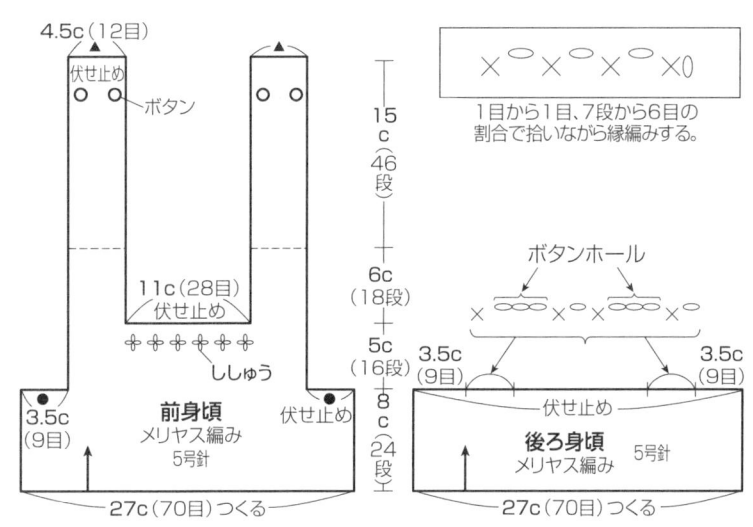

1目から1目、7段から6目の割合で拾いながら縁編みする。

スカート

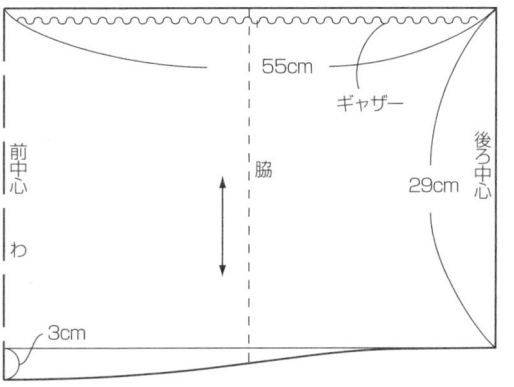

- 55cm
- ギャザー
- 前中心
- 脇
- 後ろ中心
- 29cm
- わ
- 3cm

つくり方　後ろ中心を縫い合わせて、縫い代の始末をし、裾を上げる。上身頃に合わせてギャザーをよせて、縁編みの上から2本ミシンをかけてつなげる。ニット用糸を使用するとよい。

ししゅう実物大

デージーステッチ
さし方(p.126)

デージーもようのベスト

カラーp.22

小さな交差編みを編みこんだお花畑のようなベスト。雰囲気をそろえたモチーフ編みのおくるみとセットです。

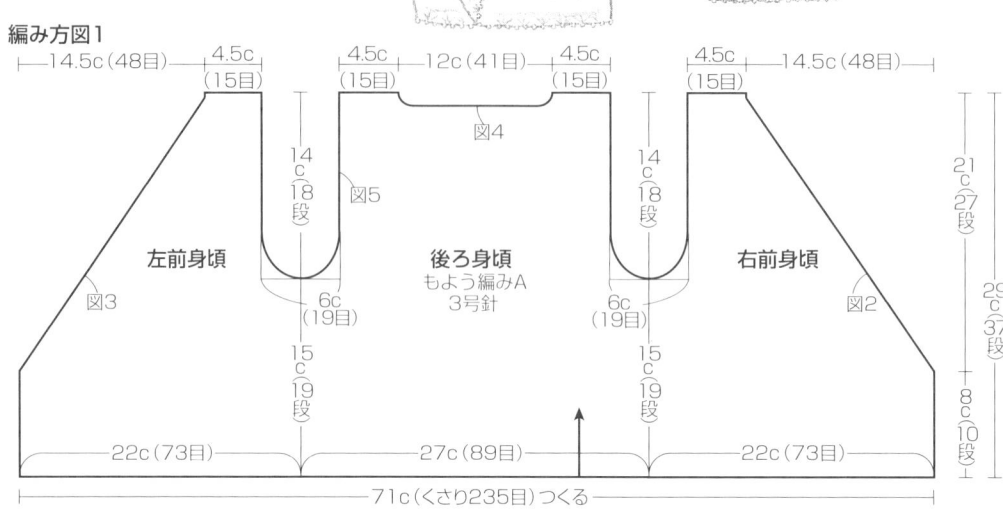

編み方図1

- 14.5c(48目) 4.5c(15目) 4.5c(15目) 12c(41目) 4.5c(15目) 4.5c(15目) 14.5c(48目)
- 14c(18段) 図5
- 図4
- 14c(18段)
- 21c(27段)
- 左前身頃 図3
- 後ろ身頃 もよう編みA 3号針
- 右前身頃 図2
- 6c(19目)
- 6c(19目)
- 15c(19段)
- 15c(19段)
- 29c(37段)
- 8c(10段)
- 22c(73目)　27c(89目)　22c(73目)
- 71c(くさり235目)つくる

材料・用具
毛糸　パピーベビーウール　白(102)100g
(毛100%、50g・240m)
かぎ針3号　2号　5号(ひも用)　とじ針

ゲージ　もよう編み10cm平方＝32目12.6段
でき上がり寸法　身幅27cm　背幅24cm
丈30.5cm

編み方順序
1. くさり235目つくり、もよう編み(図A)で前後身頃をつづけて脇まで編み、前後に分けて肩まで編む(編み方図1〜5)。
2. 肩を巻きかがり(p.112図C)ではぐ。
3. 衿ぐり、前たて、裾と袖ぐりに縁編み(図B、目の拾い方は編み方図6)をつける。
4. 2重くさり編みで24cmのひもを4本つくり(図C)、図の位置につける(編み方図6)。

図A　もよう編み

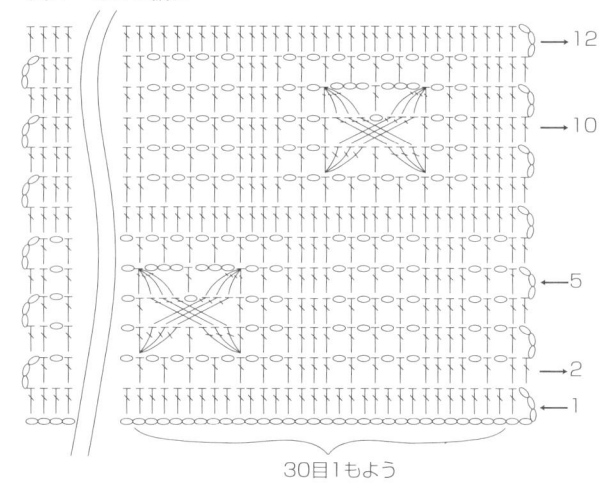

30目1もよう

かぎ針編みの編み目記号と編み方

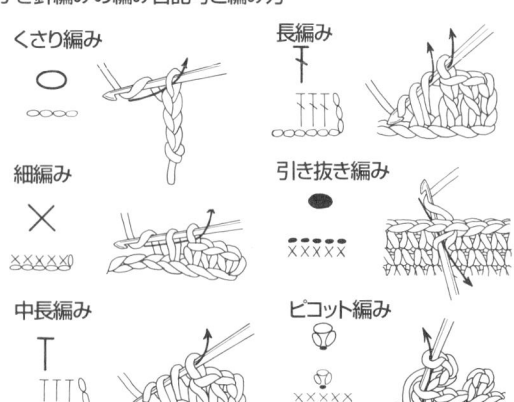

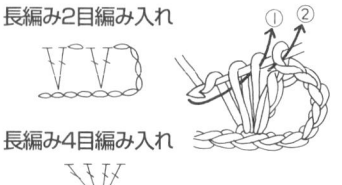

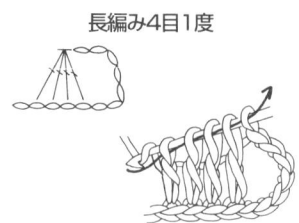

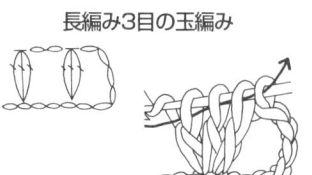

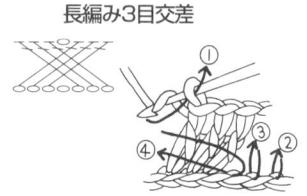

- くさり編み
- 長編み
- 細編み
- 引き抜き編み
- 中長編み
- ピコット編み
- 長編み2目編み入れ
- 長編み4目編み入れ
- 長編み4目1度
- 長編み3目の玉編み
- 長編み3目交差

編み方図2
右前身頃

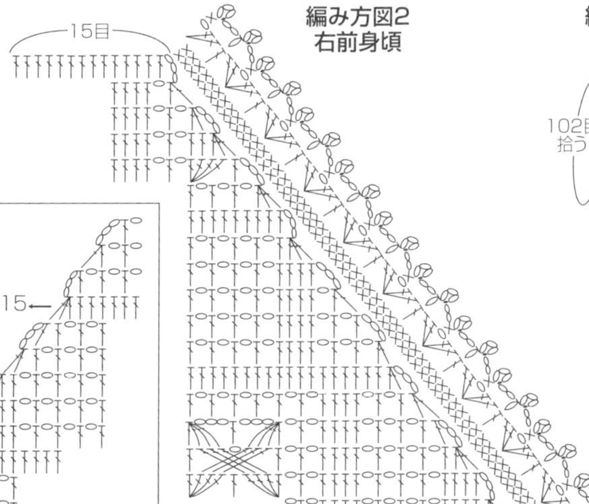

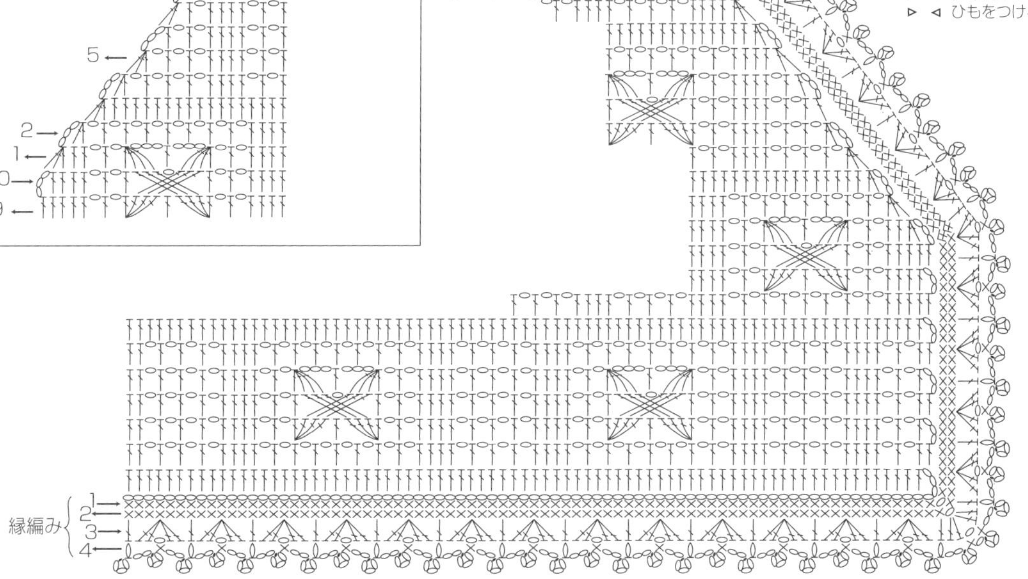

編み方図6
縁編み 2号針
1.5c(4段)
43目拾う
102目拾う
102目拾う
82目拾う
25目拾う
裾233目拾う
▶ ◀ ひもをつける位置
▷ ◁ ひもをつける位置
内側につける

-15目-

編み方図3
左前身頃(部分)
15←
10←
5←
2←
1←
10←
9←

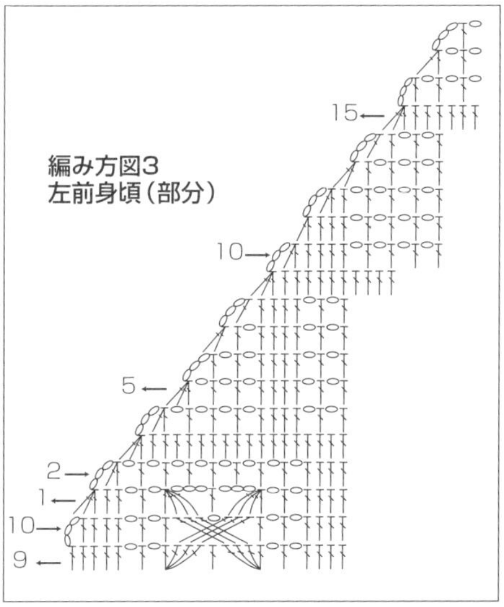

縁編み
1
2
3
4

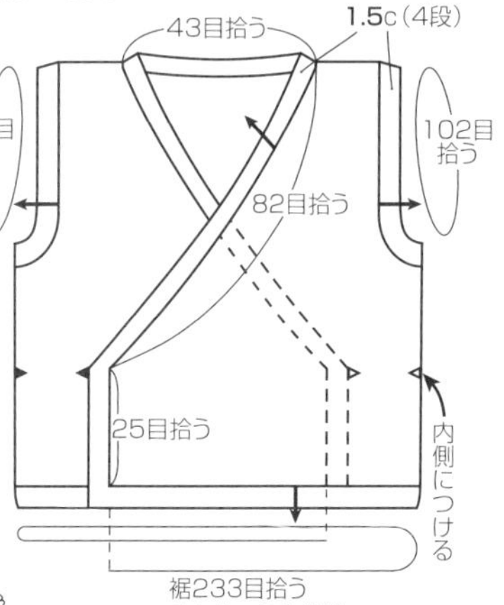

編み方図5
縁編み
1 2 3 4

袖ぐり

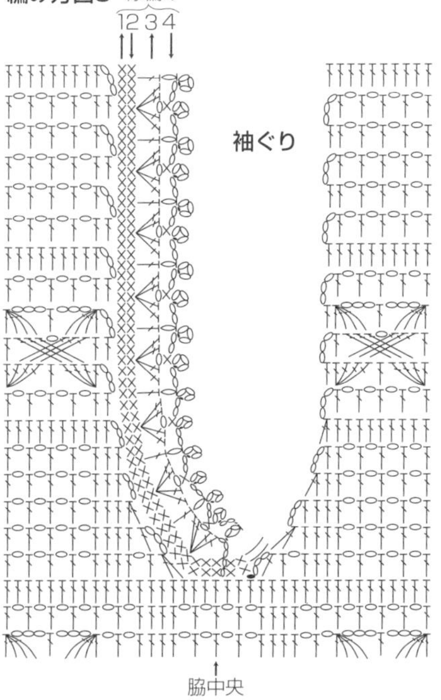

図B 縁編み
→4
3
2
1
6目1もよう

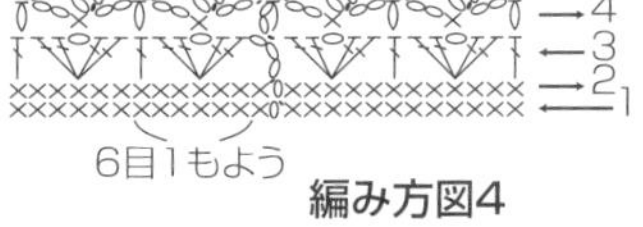

✕ =増目
◯ =中長2目

編み方図4
後ろ衿ぐり
4
3 縁編み
2
1
中心

脇中央

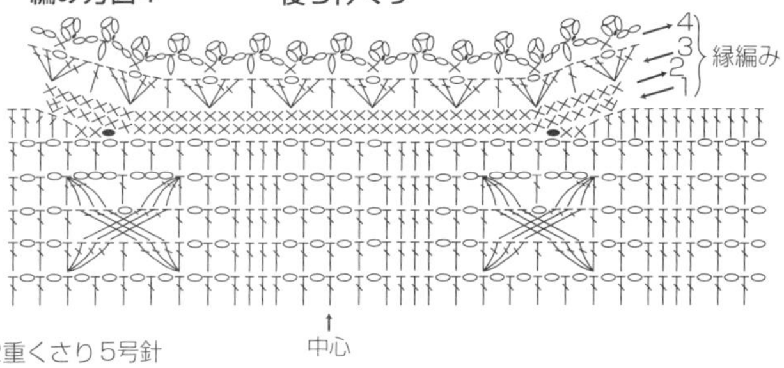

図C ひも 2重くさり5号針
├─24c(くさり50目)つくる─┤

2重くさり 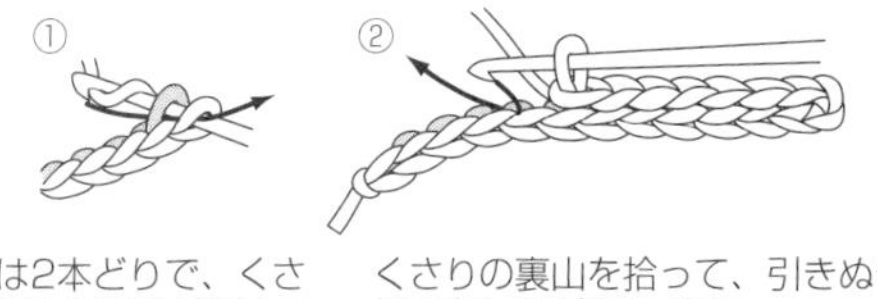
① ②
糸は2本どりで、くさり編みを50目編む
くさりの裏山を拾って、引きぬき編みをしながらもどる

デージーもようのおくるみ
カラーp.22

くさり編みでつくった小さな輪から、花がひらくように編んだモチーフと、長編みのバリエーションでつくったモチーフをつなぎ合わせます。

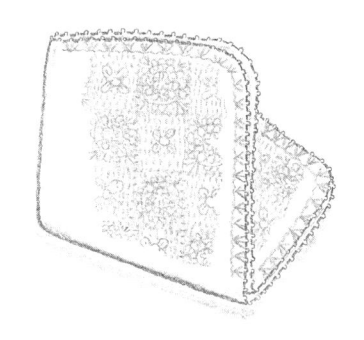

図A　モチーフA

8c(8段)

材料・用具
毛糸　パピーベビーウール　白(102) 250g
(ベストと同じ)
かぎ針4号　とじ針
ゲージ　モチーフA Bともに8cm×8cm
でき上がり寸法　68cm×68cm

編み方順序
1　モチーフA(図A)を32枚、モチーフB(図B)を32枚編む。
2　モチーフを半目の巻きかがりはぎ(図C)ではぎ合わせる(編み方図1)。
3　まわりに縁編み(図D・編み方図2)を編む。

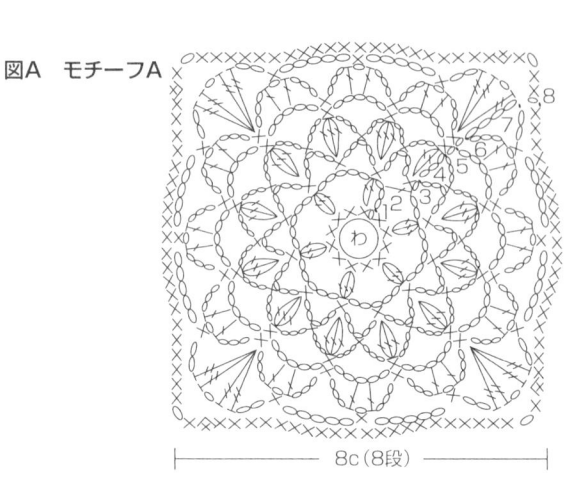

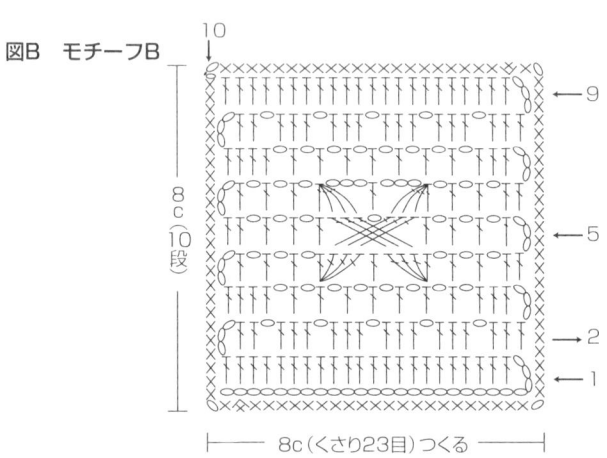

図B　モチーフB

8c(10段)

8c(くさり23目)つくる

図C　モチーフのつなぎ方
(半目の巻きかがりはぎ)

図D　縁編み

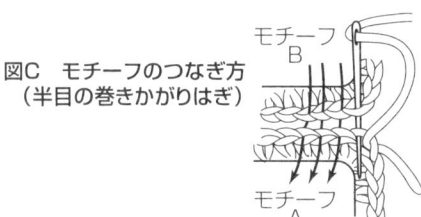

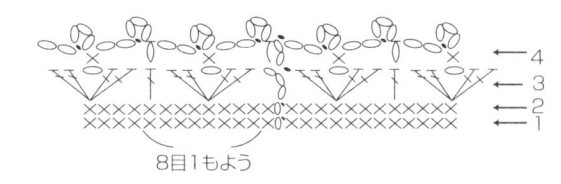

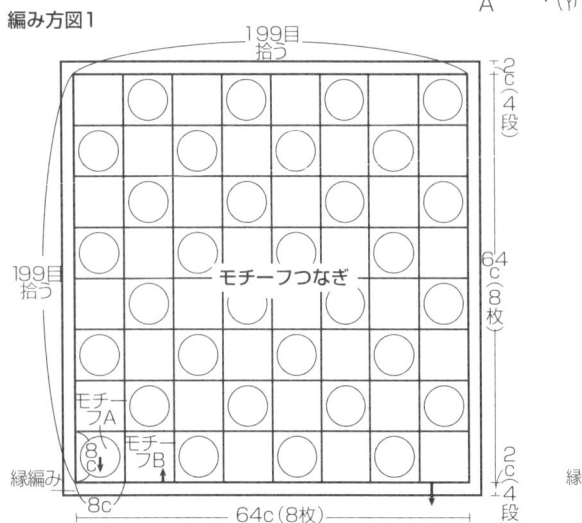

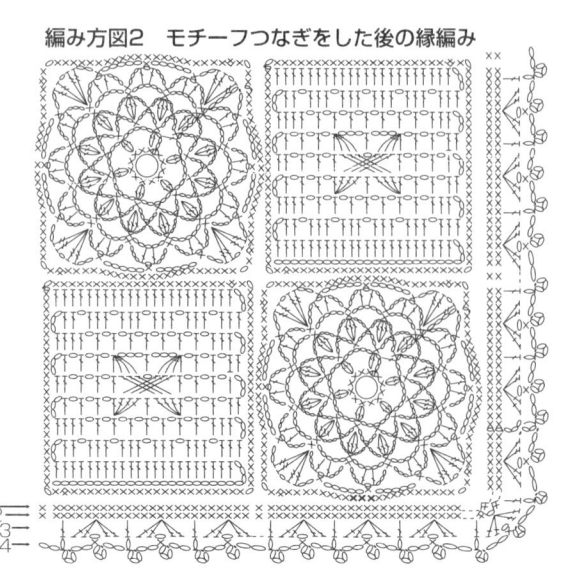

8目1もよう

編み方図1

199目拾う
199目拾う
2c(4段)
64c(8枚)
2c(4段)
8c
モチーフA
モチーフB
モチーフつなぎ
縁編み

編み方図2　モチーフつなぎをした後の縁編み

縁編み

細方眼編みのカーディガン
カラーp.42

袖を身頃とひとつづきに編むので、肩幅がない子ども向きの形です。かぎ針編みなのにガーター編みと比べたいほどの伸縮性のよさは細方眼ならでは。ブルーの濃淡だけでなく、好きな色をアレンジしてお楽しみください。

材料・用具
毛糸　リッチモア／スリークォーター
白(2)3玉
淡青(49)20g　青(26)5g
(1玉30g180m)
ボタン13mm×4個
かぎ針5号

ゲージ　10cm平方＝17細　34段

でき上がり寸法　身幅32cm　丈30cm
　　　　　　　　裄38cm（裄＝背中心から袖口まで）

編み方順序
後ろ身頃の脇裾から袖口までの長さのつくり目をし、ラグランスリーブの切り替え線で増目をしながら、身頃と袖を編む。後ろ身頃背中心まで編んだら、最初のつくり目を拾って、後ろ身頃につづけて前身頃を編み、仕上げ。

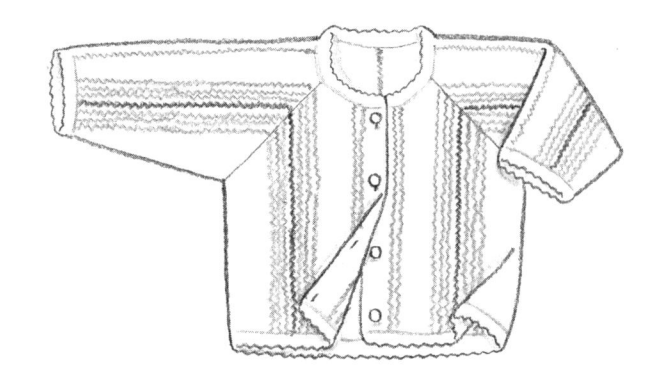

細方眼編みとは…
「細編み」と「くさり編み」を交互にくり返して編むかぎ針編みで、編み目そのものは単純ですが、伸縮性があり、着心地のよいものです。「とじ」や「はぎ」を少なくしてすっきり仕上げるユニークな編み順が、編み方の大きな特徴です。

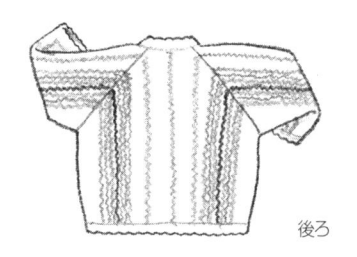

後ろ

編み方の基本
・「細編み1目＋くさり編み1目」を基本とし、これを「1細」と呼びます。
　○(くさり)×(細)で表します。

・つくり目は「くさり編み」。

・つくり目の数は「必要細数×2−1目」(段の両端は細編み)。

・段の始めは「立ち上がりのくさり1目」を編んでから細編み。
　この立ち上がり分のくさり目はどんな場合も数えません。

・段の最後は「細編みで終わる」。

・最初の1段は、立ち上がりのくさり1目を編み、次に「細」「くさり」「細」…と、つくり目のくさり1目おきに細編みを入れる。

・2段目以降「細編みの上に細編み」を編む。

1段目
①つくり目の最後のくさりに細編みを入れて編み始める。

つくり目　　立ち上がり目

②次にくさり編みを1目編み、つくり目のくさりを1目とばして、次のくさり編みに細編みを編む。目をすくうときには、必ず目の裏側の糸を合わせて2本すくう。

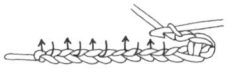

③2段目からは、細編みに細編みを編み入れる。細編みの裏側の形をよく見極め、決してくさり編みのところに編まないようにする。

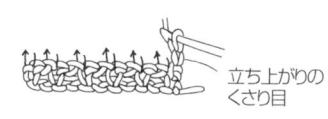

3段編んだところ

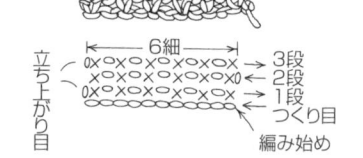

立ち上がりのくさり目

←6細→　　3段
　　　　　　2段
　　　　　　1段
立ち上がり目　　つくり目
　　　　　　編み始め

編み方記号
○× 1細 (細編み1目＋くさり編み1目)

増目
1細増目。1細よけいに編み入れる

減目
1細減目。2細1度に編む

2-1-3増　2段ごとに1細ずつ3回、増やす
2-1-3減　2段ごとに1細ずつ3回、減らす

引き返し編み。端まで編まずにこの印で引き返す

ここで編み終わる

ここから編み始める

＊この印が右端にある場合は、1段目は裏目。

編み糸
編み始め(終わり)の糸を50cmくらい残しておく。
後でとじたり、縁編みを始めるのに使う(とじ糸は、とじ寸法の6〜7倍必要)。編み終わりの糸を、切らずにそのまま残しておく。
つくり目のくさりを両側から拾って編み出すときに、先に残しておいた糸で編み始める。
(途中で新しい糸をつなぐ)

編み進む方向

1) 左後ろ身頃から編み始める
（編み方図2 3）

①つくり目 編み始めの糸端を30cm残して、くさり113目をつくる。
＊右身頃のつくり目も同時につくっておくと、手の加減がそろってよいでしょう。

②最初の1段 立ち上がりのくさりを1目編んで、細方眼編みを始める（1段目57細）。

③2段目からの増目と引き返し編み
増目 2段目で裾から25細目に2細よけいに編み入れ、2細ずつ増目をする（p.113）。2～6段目までは毎段、以後は2段毎に42段まで偶数段で、増目した目の中央の細編みに編み入れる。
袖下の引き返し編み（袖下から、袖口方向に袖幅を調節する） 増目をした次の目から数えて4細目で引き抜き編みをし、持ちかえて引き返す（図A）。袖口方向に編み進む段で4細編み進んで引き返すを7回くり返し、16段目（前袖では17段目）で袖口まで（最初のつくり目の端）編み進む。

④縞もようを入れる（編み方図2）
19段目から図のように縞もよう（青・淡青）を入れる。2段縞は糸を変えて2段編むだけだが、1段縞の場合は、前段の糸を休ませておき、反対側に色糸をつけて追いかけるように編み、待たせておいた元の糸で次の段を編む。（図B参照）
縞もようもラグラン線の増目も42段まで。

⑤背中心まで編む（編み方図2）
後ろ身頃を12段編み足し（最終段だけ淡青で）、糸を3～4cm残して切り、最後の目に糸端をとおして止める。

⑥前身頃を編む（編み方図1 3）
後ろ身頃のつくり目の端に残した糸に、新しい糸をつなぎ、糸を右、最初のつくり目が上になるように持ちかえて、つくり目のくさりを拾いながら（図C目の拾い方）57細編む。後ろ身頃と同じ要領で、2段めからラグラン線での増目（袖口から33細目に）、3段めから袖下の引き返し編みを始める。縞もようを入れながら36段編む。
袖 袖口から衿あきまでの53細を平らに6段編む（3、4段目は淡青縞）。
前身頃中央 最後の増目（36段め）の中心目から4細目に糸をつけ、衿ぐりの減目［2段毎1細減］を5回くり返し（図D・E）、37細にする。端まで9段平らに編む。

編み方図1

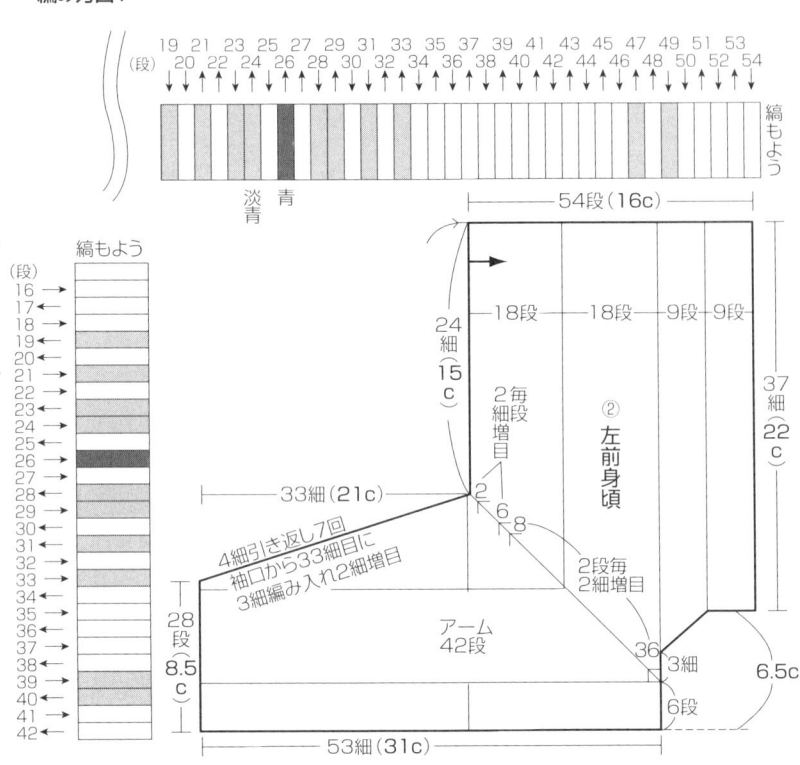

編み方図2

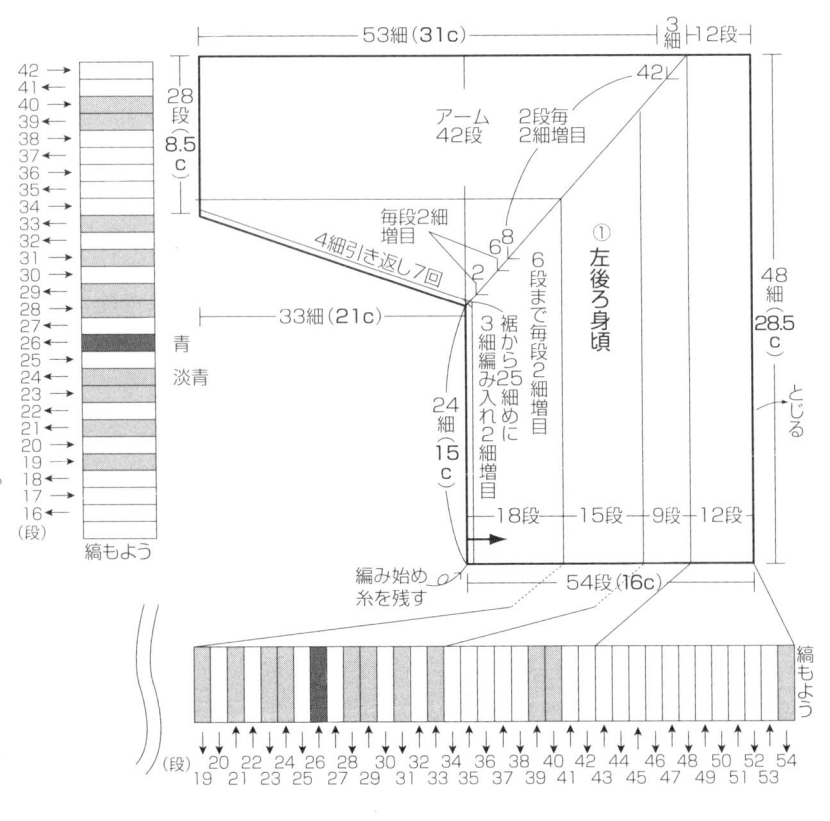

編み方図3

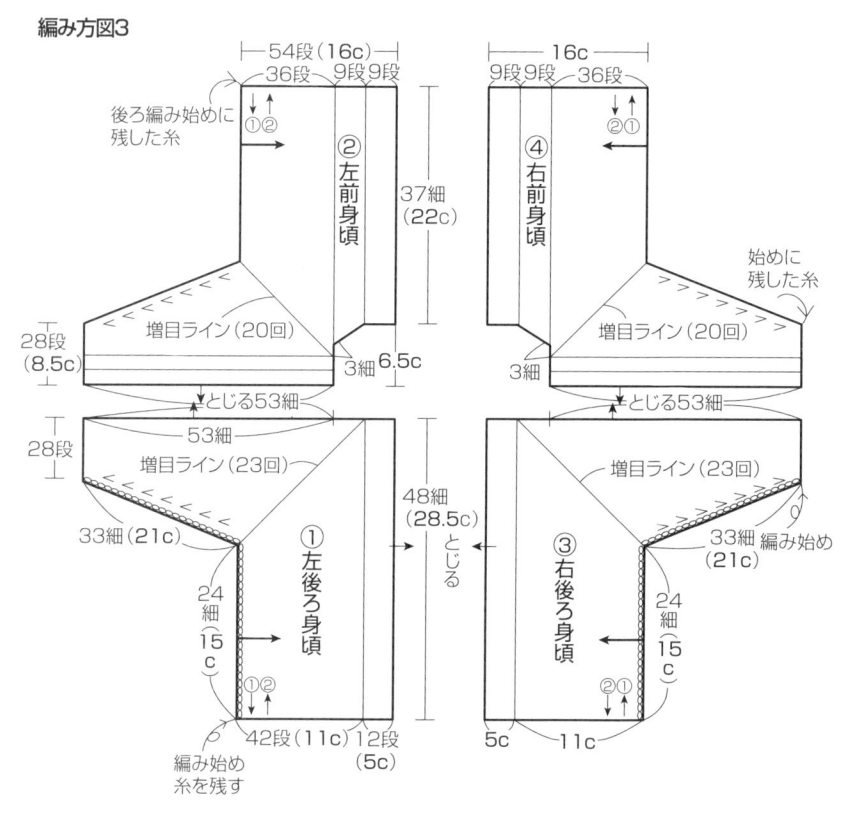

- 54段(16c) —
- 36段 9段 9段
- ①②
- 後ろ編み始めに残した糸
- ② 左前身頃
- 37細 (22c)
- 16c
- 9段 9段 36段
- ②①
- ④ 右前身頃
- 始めに残した糸

28段(8.5c) 増目ライン(20回) 3細 6.5c 増目ライン(20回) 3細

とじる53細 とじる53細

28段 53細 48細(28.5c)とじる 53細
増目ライン(23回) 増目ライン(23回)

33細(21c) ① 左後ろ身頃 ③ 右後ろ身頃 33細 編み始め(21c)

24細(15c) 24細(15c)

①② ②①
42段(11c) 12段(5c) 5c 11c
編み始め糸を残す

編み方順序
とじる とじる とじる
②右身頃と袖(前後とも) ①左身頃と袖(前後とも)
③仕上げ 背・肩・袖をとじる
縁の始末 ボタンつけ

図A 引き返し編み
●印の引き返し点で引き抜き編み(p.110)をし、裏返して、くさり編みを1目編み、続けて細方眼編みをする。引き抜き編みのところに穴があかないように注意する。

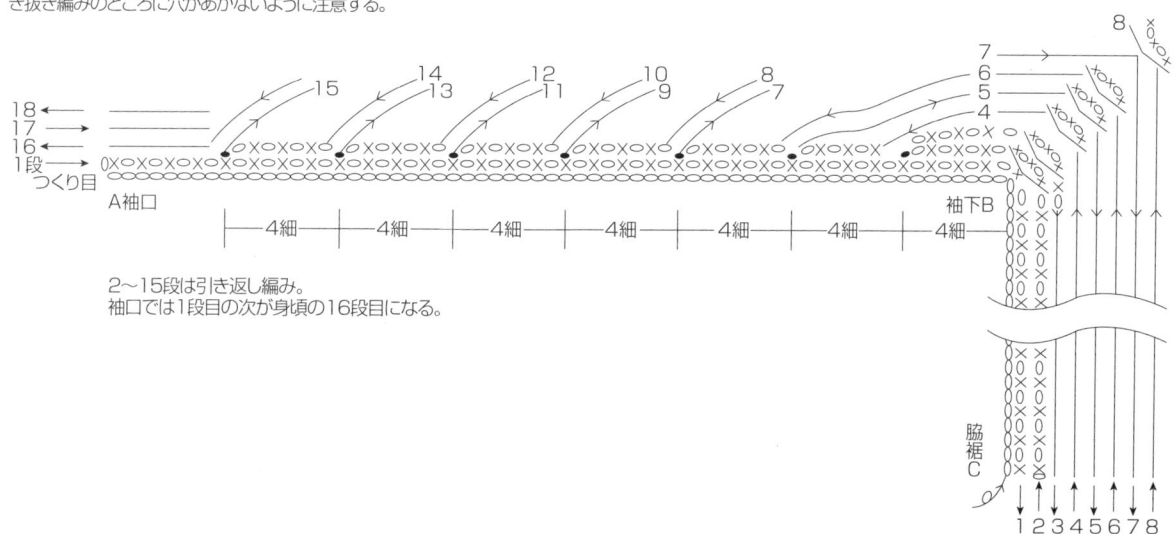

18← 17→ 16← 1段 つくり目
15 14 13 12 11 10 9 8 7 6 5 4
A袖口 —4細—4細—4細—4細—4細—4細—4細— 袖下B
脇裾C
1 2 3 4 5 6 7 8

2～15段は引き返し編み。
袖口では1段目の次が身頃の16段目になる。

減目を始めた段から11段目(平らに編み始める段)と13段目に縞を1段ずつ入れる(淡青)。衿ぐりの減目を始めた段から18段編んでとめる。
　以上で左の前後身頃と袖ができ上がり。

2) 右身頃と袖を編む(編み方図3)
左身頃と同じ要領だが左右が逆なので、編み始めは袖口になる。ラグラン線の増目は袖口から33細めになる。
*つくり目は、最初に左身頃のつくり目といっしょにつくっておいたものを使います。

3) 仕上げ
①背中心と肩、袖山を引き抜きとじで合わせる(図F)。

②縁編みをつける(図G)
左脇裾に糸をつけ、後ろ身頃裾、右前身頃裾、右前たて、衿ぐり、左前たて、左右裾の順に細方眼編みでぐるりと編む。袖口も同様。
*輪状に編むときは、1周めの最後の細編みを編んだらかたくくさり編みをして、最初の細編みに引き抜き、くさり2目を編み、編み地を裏返して2段目を編む。これをくり返す。
角の増目 前立てと衿、裾の角はつれないように2段目から図のように増目をする。
ボタン穴(図H) 縁編み3段目であける。
最終段 縁編みの細方眼編みを合計5段し、バック細方眼編み(角でも増目しない)で仕上げ(図I)。

③ボタンをつける。

図B 糸の変え方
地色の糸を最後の目まで編んだら、新しい色糸を針にかけ、1目引き出す。次に最終目の糸を引きしめ、新しい糸でくさり編み1目を編んで立ち上がり、編み地を返し、新しい段を編み進む。

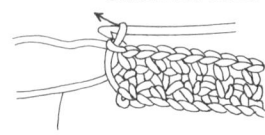

①配色糸を引き出す
②糸を引きしめる

図C 目の拾い方
①つくり目の最初のくさりに糸端を通し、ゆるみがないようにしっかり引いてから立ち上がりのくさり1目を編む。
②最初のつくり目のくさりの中に針を入れ、細編みをする。一つのくさり目を両側から2本ずつすくうことになる。

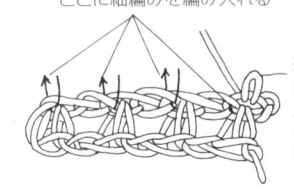

ここに細編みを編み入れる
糸をひき出す このループで立ち上がりのくさり1目を編む

図D 減目
編み始めの細編み2目それぞれから(くさり1目をとばす)ループを引き出し、もう一度針に糸をかけて3本のループを、1度に引き抜く。
編み端が少し波形になるが、縁編みをするときれいになる。

① 
② 
③

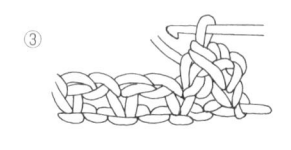

図E 衿ぐりの減目(左前身頃)
糸をつける
3細
2-1-5減

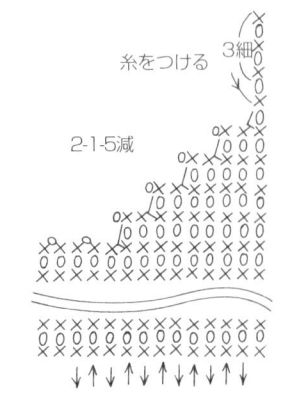

図H ボタンホール
穴をあける位置で「くさり編み2目」をつづけて編む。次に細編みを2目(くさり目は2本を拾う)、後は基本の編み方に戻る。次の段でも同じ位置で細の上にくさり、くさりの上に細編みを編み、その後は基本どおりに。

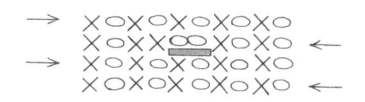

図F 引き抜きとじ
編み地を編んだ糸で、つづけて編みとじる。

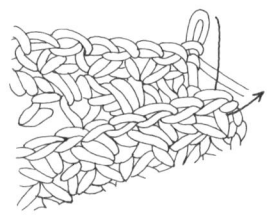

①編み地を中表に合わせて、編み終わりの目を手前の編み地の1細めに引き出す。
②くさり編みを1目編む。 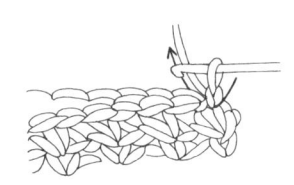
③2枚の編み地の最初の細編みに手前から針を入れ、手前の同じ目と、向こう側の編み地の細編みを引き抜く。 
④くさり編み1目、引き抜き編み1目をくり返す。 

図G 縁編み(衿ぐり、前たて、裾)
段から目を拾うときは、細方眼編み2段と1細がほぼつり合うので、「細」「くさり」「細」と1段おきに細編みを編む。編み端の右側と左側では目の形が違うが、少し引きのばすとよく見える。

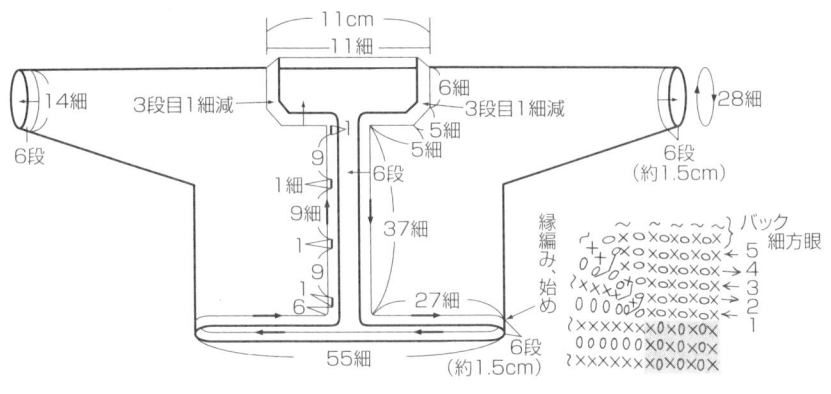

11cm / 11細
14細 / 6段
3段目1細減
6細 / 3段目1細減
28細 / 6段(約1.5cm)
9細 / 1細 / 9細 / 1 / 9細 / 1 / 6
5細 / 6段 / 37細 / 27細
55細
6段(約1.5cm)

縁編み、始
バック細方眼
5 4 3 2 1

図I バック細方眼編み
①左から右へ進む。立ち上がりのくさり1目編む。 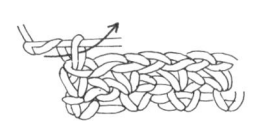
②針先を手前にまわして前段の端の細編みに針を入れ、すくい、糸をかけて引き出す。 
③糸をかけてもう一度、引き出す。 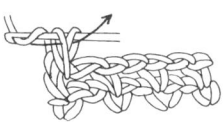
④くさり1目を編む。②③④をくり返す。 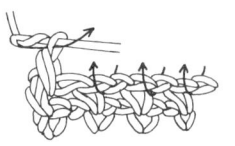
⑤ねじれたような斜めの目ができてゆく。

この本に出てくる棒針編みの基礎

棒針編みの基礎

編み方図の見方
「編み方図」は洋裁でいう型紙にあたるもので、作品のデザイン情報が表されています。
・図の中の矢印は編み進む方向を示します。
・袖ぐり、衿ぐりなどの曲線や、袖下などの線のそばには、増目、減目の仕方を示す表示があります。

右は下から順に読み、「2段ごとに4目減を3回」その後「4段ごとに1目減を2回」した後「増減なく平らに4段編む」ことを示しています。

(例) 4段平
4-1-2
2-4-3 } 減
段 目 回

ゲージとサイズについて
ゲージは「10cm平方に何目・何段」あるかを示したもの。編み方図の寸法は併記されたゲージを基準としています。同じ糸と針を使っても、編む人の手加減によって目の大きさが変わってくるので、まず試し編みをして自分のゲージをとってみます。15cm角くらい編み、平らな場所で10cm角の中の目数と段数を数えます。掲載ゲージと数が違った場合は、針の太さを変えたり、糸の引き加減に気をつけて、同じ編み加減になるように工夫してください。

また、つくりたいサイズ、ゲージが記載と違う場合は次の計算をして、つくるサイズ、自分のゲージに合わせた編み方を割り出します。

編みたい寸法の横の目数は
　　【寸法(cm)×ゲージの目数÷10】
縦の段数は
　　【寸法(cm)×ゲージの段数÷10】
身幅のゆるみは【胸囲+15cm】が目安です。
(95ページ「体に合ったサイズに変更する場合」参照)

編み方と編み目記号
編み目記号図はすべて表から見た編み地を表しています。輪状に編む場合は編み目記号が編み方とも一致しますが、編み目には「表」と「裏」があるので、折り返して編む場合は、偶数段で表裏逆の編み方をすることになります

表目　編み目記号 |

①糸を向こう側におき、手前から右針を左針の目に入れる
②右針に糸をかけ、巻きこむようにして引きだし、左針から目をはずす 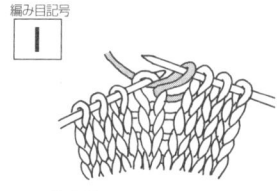

裏目　編み目記号 —

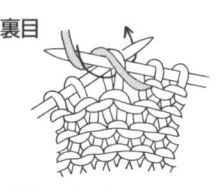

①糸を手前におき、左針の目の右向こう側から右針を入れる
②右針の糸を上から下に巻きこむようにして引きだし、左針から目をはずす 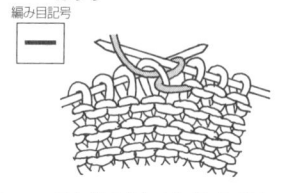

メリヤス編み(表)
棒針編みの基本になる編み地。1段目(表側)は表編み、2段目(裏側)は裏編みでもどる

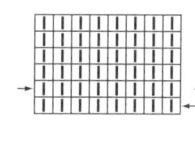

ガーター編み
仕上がりは表目と裏目の1段ずつのくり返し。実際は表からも裏からも表編みばかりを編む

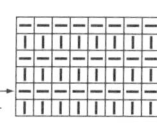

1目ゴム編み
表編みと裏編みを1目ずつ交互にくり返す。まくれないこと、横に伸縮のよいことから袖口、衿ぐり、裾まわりなどに使う

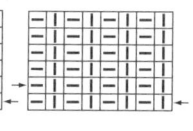

目のつくり方

棒針に直接目をつくる方法　適度な伸縮性があり、どんな編み地にも使えます

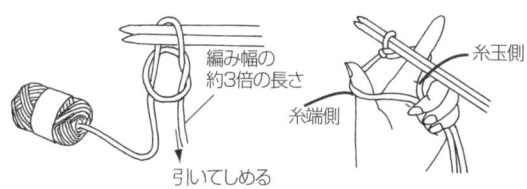

①指で輪をつくって、棒針2本を通す
②針を右手に持ち、左手は図のように指に糸をかけ、残りの指で糸2本をいっしょに持つ
③親指にかかっている糸に手前側から針を入れる 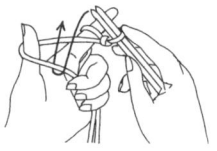
④人さし指にかかっている手前の糸を、向こう側から針にかけて、親指の輪の中にくぐらせる 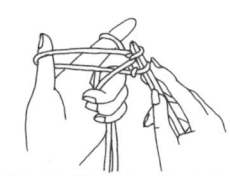
⑤親指にかかっている糸をはずし、親指で糸を引きしめる 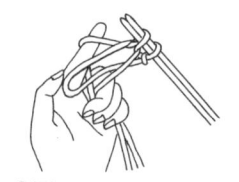
⑥最初の輪も1目と数え、これで2目でき上がり。同様にくり返して必要な目数をつくる 

別糸を使ってつくる方法
かぎ針でくさりを編み、裏山から1目ずつ拾って目をつくります。袖口や裾のゴム編みをあとから編みつける場合などに使う

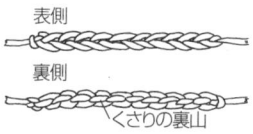

①別糸でくさりを必要な目数編む (p.110)
②裏山に針を入れて編み糸を引きだす 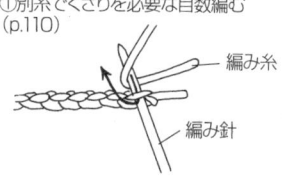
③同様にくり返して必要な目数をつくり、引きだした目を1段と数える 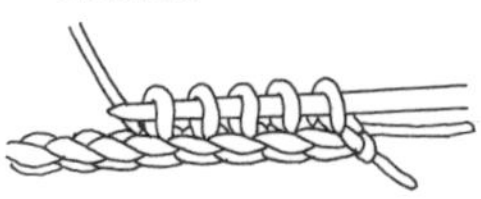

117

かけ目 増目、ボタン穴などに
糸を右針にかけ、次の目を編む

左増目 / 右増目
間の横糸をすくい、ねじって編んで1目つくる。右端と左端とで糸のかけ方を逆にすると、左右対称に仕上がる

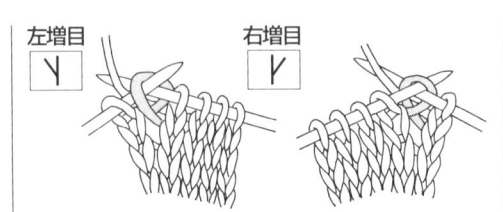

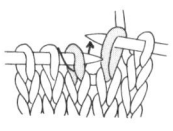

右上2目1度の減目
①編まずに、1目右針に移す
②次の目を編み、移しておいた目を編んだ目にかぶせる

すべり目 引き返し編みに
糸を向こう側におき、編まずに右針に移して、次の目を編む

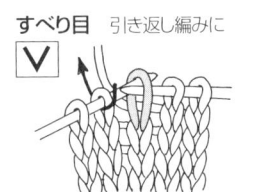

巻き増目
(左端) 編み終わり側で糸をかける
(右端) 裏 4目めの巻き目をつくるところ

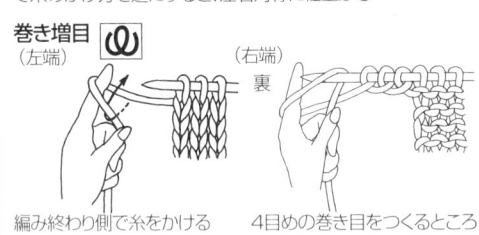

左上2目1度の減目
①左の目から2目いっしょに針を入れる
②2目を重ねて編む

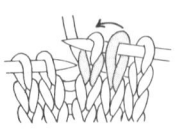

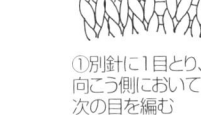

右上1目交差
①別針に1目とり、手前側において次の目を編む
②別針の目を左針に移して編む
③右上1目交差のでき上がり

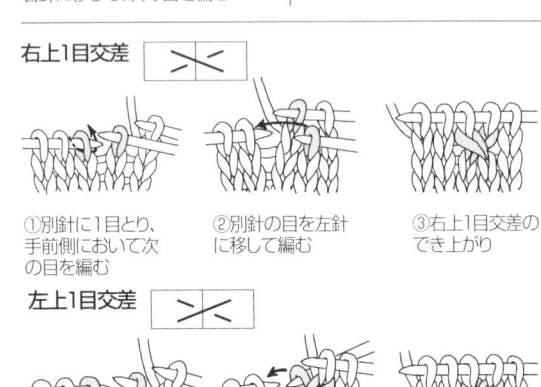

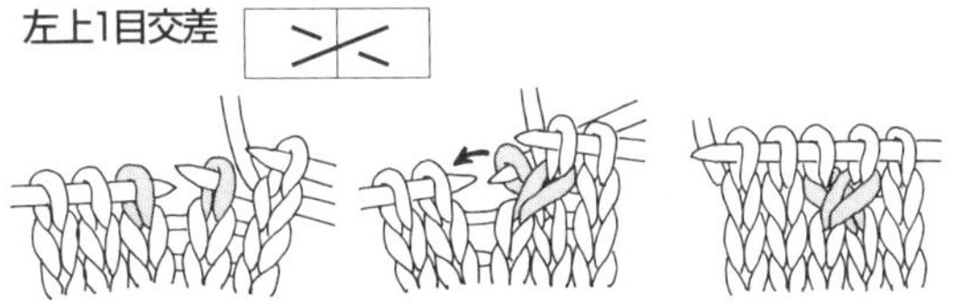

右上2目交差
交差編みはいずれも1目交差の応用です。別針にとった目を手前におくと右上、向こう側におくと左上の交差になります。

左上1目交差
①別針に1目とり、向こう側において次の目を編む
②別針の目を左針に移して編む
③左上1目交差のでき上がり

左上2目交差

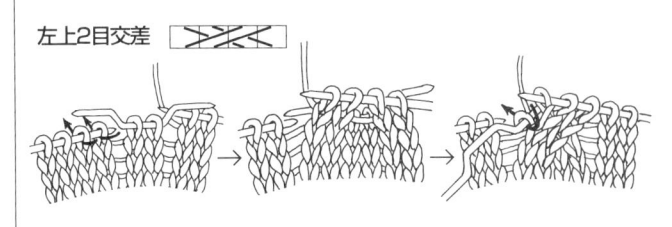

*図のような縄編み針を使うと、目数が増えたときにとりおいた目が抜け落ちないので便利

止め方・とじ方・はぎ方

伏せ止め
かんたんで一般的な止め方。衿ぐり、袖ぐりなど、編み端で減目するときにも使います。裏編みの場合も同様に

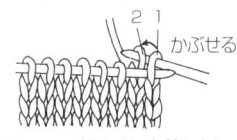

①端の目は編まずに右針にとり、次の目を編み、1の目に左針を入れて2の目にかぶせる
②同様に1目ずつ編みながらかぶせ、ゆるめに止めていく

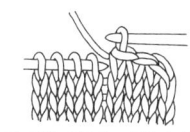

すくいとじ
袖下、脇などをとじるときに。表編みのとじ方を紹介しますが、裏編み、ゴム編みなどの場合でもやり方はほぼ同じです

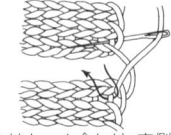

①編み地をつき合わせ、表側を見てとじる。端の1目内側の横糸を、とじ針で1段(1本)すくう
②手前側、向こう側、と交互にすくってとじ合わせる

メリヤスはぎA
伏せ止めしてあるものをはぐ方法。編み地をつき合わせ、交互にすくいます

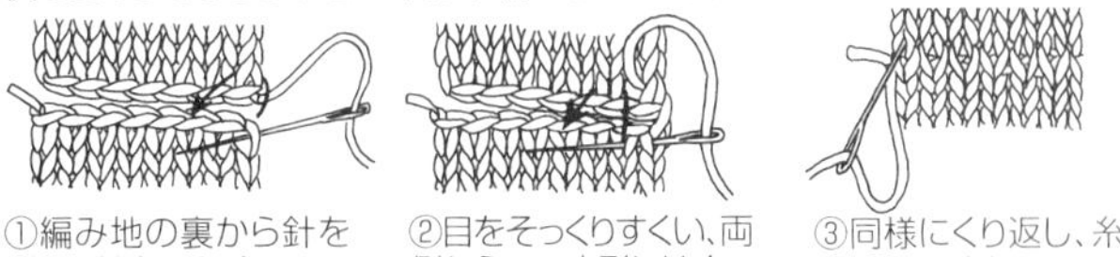

①編み地の裏から針をだして端をつなぐ
②目をそっくりすくい、両側からハの字形にはぐ
③同様にくり返し、糸はきつめに引く

メリヤスはぎB
目を針に残したまま とじ針ではぐ方法。編み目の端で半目ずれます

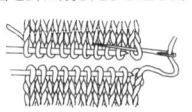

①向こう側の編み地の端の目の裏から糸をだす
②手前の1目めの表から針を入れて次目の裏から針をだし、向こう側に渡る
③同様にくり返し、最後の目に針を入れて抜く

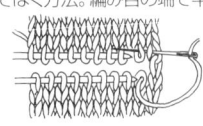

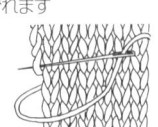

メリヤスはぎC(引き抜きはぎ)
目を針に残したまま かぎ針ではぐ方法。中表に合わせて引き抜き編みをします

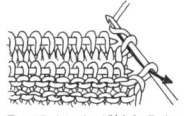

①1目にかぎ針を入れ、糸をかけて引き抜く
②引き抜いた目と次の2目を引き抜く
③同様にくり返して止めていく

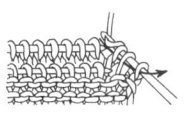

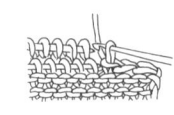

How to Make
・・・・・・・・・・・・・・・・・・・・・・・・・・ パッチワークキルトとこもの

直線縫いでできるリュックサックのほかは、
すべて手縫いでつくれるものばかりです。
どれも、残り布や端切れを利用でき、いつでもとりかかれます。
針をさす位置ひとつで表情が生きてくる手縫いのこものたち、
創作のおもしろさも実感できることでしょう。
大事なものを入れたきんちゃくをいつも手に持っている姿や、
ぎゅっとくまを抱きしめている姿…が目に浮かぶようです。

パッチワークキルトのプレイマット

カラーp.41 型紙-A22

パッチワークは、端切れや両親の思い出の服地などを使ってひと針ひと針縫い上げるもの。1枚の布が姿を変えて、親から子へ使い継がれていくことは素敵ですね。

材料・用具

表布 木綿のプリント
　黄色　90cm幅25cm
　　（黄バリエーション 7枚各30cm×30cm）
　クリーム　1枚110cm幅40cm
　グリーン　1枚30cm×25cm
　オレンジ　1枚20cm×10cm
　ココア色　1枚35cm×25cm
　ミルクティー色　90cm幅100cm
裏布 木綿のプリント
　チョコレート色　110cm幅120cm
キルト芯　1m×80cm
糸2種（色は生成）
　　表布用縫い糸とキルティング用糸
キルティング用針（細くて短い針）

でき上がり寸法 74cm×94cm

布選び

材質…針通りのよい、平織りの目がつんでいない布。洗いざらしてある、綿100％の衣類は、いたみのない部分ならキルティングに適しています。発泡プリントは針の通りが悪くかたく感じるので避けた方がよいでしょう。

型紙をつくる（実物大型紙利用）

マットの表側は大小の三角形と四角形のピースを組み合わせた**ア〜エ**（図A）でできている。**ア〜エ**の基本の形A〜Iまでを厚紙に写しとり組み合わせて使う。

布の裁ち方（型紙のおき方はp.122）

1. ピースをはぎ合わせた時に、バイアスどうしが向き合わないようパターンの←→マークとみみを平行におき、全体の布目を通す。
2. 縫い代は各0.7cm。
3. 縁布aとb（3.5cm、1cm幅）はみみに平行に裁つ。（みみは使わない）
4. 裏布を大きめに裁つ（表側に折り返す額縁分と縫い代分に加え、各辺5cmの余裕をとって92cm×112cmくらいに）。キルティングの後で表布と多少ずれることがあるため、慣れないうちは表布が仕上がってから、寸法を確かめなおして裁つのもよいでしょう。

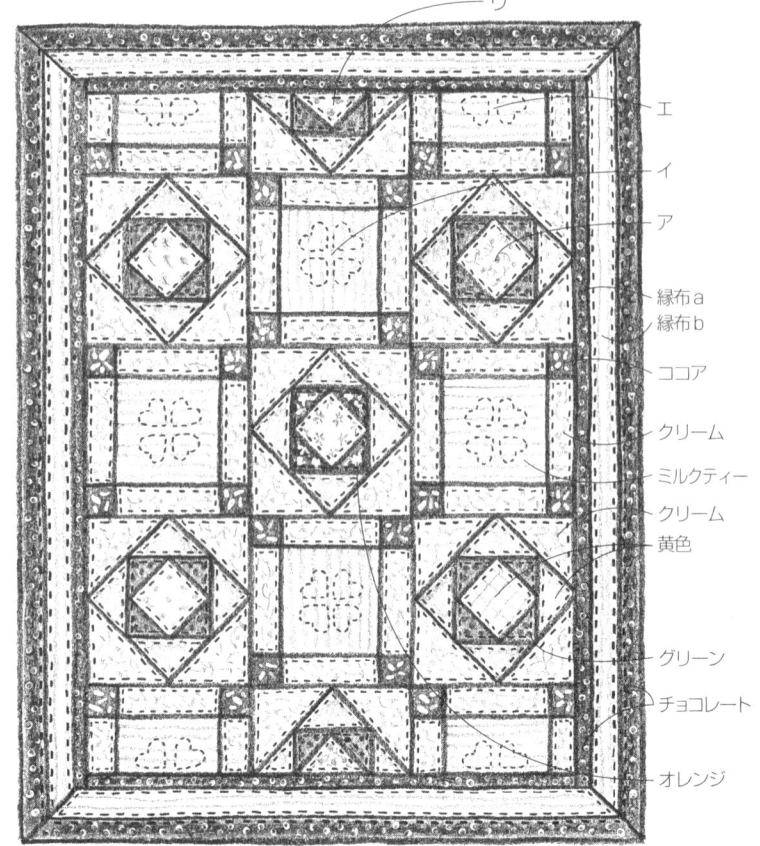

配色…好みの色を3〜4色決め、アクセントに補色を使います。色を増やすときはトーンを揃えて同系（寒色系、暖色系）にするとまとまります。裏布は実用を考えて濃いめにするとよいでしょう。

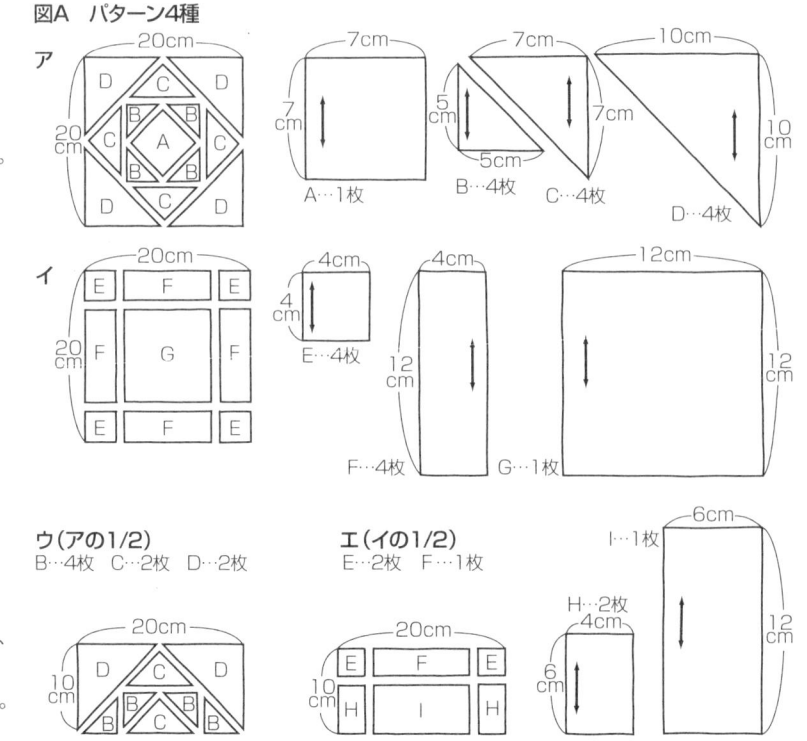

図A　パターン4種

ア 20cm×20cm
- A…1枚（7cm×7cm）
- B…4枚（5cm×5cm三角）
- C…4枚（7cm×7cm三角）
- D…4枚（10cm×10cm三角）

イ 20cm×20cm
- E…4枚（4cm×4cm）
- F…4枚（4cm×12cm）
- G…1枚（12cm×12cm）

ウ（アの1/2） 20cm×10cm
B…4枚　C…2枚　D…2枚

エ（イの1/2） 20cm×10cm
E…2枚　F…1枚　H…2枚（4cm×6cm）　I…1枚（6cm×12cm）

つくり方

1 表布をつくる(ピーシング)

①ピースを縫い合わせ、図Aパターンアを5つ、イを4つ、アとイの半分の形ウを2つ、エを4つつくる。縫い代のたおし方は、アのパターンは外に、イのパターンは濃い色の方へ2枚いっしょにたおし、アイロンでおさえる(図C)。布端の余分は切りそろえる。

②パターンをはぐ。横に3列、縦に5列。

③縁布aをつける。まわりに1cm幅の縁布を縫いつける。途中20cmごとによく糸をしごいてからひと目返し縫いをする。隅は額縁でなく直角に仕立てる。(図D)

④縁布bをつける。3.5cm幅の布を4隅を残して縁布aのまわりに縫いつける。ここでも途中返し縫いをする。角は図D縁布b①②のように縫う。

2 キルティング

布と布の間に芯をはさんでもようを浮き上がらせるためにステッチすることです。

①四つ葉のキルトラインを描く。

②表布にキルト芯(フワフワの方が上)と裏布を重ねてしつけをかける(図E)。

③キルティングする(図F)。あらかじめ小さくつくった玉結びを裏布とキルト芯の間にかるく引いて引きこむ。

・縫い始め1針返し縫い。

・左手中指の腹で針が裏布から出たことを確認しながら、2、3針ずつキルティングをつづける。

・しわがよらないように、糸をしごく。

・縫い終わりは、裏に針を出す。2cmくらい離れた点に針を出し、玉どめする。針をもどし入れ、また、2cmくらい離れたところに針を出し、軽く糸を引き、玉は中に引き込み、糸を切る。

・ここで表布、芯、裏布が1枚になる。

3 仕上げ(裏布を使って額縁仕立てに)

①でき上がり線で芯の余分を切る。裏布で縁をくるむため、裏は切らずにそのまま残しておく。

②裏布で4隅を額縁仕立て(図G①)にする。裏布の4隅を図G①のように切る。角を45°に折りたたむ(図G②)。縫い代をでき上がり幅に合わせながら折る。余分はこのとき切る。

③4隅は細かくかがり、4辺はまち針で細く仮止めし、まつる(図G③)。

④縁は図のようにキルティングで押さえてでき上がり。

*キルトラインが汚れて見えるときは、ねり消しゴムでたたくようにとります。

*仕上げにはアイロンをかけません。上から押さえると、キルティングの風合いが損なわれます。

図B 縫い合わせ

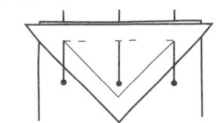

①表布を縫い合わせる(ピーシング)。裁ったピースを中表にし、印と印を合わせ、まち針を打つ

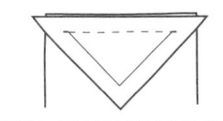

②並縫い。印より1針よけいに縫い、はじめと終わりは返し縫い

図C ア、ウは外側へ / イ、エは濃い色の方へおす

余分な縫い代は切りおとす
縫い代は外へおす

ア(裏)
イ(裏)

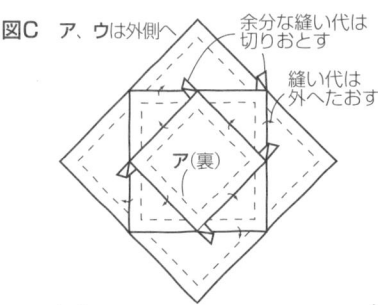

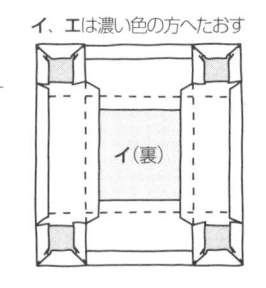

図D 縁布a

短 縁布a(裏)
縁布a(表)
表布(表)
縁布a(裏)
2辺が重なる
2 4方向共に中心から分けて縫う
短 長

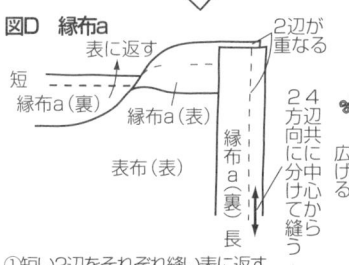

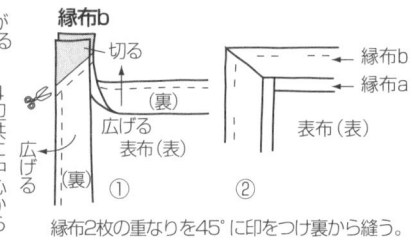

①短い2辺をそれぞれ縫い表に返す
②長い方の2辺を縫う。端は短い辺の上へ長い辺が重なる。仕上がりは直角になる

縁布b

切る
広げる
表布(表)
縁布b(裏)
①
②
縁布b
縁布a
表布(表)

縁布2枚の重なりを45°に印をつけ裏から縫う。

図E しつけ

裏布 縁布b 縁布a
表布(表)

しつけは、表側の中心から放射状にする
外枠にも1本しつけ

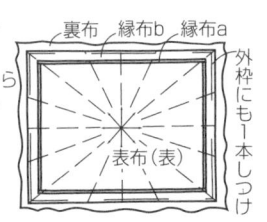

図F キルティングの位置

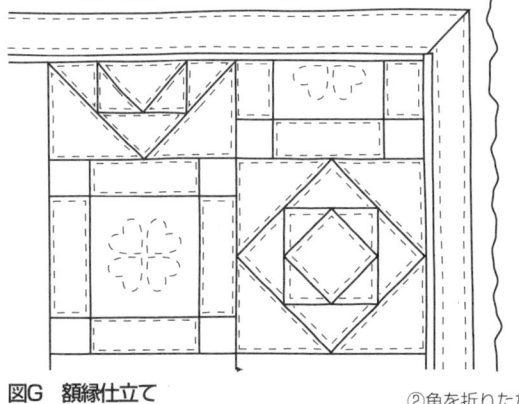

中心から外側に向かってキルティング。キルティングスタート位置より2cm位外側に裏布から針を入れます。

図G 額縁仕立て

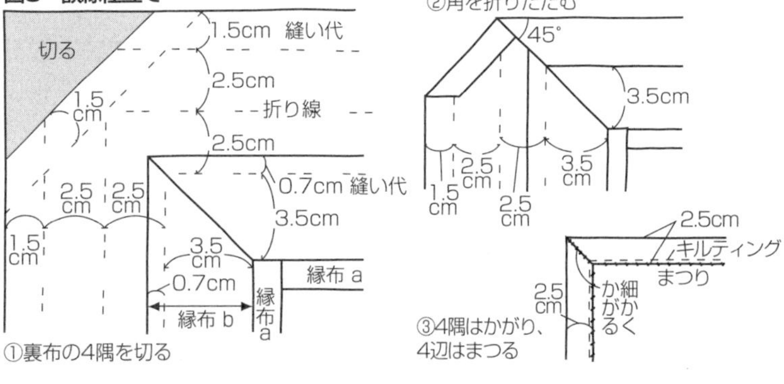

①裏布の4隅を切る

切る
1.5cm 縫い代
1.5cm
2.5cm
折り線
2.5cm
2.5cm 2.5cm
0.7cm 縫い代
3.5cm
1.5cm
3.5cm
0.7cm
縁布a
縁布b
縁布a

②角を折りたたむ

45°
3.5cm
2.5cm 3.5cm
1.5cm 2.5cm

③4隅はかがり、4辺はまつる

2.5cm
キルティング
2.5cm
まつり
かがく
細かく

プレイマットの裁ち方図 (縫い代はすべて0.7cmつける)

型紙のおき方を布色ごとに表しました。黄色の布は1枚から裁ったようにしてありますが、写真では7種類の布を使っています。布数を増やす場合は、型紙も分けて置き換えます。

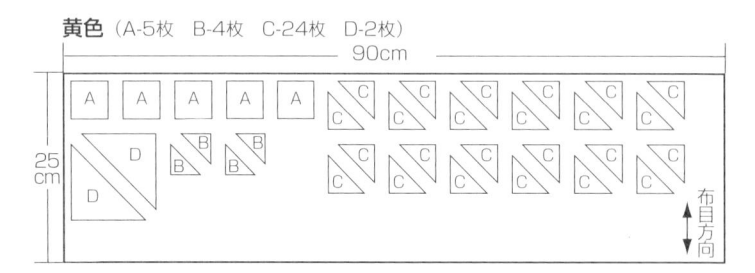

色はパターンごとにまとめる

パターン㋐の型紙AとCを黄色系、Bをグリーン系、Dをクリーム系と決めて布を用意。さらにマット中心の㋐は、Bの部分をオレンジの布に替えてアクセントをつけました。
パターン㋑は同系色のやさしい配色です。全体が赤ちゃんらしい色合いになりました。

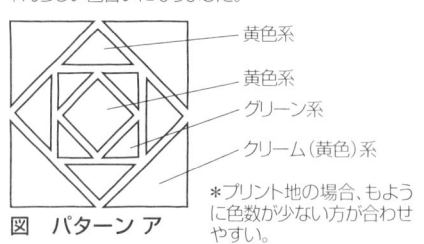

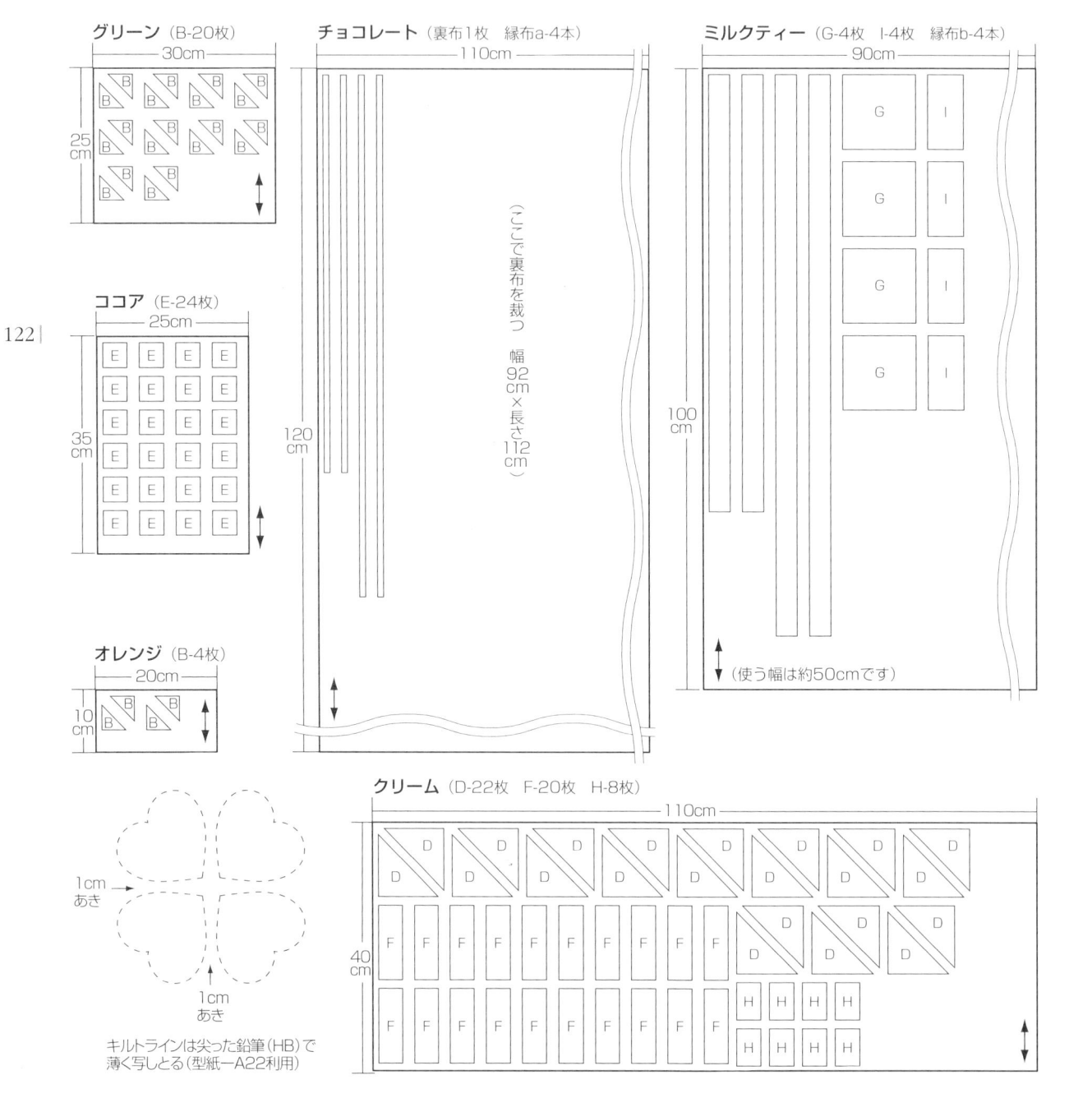

黄色系
黄色系
グリーン系
クリーム(黄色)系

図　パターン ア

*プリント地の場合、もように色数が少ない方が合わせやすい。

黄色 (A-5枚　B-4枚　C-24枚　D-2枚)　90cm × 25cm　布目方向

グリーン (B-20枚)　30cm × 25cm

チョコレート (裏布1枚　縁布a-4本)　110cm × 120cm
(ここで裏布を裁つ　幅92cm×長さ112cm)

ミルクティー (G-4枚　I-4枚　縁布b-4本)　90cm × 100cm
(使う幅は約50cmです)

ココア (E-24枚)　25cm × 35cm

オレンジ (B-4枚)　20cm × 10cm

クリーム (D-22枚　F-20枚　H-8枚)　110cm × 40cm

1cmあき
1cmあき
キルトラインは尖った鉛筆(HB)で薄く写しとる(型紙―A22利用)

くまのぬいぐるみ

カラーp.46 型紙-A23

手足が動かせるので、すわったり、片手をあげたり…。布をタオル地などに変えてもかわいらしくできます。

材料（1体分）

ソフトデニム（ベージュ） 90cm幅20cm
薄手木綿 各種適宜
フェルト 各色少々（右図参照）
化繊綿 30g弱
裏うちボタン（茶） 7mm2個
25番ししゅう糸（オレンジ、ベージュ） 少々

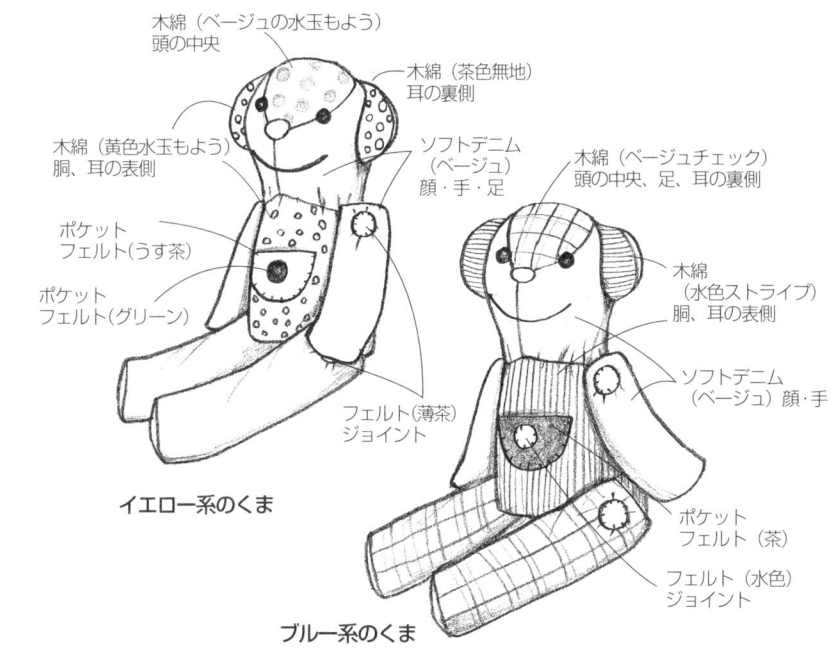

縫い方順序

1. 型紙に、すべて縫い代を0.5cmつけて布を裁つ。
2. 手、足、胴、耳を縫う。(図A)
3. 頭部を縫う。(図B)
4. それぞれ表に返し、綿を詰めてとじる。(図C)
5. 目、鼻、口をつける。(図D)
6. 頭と胴を縫い合わせる。(図E)
7. 手と足を胴体につけ、ジョイント部分にフェルトを縫いつける。(図F)
8. ポケットをつける。(図G)

イエロー系のくま
- 木綿（ベージュの水玉もよう）頭の中央
- 木綿（茶色無地）耳の裏側
- 木綿（黄色水玉もよう）胴、耳の表側
- ソフトデニム（ベージュ）顔・手・足
- ポケットフェルト（うす茶）
- ポケットフェルト（グリーン）
- フェルト（薄茶）ジョイント

ブルー系のくま
- 木綿（ベージュチェック）頭の中央、足、耳の裏側
- 木綿（水色ストライプ）胴、耳の表側
- ソフトデニム（ベージュ）顔・手
- ポケットフェルト（茶）
- フェルト（水色）ジョイント

図A
(手)(足)(胴)(耳)
綿詰め口　0.5cm　ミシン　裏　わ
中表に合わせ、綿詰め口以外をミシン縫い

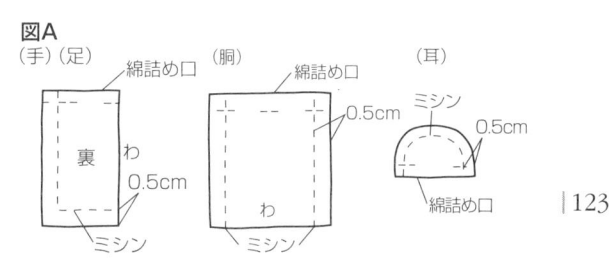

図B（頭）
中央、側面A、側面B
1. 中央と側面A（図の1-2）を合わせ、しつけをかけてからミシン縫い。中央とB（4-2）も同様に縫う
2. ABの鼻から下（2-3）を合わせ、ミシンをかける

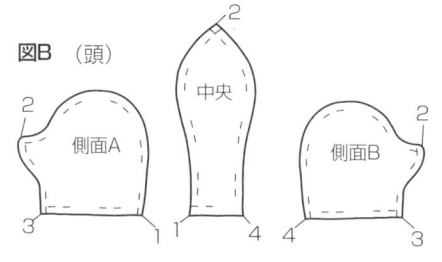

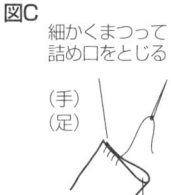

図C
(手)(足)
細かくまつって詰め口をとじる
縫い代を内側に折りこむ
耳を頭に縫いつける

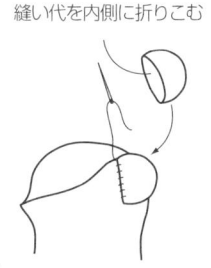

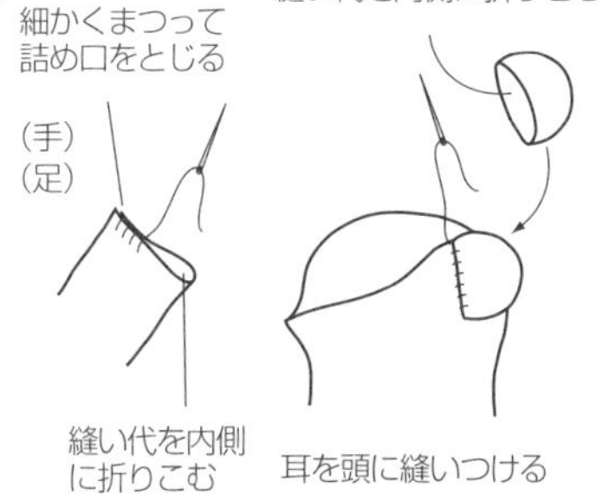

図D
目は茶色のボタン
鼻は茶色のフェルトをアップリケ
口はオレンジ色のししゅう糸でアウトライン・ステッチ(p.126)
綿詰め口から針を入れる

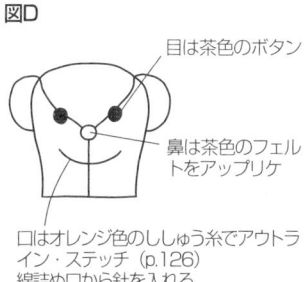

図E
0.5cm折りこむ
細かくまつる
胴に頭をかぶせ、縫い代を折りこんでまつる

図F
手
ベージュのししゅう糸でしっかり縫いつけ、縫い目を隠すようにまる型フェルトをまつりつける

図G
まる型フェルトをアップリケしたポケットを胴体の真ん中にまつりつける

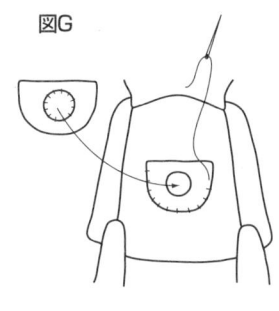

アップリケのミニタオルときんちゃく
カラー→p.46

全部手縫いでできるかわいいアップリケのついたタオルと、それを2枚使ってつくるきんちゃく袋。

ミニタオル材料（1枚分）
タオル地　27×27cm
アップリケ用　木綿地　ウオッシャブルフェルト
25番ししゅう糸（下図参照）

ミニタオルの縫い方
まわりを始末し、ししゅう、アップリケ（図A）

きんちゃく材料（1点分　色は右図参照）
タオル地　27×27cmを2枚
綿ロープ（直径0.6cm）　60cmを2本
結び目用木綿地　4×3cmを2枚
アップリケ用　木綿地　ウオッシャブルフェルト　ビーズ　裏うちボタン　25番ししゅう糸など（詳細下図）

きんちゃくの縫い方順序
1. ミニタオルを2枚つくる。（図A　1枚は③まで、もう1枚は②まで）
2. 3cm折ってロープの通し口を縫い、2枚重ねて表から縫い合わせる。（図B）
3. ロープを2本互い違いに通し、先をひと結びする。（図C）
4. ロープの先を木綿地でくるむ。（図D）

アップリケの図案4種（実物の2/3の大きさ）

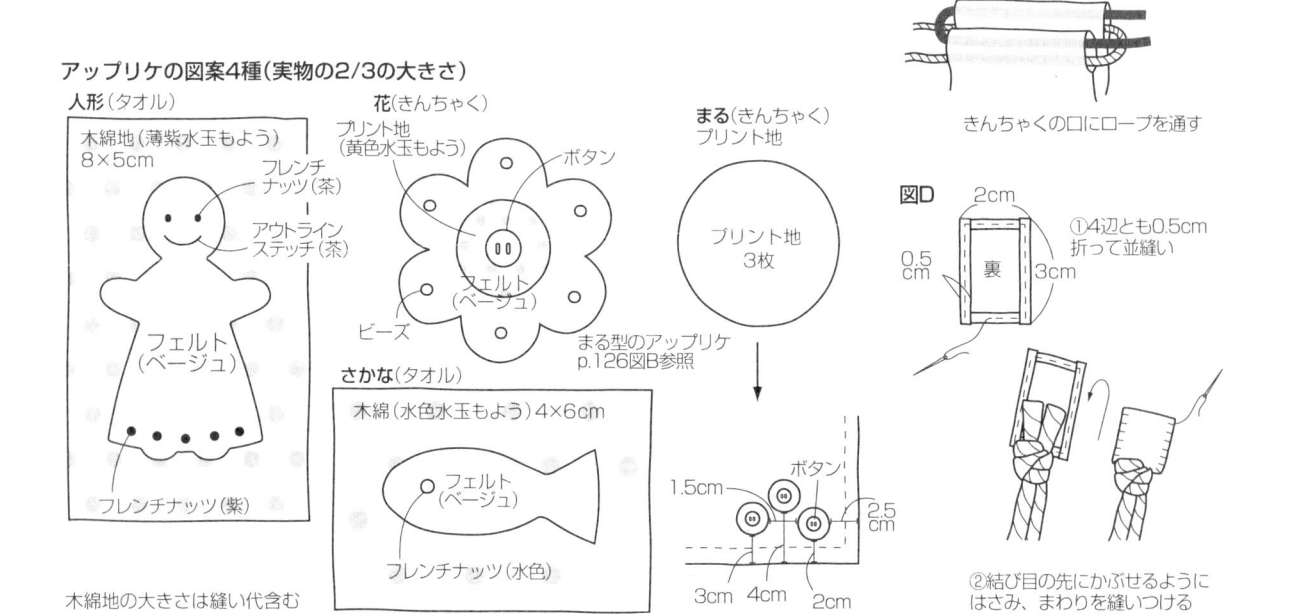

人形（タオル）
木綿地（薄紫水玉もよう）8×5cm
フレンチナッツ（茶）
アウトラインステッチ（茶）
フェルト（ベージュ）
フレンチナッツ（紫）

花（きんちゃく）
プリント地（黄色水玉もよう）
ボタン
フェルト（ベージュ）
ビーズ

まる（きんちゃく）
プリント地
プリント地3枚
まる型のアップリケ
p.126図B参照

さかな（タオル）
木綿（水色水玉もよう）4×6cm
フェルト（ベージュ）
フレンチナッツ（水色）

木綿地の大きさは縫い代含む

図A　ミニタオル
①0.8cmの三つ折りにしてまつる
②表からランニング・ステッチ（ししゅう糸6本どり）
③アップリケをつくり、縫いつける。木綿にフェルトを縫いつけ（縫い糸1本でたてまつり）、ししゅうをする。木綿地の4辺を0.5cm折りこみタオルの右下に縫いつける
24cm　1.5cm　1.7cm　1cm

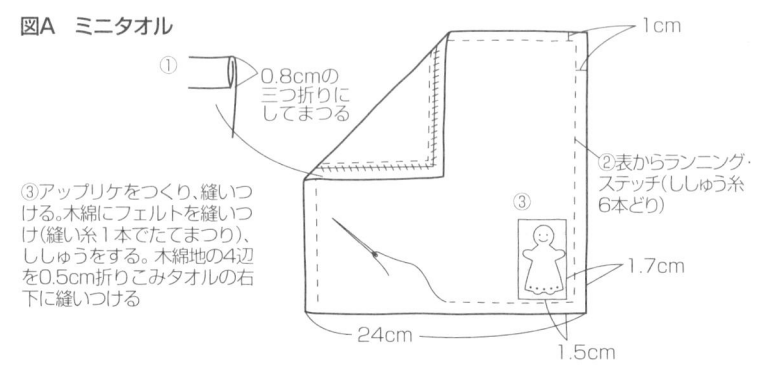

花のきんちゃく　本体・アイボリー
ロープ・クリームイエロー
さかなのタオル　クリームイエロー
結び目用プリント地　黄色の水玉もよう
2cm　1.7cm

図B　きんちゃく
あき4.5cm
3cm折ってまつる
あきどまり
ロープ通し口
あきを残して表からはしごかがりで縫い合わせる（または細かいまつり）
表
2cm　2cm

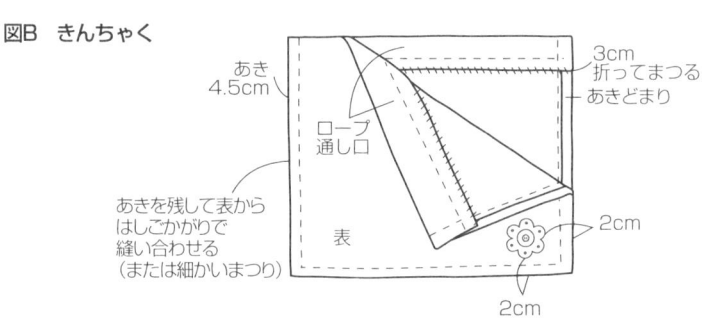

図C
きんちゃくの口にロープを通す

図D
①4辺とも0.5cm折って並縫い
0.5cm　裏　3cm　2cm
②結び目の先にかぶせるようにはさみ、まわりを縫いつける

1.5cm　ボタン　2.5cm
3cm　4cm　2cm

はじめてのリュック
カラー-p.46

パッチワークとアップリケをあしらったポケットがポイント。

材料（1個分）
ソフトデニム
（本体）28×24cmを2枚
（ポケット）11×13cm
木綿A（ギンガムチェック）
（本体の裏布）25×24cmを2枚
（ロープ通し）6×6cmを2枚
木綿B（水玉もよう）
（ポケット裏地）11×13cm
（ポケット飾り）6×6cm
綿ロープ（直径6mm）1mを2本
アップリケ用 木綿地 裏うちボタン
ウォッシャブルフェルトなど（図案参照）

縫い方順序
1 布を裁つ（大きさは材料表参照、数字は縫い代含む）。
2 ロープ通しとポケット端の飾りをつくる（同じもの3つ）。(図A)
3 ポケットをつくる。(図B)
4 本体にポケットをまつりつける（位置上図）。
5 本体をミシンで縫い（図C123）、表に返す。
6 裏布も本体と同様に3辺をミシンがけ、縫い代1cmは片返す。本体に入れ、口を内側へ折りこんでまつる。
7 口にロープを通し（p.124参照）、脇裾のロープ通しに1本くぐらせて先を結ぶ。

アップリケの図案

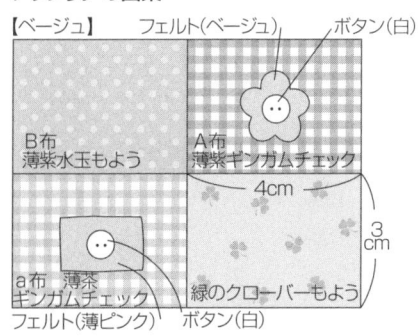

【ベージュ】
- B布 薄紫水玉もよう
- A布 薄紫ギンガムチェック
- フェルト（ベージュ）
- ボタン（白）
- a布 薄茶ギンガムチェック
- フェルト（薄ピンク）
- 緑のクローバーもよう
- ボタン（白）
- 4cm / 3cm

【ネイビー】
- 緑のクローバーもよう
- 青ストライプ
- フェルト（ベージュ）
- ボタン（水色）
- a布 薄茶ギンガムチェック
- b布 水色水玉もよう
- ビーズ0.2cm（パールホワイト）
- フェルト（水色）

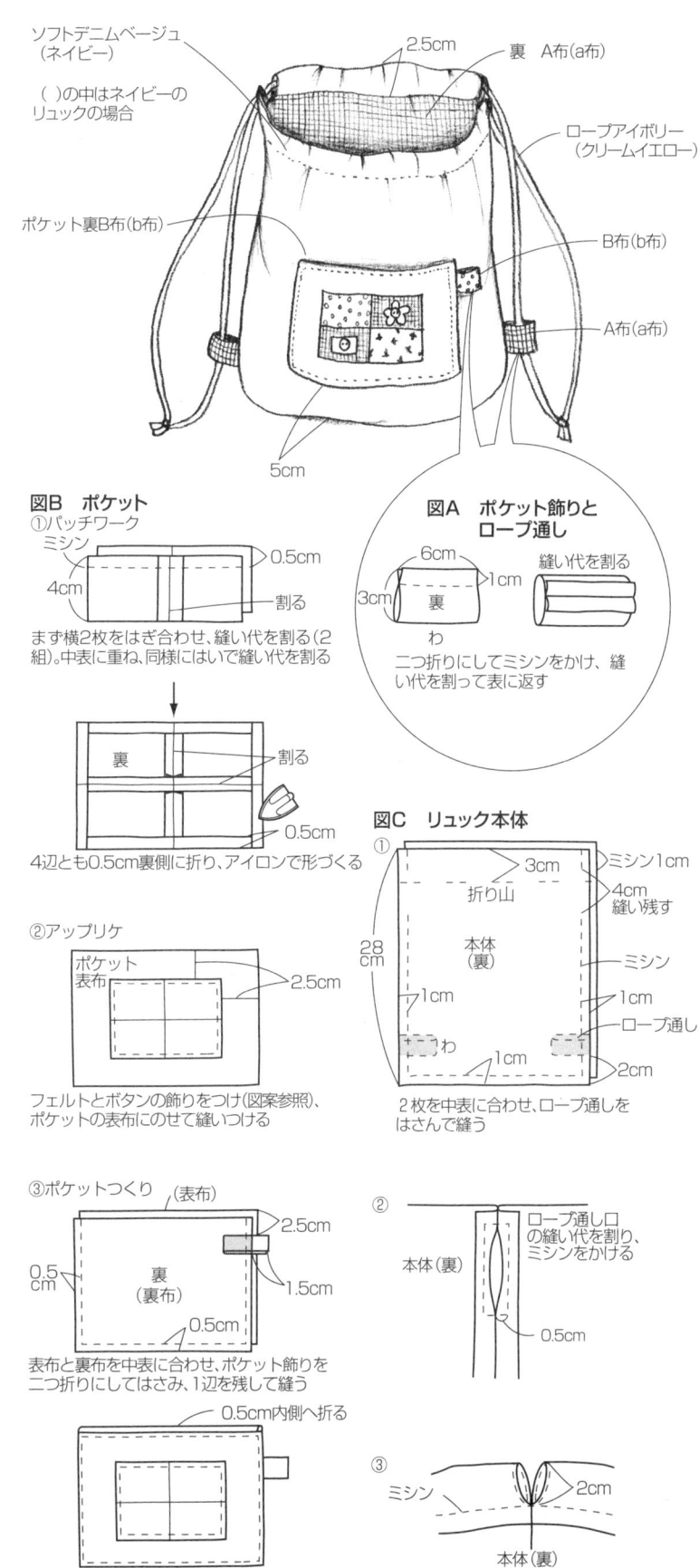

ソフトデニムベージュ（ネイビー）
（ ）の中はネイビーのリュックの場合
ポケット裏B布(b布)
2.5cm
裏 A布(a布)
ロープアイボリー（クリームイエロー）
B布(b布)
A布(a布)
5cm

図B ポケット
①パッチワーク
ミシン 4cm 0.5cm 割る
まず横2枚をはぎ合わせ、縫い代を割る（2組）。中表に重ね、同様にはいで縫い代を割る
裏 割る 0.5cm
4辺とも0.5cm裏側に折り、アイロンで形づくる

②アップリケ
ポケット表布 2.5cm
フェルトとボタンの飾りをつけ（図案参照）、ポケットの表布にのせて縫いつける

③ポケットつくり（表布）
0.5cm 裏（裏布）2.5cm 1.5cm 0.5cm
表布と裏布を中表に合わせ、ポケット飾りを二つ折りにしてはさみ、1辺を残して縫う

0.5cm内側へ折る
表に返して、あきの1辺は0.5cm内側に折りこみ、4辺に端ミシンをかける

図A ポケット飾りとロープ通し
6cm 1cm 縫い代を割る
3cm 裏 わ
二つ折りにしてミシンをかけ、縫い代を割って表に返す

図C リュック本体
① 3cm ミシン1cm 4cm縫い残す
折り山 本体（裏）28cm ミシン 1cm 1cm わ ロープ通し 2cm
2枚を中表に合わせ、ロープ通しをはさんで縫う

② 本体（裏）
ロープ通し口の縫い代を割り、ミシンをかける
0.5cm

③ ミシン 本体（裏） 2cm
折り返してミシンをかける

タオルのにぎにぎ
カラー p.46

振るとチリチリンと鈴の音。
手縫いだけでできます。

材料（1個分）
タオル地　15×10cm
薄手木綿（プリント）4種類　各少々
化繊綿　適量
鈴（直径1.3cmくらい）　1個
25番ししゅう糸（茶色など）　少々
綿テープ（アイボリー）　1.2cm幅7cm

縫い方順序
1. 布を裁ち、目と口をししゅうする。(図A)
2. アップリケをする。(図B)
3. 中表に2枚を合わせ、綿詰め口を残して返し縫。途中綿テープをはさむ(図C)。表に返す。
4. 綿を詰める。頭部中央に鈴を入れ、さらに上から綿を詰めて、最後に口を縫い縮めながら細かくまつる。

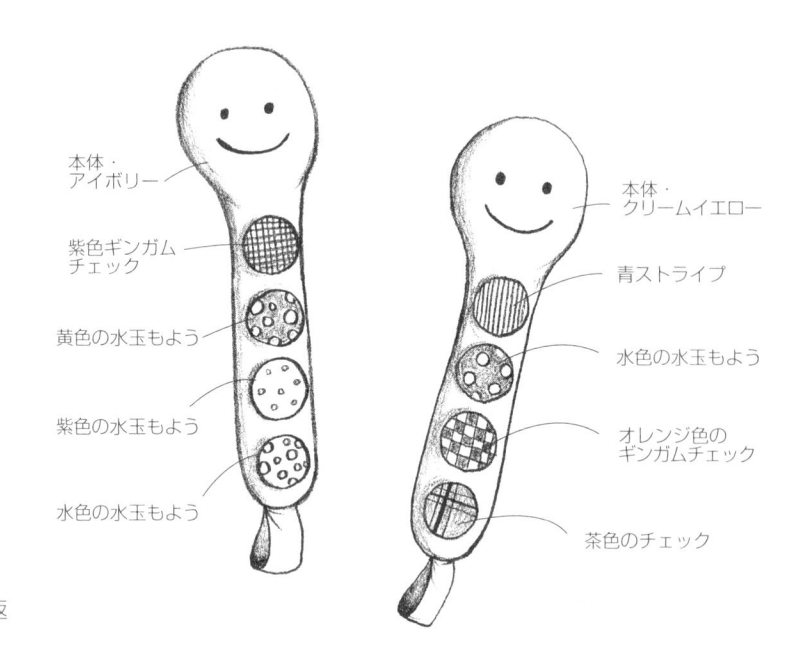

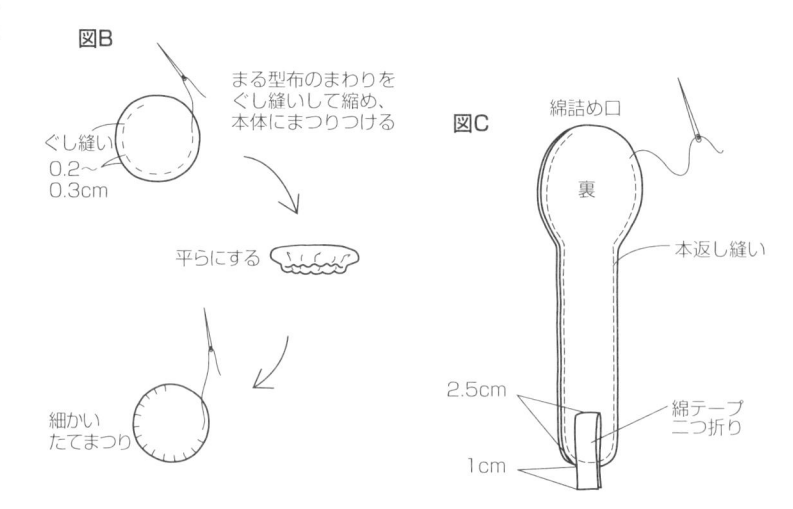

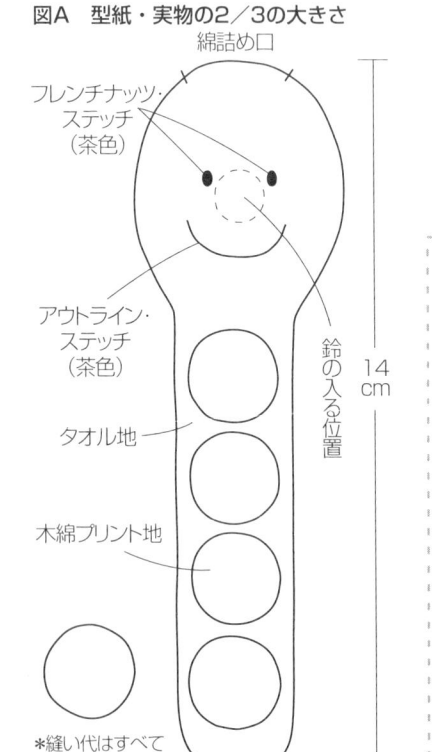

本体・アイボリー / **紫色ギンガムチェック** / **黄色の水玉もよう** / **紫色の水玉もよう** / **水色の水玉もよう**

本体・クリームイエロー / **青ストライプ** / **水色の水玉もよう** / **オレンジ色のギンガムチェック** / **茶色のチェック**

図B　ぐし縫い 0.2〜0.3cm／まる型布のまわりをぐし縫いして縮め、本体にまつりつける／平らにする／細かいたてまつり

図C　綿詰め口／裏／本返し縫い／2.5cm／1cm／綿テープ二つ折り

図A　型紙・実物の2／3の大きさ
綿詰め口
フレンチナッツ・ステッチ（茶色）
アウトライン・ステッチ（茶色）
タオル地
木綿プリント地
鈴の入る位置
14cm

*縫い代はすべて0.5cmつけて裁つ

この本にでてくるししゅうのさし方
アウトライン・ステッチ
バック・ステッチ
ランニング・ステッチ
チェーン・ステッチ
フレンチナッツ・ステッチ
サテン・ステッチ
ブリオンナッツ・ステッチ
ブリオンローズ・ステッチ
デージー・ステッチ

洋裁の基礎と製図

上手に縫うために

・・・

道具と布の扱い

この本に出てくる基礎縫い

型紙と割合尺

乳幼児衣料のサイズと型紙の対応年齢

製図　　全48点

洋裁道具のそろえ方から布、型紙の扱い、上手に仕上げるコツ、基礎縫いなどについてわかりやすく説明しました。
また、オリジナルの型紙をつくりたい方のために製図法と、洋服全作品の製図を掲載しましたのでお役立てください。

道具

そろえたい洋裁道具
便利な洋裁道具は数多くありますが、まずは最小限のものを用意し、その後必要に応じてそろえていきましょう。
幼児のいる家庭ではミシン、針、はさみの管理には特に注意し、仕事が終わったら針の本数を確かめる心遣いを。

1　割合尺（基本尺・p.136参照）
2　ものさし　50cm、20cm
3　分度器・三角定規
4　メジャー
5　作図用紙　ハトロン紙または包み紙でもよい
6　裁ちばさみ・糸切りばさみ・紙切りばさみ
7　裁ち板（ベニヤ・約90×90cm）　製図や布の裁断、アイロンかけに、机の上において使う。厚めのボール紙でもよい
8　アイロン
9　アイロン台・まんじゅう　まんじゅうは立体的に仕上げるとき、袖山をいせこむときなどに便利だが、タオルや布をまるめて代用してもよい
10　あて布　ウールや化繊などのアイロンかけには、手ぬぐいなどの木綿の布をあてる
11　霧吹き
12　のみ（1〜1.2cm幅）　ボタンホールの穴あけに
13　目打ち　しつけをとる、ミシン目をほどく、角をととのえるときに
14　毛ぬき　切りじつけの糸をとるときに
15　ゴム通し（p.49参照）
16　へら　布地の印つけに
17　ルレット　チャコペーパーでの印つけに、製図の重なった部分をほかの紙に写すときなどに
18　チャコペンシル（水溶性）　へらやルレットでは印のつけにくい布地の印つけに
19　チャコペーパー　布の下においてルレットやへらでなぞって印つけに使う。布地の色に近いものがよい
20　ミシン　直線縫いがきれいにでき、ボタンホールや縁かがり機能がついているものが便利。ロックミシンは縫い代の始末に便利
21　縫い針・まち針・針山・指ぬき
22　ミシン糸・ボタンつけ糸・しつけ糸

布に適した糸と針

生地	ミシン糸	ミシン針	ボタンつけ糸	メリケン針（手縫い針）
木綿	ポリエステル糸60番	11番	ポリエステル糸60番	7・8番
ニット（綿ジャージー）	ニット用ミシン糸	ニット用9番	ポリエステル糸60番	8・9番
ウール	ポリエステル糸60番	11番	絹穴糸	8番

布の扱い

用布の見積もり方

●**無地、布に方向性のないプリント柄**　身頃や袖を上下で向き合い（さしこみ）にして置くことができ、裁つときに柄合わせがいらないので扱いやすい布です。用尺は「着丈×1.5＋袖丈＋衿（約10cm）＋縫い代約10〜20cm」を目安に。
●**大柄チェック、柄合わせする布、毛足のある布**（コーデュロイ、ビロード）　これらは一方向にそろえて裁つので、用尺は「着丈×2＋袖丈＋衿＋縫い代約10〜20cm」を目安に。

通常布地は中表で扱われていますが、そうでないものもあるので、表、裏、ほかにも縮みやすいかなど、布のことはお店で確認するとよいでしょう。

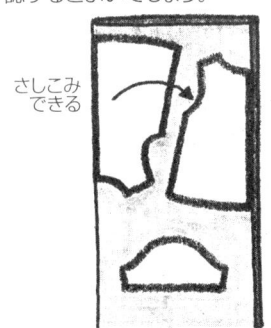

接着芯のこと

表布に張りをもたせたり、伸び止めや補強のために使うのが接着芯です。素材や織り方、厚さなどその種類は様々ですから、買うときは表地を持って行き、お店の人に相談するのもよいでしょう。

芯にも布目があるので、表地と同じ布目で裁つのが基本です。アイロンで押さえると多少ののりがしみ出してくるので、紙や布をあててから低温（化繊110〜150℃）で押し（5〜10秒）、接着させます。

見返しは、本線にそろえて芯をはり、0.5cm程外側に押さえミシンをします。（縫い代にはる場合のことは、右ページ・伸縮性のある布を使うときには参照）

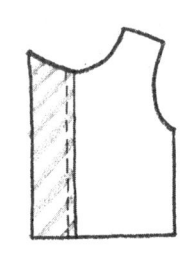

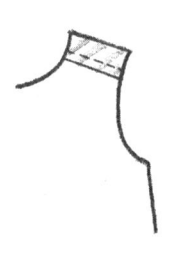

さしこみできる

一方向にそろえる

地直しのこと

裁ち目の糸を1本ぬいて切りそろえ、生地の縦、横の糸が直角になっているかを見ます。二つ折りにして垂らしたときにそろっていればよく、ゆがんでいるようなら直したい方向に引っぱり、霧をまんべんなく吹いてアイロンをあて、地の目をもどします。

●**木綿** 防縮加工されている場合は、裏から霧を吹いてアイロンをかけます。防縮加工されていないもの、縮みやすいギンガム、ブロードなどの布は1時間ほど水にひたし、かるく押して水を切り、陰干しにし、生乾きのうちに地の目にそってアイロンをかけます。

●**綿ジャージー** 必ず水につけて1時間ほどおきます。薄い木綿に比べ、水につけると重くなり、そのまま干すと重さで縦に伸びてしまうため、軽く(約10秒)脱水機にかけます。干すときは、横の編み目がほぼまっすぐになるよう、裏を表にしてさおにかけ、両耳をそろえて真下に布をひき、垂らします。ほぼ乾いたら、地の目をととのえながら裏からアイロンをかけます。
＊編んだ布なので、織りものの布より、地直ししても直りにくいようです。ひと目見てすでに布目がゆがんだり伸びたりしているものは、色、柄が気に入っても買わない方が無難です。

●**ウール** 布の裏側から霧をたっぷりと吹き、ビニール袋に入れて1〜2時間おき、布目にそって裏からゆっくりとアイロンをかけます。ドライアイロンにし、霧吹きを使いましょう。

●**その他** コーデュロイ、ビロードなどの毛足のあるものは、風合いをそこなわないためにぬるま湯に浸し、しぼらずに陰干しにします。アイロンは裏から少し浮かせ気味にしてかけます。

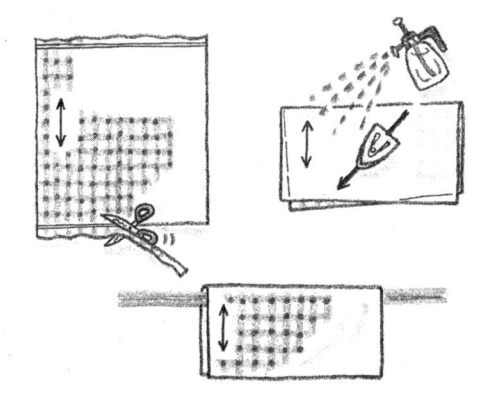

型紙、印つけ、裁つ

●**型紙のおき方** 地直しをし、中表にした布地の縦目に、型紙の布目線の矢印を合わせ、型紙を配置します。チェックやプリント柄が一方向のものは、前打ち合わせ、背、袖山、衿などの中心になる部分の色、柄を決めて左右対象に型紙をおきます。毛足のあるビロード、コーデュロイは同方向へ向けて型紙をおき、おいたものからピンで止めます。

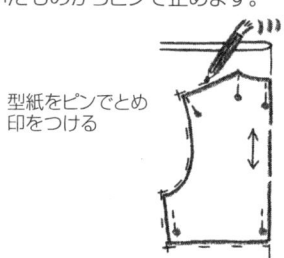

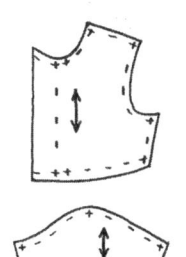

●**印つけ** 平織りの木綿地は、チャコペンシル(水溶性)とチャコペーパーや、へらを使い、印つけをします。縫い代の交わる角は十字に、中心の印は縫い代の中に。縫い代の幅は定規をあててつけます。

綿ジャージーもチャコやへらで印つけをしますが、伸縮性のある布なので、2枚合わせたときもカーブの部分もなじみやすいため、印つけをせずに次の方法で縫うこともできます。決められた縫い代の長さをミシン針からはかり、針板にビニールテープやマジックなどで印をつけ、布端を印に合わせて縫います。心配な場合には切りじつけをします。

チャコの色を水洗いで落とせない、また、へらで布地を傷めてしまうウールやビロードなどは、切りじつけを全体または急所にします。

●**裁断** この本の型紙には縫い代はついていないので、それぞれの裁ち方図や基礎縫いを参考に縫い代を決め、裁ってください。

＊**切りじつけ** しつけ糸2本どりで、型紙線通りにしつけをします。型紙をはずし、表の針目の中間を切ってから、2枚の布の間の糸を切ります(図参照)。

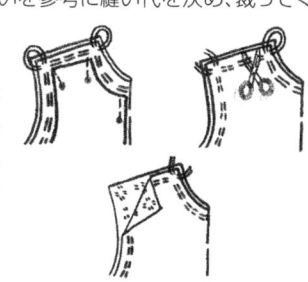

ゴムのこと

●**種類** 赤ちゃんや幼児の服には、伸縮がやわらかく、あたりのやさしいソフトゴムを使います。幅は、使う部位によって決めますが、ウエストには細いものを2本、または幅広のものを1本で仕上げることがあります。デザイン的なことで使い分けをするくらいで、どちらを使ってもかまいませんが、シンプルなラインのものは、幅広の方がギャザーがよりすぎず、すっきりと仕上がります。

●**長さ** ウエスト＝ウエスト寸法－1cm、手首＝実寸＋1〜2cm、首まわり(スモックブラウスなど)＝衿ぐりライン×(90〜95%)を目安に決めるとよいでしょう。

伸縮性のある布を使うときには

綿ジャージーなどの伸縮性がある布は、縫い糸も必ずニット用の伸びる糸を使います。ほとんどは横方向に伸びるので、ミシンの押さえ金の強度を少しゆるめて使うとよいようです。また、伸びやすい布のときは、伸びては困る肩や裾、袖口に接着芯や伸び止めテープが必要です。ミシンがかかるように、ミシン線より0.2〜0.3cm内側までテープをはります。少し伸びてひだがよるようでも、霧を吹いてアイロンで押さえこむと平らに仕上がります。

裁ち目がほつれることはほとんどないので、始末は、ロックミシンがない場合は捨てミシンだけでよいでしょう。

ミシン縫い

この本に出てくる基礎縫い

洋裁には丈夫に速く縫えるミシンが活躍します。

曲がらずすっきりと縫えるようになるためには、直線でも円でも、自分なりに間隔や大きさを設定して練習するとよいでしょう。

はじめはゆっくりでも同じ速度で、決めたところを正確に縫っていると段々上達します。

上手なミシン縫いのポイント
まず、布地や用途に合わせて糸の太さを決め、糸に適した針を使う。
きれいに縫い上げるには糸の調節が大切。
本縫いに入る前に、必ず同じ布で試し縫いを。
針目は基本的には0.2cmがよい。

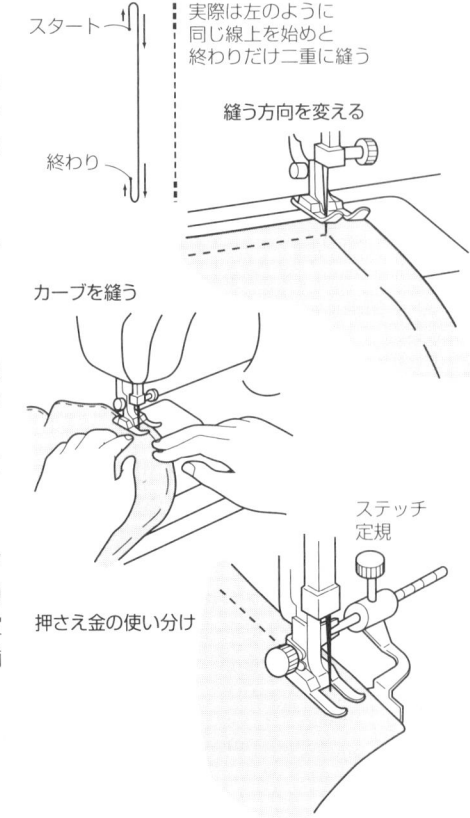

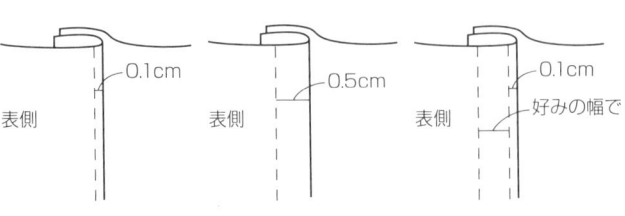

●**縫い始めと縫い終わりは返し縫いを**
糸がほどけないよう、2～3針分ミシン目を重ねて返し縫いをする。ダーツの先、ピンタックなど返し縫いをしない場合は糸を裏側に出し、結んで始末する。

●**縫う方向を変えるとき** 針が布に刺さった状態でとめて押さえ金を上げ、布を回して、押さえ金を下げて再び縫い始める。

●**カーブを縫うとき** 強いカーブは直線のときより手を針の近くに置き、布を動かすと同時にこまめに押さえ金を上下させて、布にひだやしわができないように注意して縫う。

●**押さえ金を使い分ける** 基本のもの、ファスナーつけ用、ボタンホール用など、用途に応じて使い分ける。市販のステッチ定規を利用すると、曲線でもステッチ幅が揃うので便利。

縫い方いろいろ

●**ミシンステッチ** 表から装飾的にかけるミシン縫い。縫い代始末を兼ねることも。

○**糸の選び方** 縫い糸でかけることも多いが、特にステッチを目立たせたい場合は、ステッチ糸か穴糸（ミシン針は14番）を用いる。下糸は同じ糸、または縫い糸。針目を大きくするとステッチが引き立つ。下糸より上糸をややゆるめにするときれいにかかる。

○**ステッチのかけ方例** ステッチの幅や本数は、布地やデザインに応じて決める。ステッチのかかる位置のごくきわにしつけをかけておくと、縫い代がよじれることなく、上手にかけられる。

●三つ折り縫い　布を三つ折りにしてミシンをかける。でき上がりの折り幅は、フリルの端の始末は細く、ブラウスやシャツの裾は広めにと使い分ける。

●袋縫い　裁ち目がいっさい出ないので、洗濯がきき、木綿仕立ての子ども服には最適。
①2枚の布を外表に合わせ、でき上がり線より0.5～0.7cm外側にミシンをかける。表から縫うので間違えないように。
②縫い代を0.3～0.5cmに切り揃え、倒したい方の反対側に片返し(*)にして、アイロンをかける。
③中表に返し、でき上がり線にミシンをかける。このミシン目から裁ち目のほどけた糸などがのぞかないように。
④でき上がり。
*片返し　縫い代を割らずに、重ねたまま同じ側へ倒すこと。

●折り伏せ縫い　縫い代があたらないので肌にやさしく、袋縫い同様、洗濯のはげしい子ども服向き。ミシン目が表に出るので、スポーティーなデザインに向く。
①2枚の布を中表に合わせ、でき上がり線にミシンをかける。縫い代をアイロンでかるく割り、片返しにする。片方の縫い代を0.5cm、他方を1.5cmに切る。
②多い方の縫い代でもう一方の縫い代をくるみながら、折り幅を整えてアイロンをかける。
③折り山のきわに押さえミシンをかける。折り山にしつけをかけておくと縫いやすい（表からステッチをかける場合は必ずしつけをかけておく）。
④でき上がり。

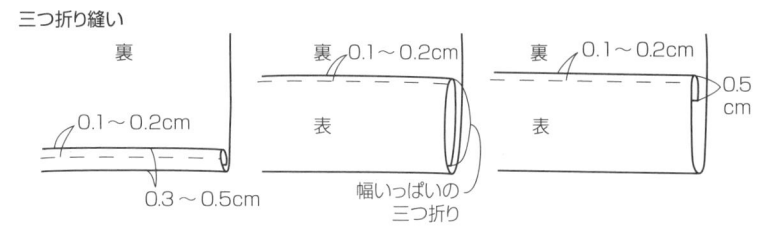

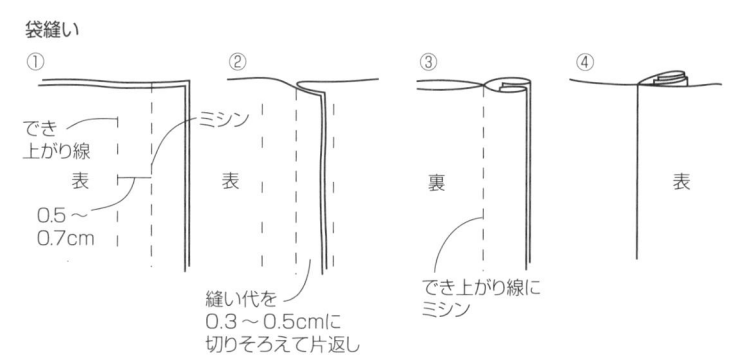

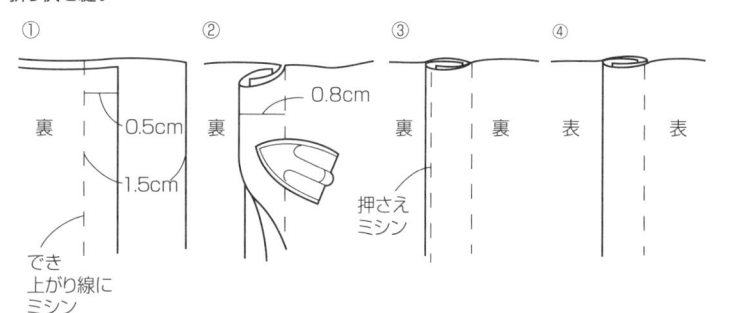

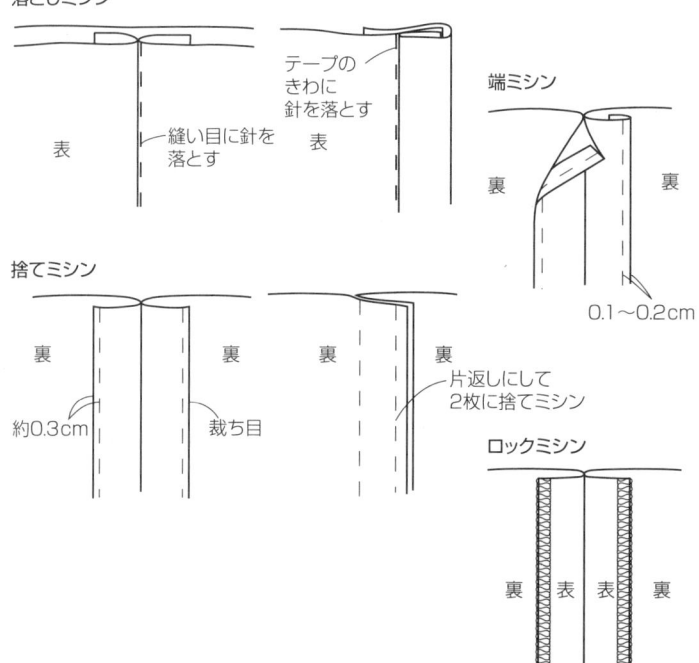

●落としミシン　縫い代を割り、その縫い目に落とすように、もう1本押さえのミシンをかける。玉縁ポケットなどに使う。
パイピングのバイアステープのすぐきわに、目立たないようにミシン目を落とす。

●端ミシン　脇、裾、見返し端などの縫い代の始末に。端を0.5cmほど折り、折り山のきわにミシンをかける。

●捨てミシン　ほつれ止めに、縫い代にミシンを1本かける。縫い代の始末に合わせて、1枚のまま、または2枚を合わせてミシン。直線は裁ち目よりに、袖ぐりなどカーブではでき上がり線よりに捨てミシンをかける。

●ロックミシン　布端を切りながら縁かがりをする。薄地なら縫い代を片返しにして、2枚を一度にもかけられる。一番かんたんに、手早くできる方法。

手縫い

手で縫う部分の、針目の大きさや糸の引き方が揃っていると、洋服の仕上がりがすっきりします。"習うより慣れよ"で、針仕事に慣れるにつれ、布の種類やデザインに応じた微妙な手加減もできるようになります。

縫い方いろいろ

●**並縫い** 表と裏の針目をそろえてチクチクと縫い進める。指ぬきは中指にはめ、針を押すのに使う。

○**しつけ** 仮縫いの組み立てや、ミシン縫い、折り返してまつるときなどの準備として、しつけ糸でしつけをする。

○**並縫いじつけ** 本縫いする布を、たるみやずれがないように合わせてピンを打ち、でき上がり線上に並縫いでしつけをかける。

●**ぐし縫い** 並縫いの針目をごく細かくしたもの。いせ込み(*)やギャザーを寄せるなど、縫い縮めるときに、またカーブの伸び止めや、柔らかい布の裾の端ミシン代わりにも。使われる部分、目的、布の種類や厚みによって針目の大きさを調節する。

*いせ込み 立体的なシルエットをつくるために、ぐし縫いの糸を引いて布幅を縮め、さらにアイロンで押さえて布を落ちつかせる方法。いせる、いせ込むともいう。袖山のいせ方p.64、スカートの折り返しのいせ方p.80。

●**星止め** 星のようにごく小さな返し針でとめていく方法。ミシンステッチをかける代わりに星どめをする場合もあり、目立たず服の型くずれを防ぐ。

●**まつり縫い** 裾、袖口など布を折り返してとめつけるときに。最初は折り山の裏から手前に針を出す。針目のほぼ中間で、折り山より少し中に入ったところの、向こう側の布の織り糸を1～2本すくい、折り山の次の位置に針を出す。1回ごとに糸を引き、浮き加減にゆるく整えるのが表にひびかないコツ。
最後は折り山の裏に針を出して玉どめする。縫い代があるところは、大きめにすくってまつるとしっかりとめられる(千鳥がけの場合も同様)。

●**千鳥がけ** まつりより丈夫で、ほつれどめを兼ねるのでパンツの裾の始末や、見返しやファスナーの端を縫い代に縫い止めるときに向く。裁ち目のままかがるか、特にほつれやすい布地は、捨てミシンをかけてから。左から右へと、針先を左に向けて布をすくいながら進む。最初の1針は折り返しの裏に結び玉をかくして手前に出す。布の重なったすぐきわの織り糸を1～2本すくって糸を引き抜き、折り返し部分は布を1枚分しっかりすくって糸を抜く。

○**たて千鳥がけ** ジャージー、ニットなど編み目のある布の場合は、折り返しのきわを縦にすくうと、目立たず、表にひびかない。

●**裁ち目かがり** 裁ち目のほつれ防止のために糸をからげる縫い方。糸足を揃え、布を縮ませないように1針ごとに前の針目を押さえてゆるめに引く。ほつれやすい布地は、捨てミシンをかけてからかがる。

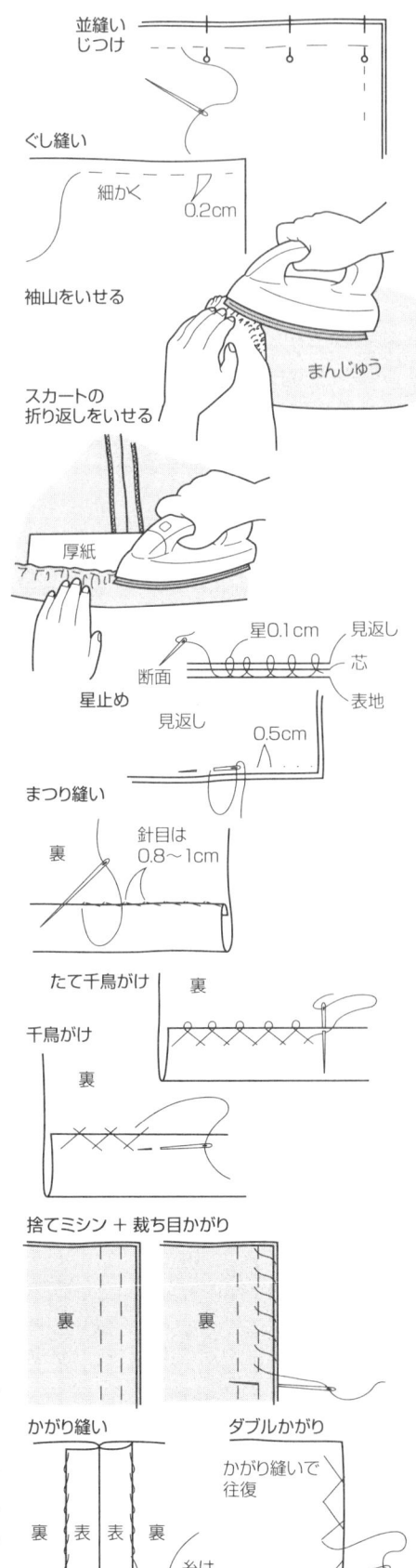

バイアステープのつくり方と使い方

布は織り糸に対して斜め（45度）方向によく伸びます。この伸縮性を利用して縁どり、縫い代始末などに用いるのがバイアステープです。

バイアステープのつくり方

●**布地** 見返し布の端や縫い代始末などには、裏地でつくったバイアステープを使うのが一般的。表から見えるところにデザインとして使う場合、材質はできるだけ似た布を選ぶ。テープは斜めにとる角度が少しでもずれると、きれいに仕上がらないので、布地の目は縦横とも正しくアイロンで直しておく。
図のように45度の線を決め、その線と平行に、必要なテープ幅の線を引く。布にものさしを当て、先のとがったチャコで線を引くと、布目をくずさずにできる。線上をはさみで切る。テープは、使う前にアイロンで全体をかるく伸ばしておく。

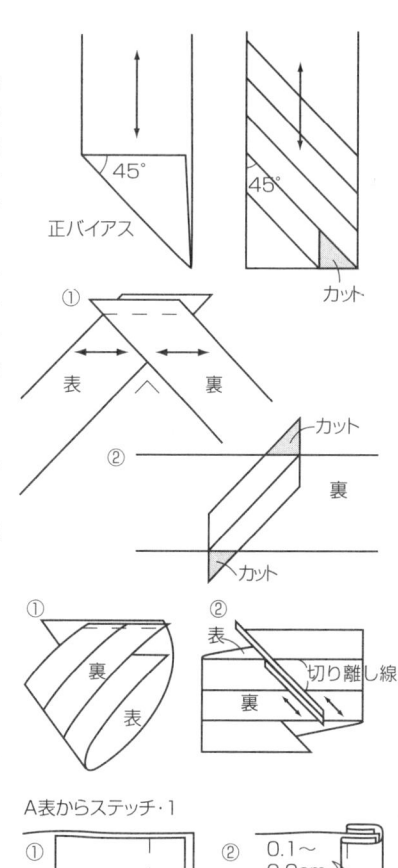

●**テープのはぎ方** 縦目と横目をつながないよう、必ず布目をそろえてはぐ。
①テープを中表に合わせ、縫い代分ずらして直角に交差させ、細かい針目で縫う。
②縫い代を割って図のように切り取る。

●**まとめてはぐ方法** 木綿布で長いテープが必要なときに。
①テープの幅に線を引き、切り離さずに大きい布のままテープの幅1本分ずらして筒状に接ぐ。
②アイロンではぎ目を割り、はさみでぐるぐるとらせん状に切り離す。

●**パイピング** 布の裁ち目にバイアステープや別布をつけてくるんだり、縁をつくる方法のこと。玉縁ともいう。裾、縫い代の始末などに用いる。また、布のはぎ目の間に、別布や皮などを飾りとして、細くはさみつけたりもする。
○**縁どり** 縁どりに使う場合、多くはテープの縫い代の始末を両面とも折り返して、表裏がないような仕立てにする。テープの幅はパイピング幅×4+0.5〜0.7cm（ゆとり分）。テープをつけた後、くるむ前に縫い代は切りそろえる。

A表からステッチ・1
①裏布に、パイピング幅に合わせてバイアステープを縫いつける。
②縫い代をくるむようにして表に返し、テープをパイピング幅より0.1〜0.2cm出して折り返し、ミシン。ステッチは裏側のパイピングにはのらない。

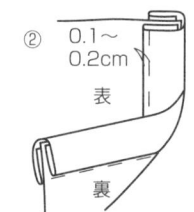

B表からステッチ・2
①表布に、パイピング幅に合わせてバイアステープをつける。
②縫い代をくるむようにして裏に返し、テープをパイピング幅に折り返して表からミシン。

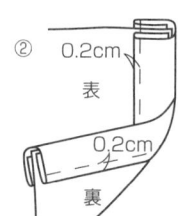

C表から落としミシン
①表布に、パイピング幅に合わせてバイアステープをつける。
②縫い代をくるむようにして裏に返し、テープをパイピング幅より0.2cm出して折り返し、表からテープのきわに落としミシン。

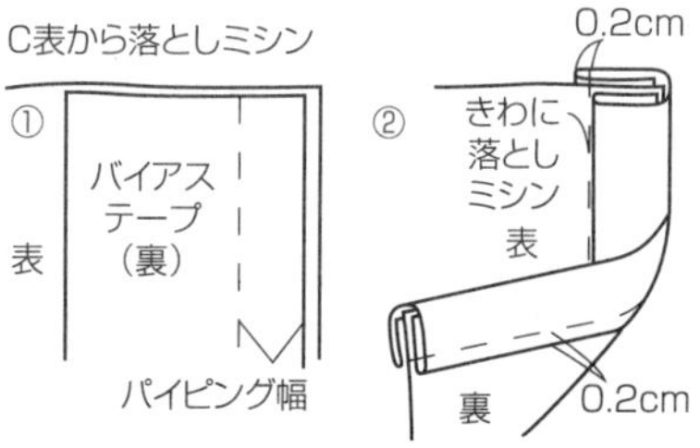

D裏からまつり
①表布に、パイピング幅に合わせてバイアステープをつける。
②縫い代をくるむようにして裏に返し、テープをパイピング幅より0.1cmひかえて折り返し、ミシン目に糸をかけるようにしてまつる。

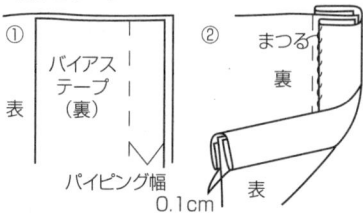

ボタン
ボタンホール、
とめ具

着脱の度に、はめたりはずしたり…

…洋服の"あき"にはボタン、スナップ、ホックなどの部品が欠かせません。小さな部分ですが、美しくていねいに仕上げましょう。

ボタンとボタンホール

●ボタンのつけ方
①表から針を入れて布をすくい、ボタンの穴に通す。布の厚み分、ボタンを浮かす（糸足*）。
②布に垂直に針を入れて裏に抜き、同じ穴に2～3回ずつ糸を通す。
③糸足に糸を上から下へきっちりと巻く。
④最後に糸足の根元で糸をからげる。布をすくって玉どめし、根元に1～2回通して糸を切る。
＊ボタンの足　糸で作る足の長さは布の厚み分。足があるボタンと飾りボタンには、糸足をつけない。

●ボタンつけの位置と間隔　第一ボタンは、前中心の衿ぐりから、ボタンの直径分下がったところにつけるのが基本。
Vネックには、衿ぐりの端の角からボタンの半径分下げてつける。
第一ボタンとウエスト線のあたりに決めたボタン位置との間を等分し、同じ間隔でウエスト線より下のボタン位置を決める。ボタンは打ち合わせの中心線上につける。

●ボタンホールの大きさと位置　穴の大きさは「ボタンの直径＋厚み」が基本。

●ボタンホールかがり　ボタンホールは、横穴も縦穴も、ボタンつけ位置よりボタンの糸足の太さ分として0.1～0.3cm（厚地は0.4cm）ずらしたところからとる。
○片止め穴かがり　主に横穴に使われる一般的な穴かがり。ボタンをはめたとき力のかかる方を放射状にかがり、他方を片止めにする。
○両止め穴かがり　主に縦穴に使う。片止め穴かがりの止め方を両端にする。その他の手順は、片止め穴かがりと同じ。

●片止め穴かがりの仕方　1つのボタンホールに使う糸は、穴の長さの約30倍。途中で糸を足さないように。

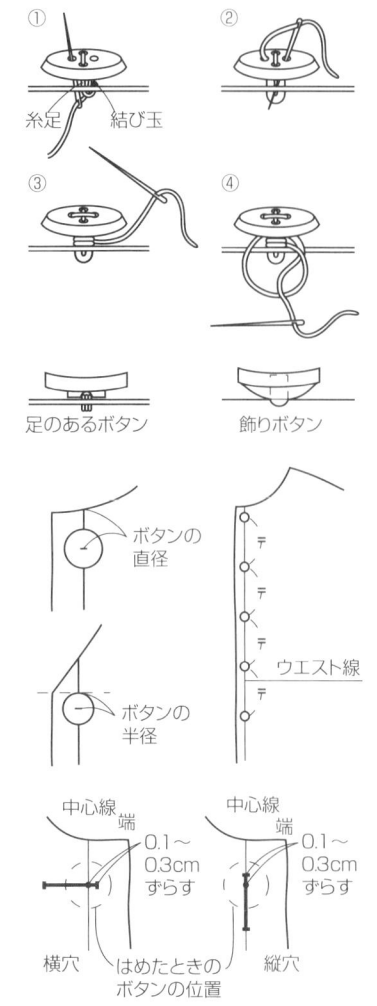

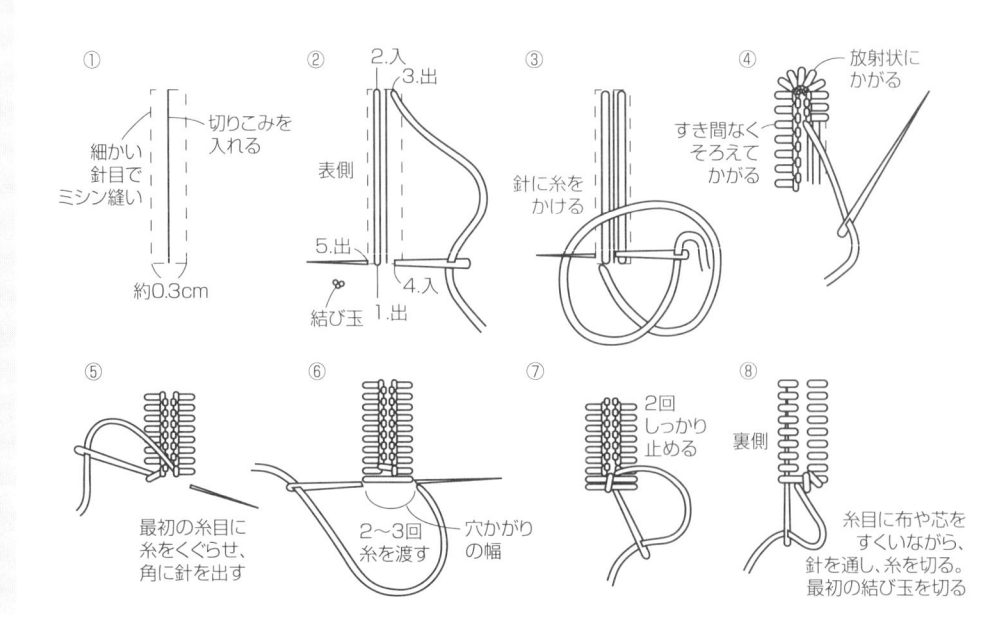

とめ具

●**スナップのつけ方** スナップは、はじめに凸型を上前に、次に凹型を下前につける。糸は布地に合った色で丈夫なものを使う。
①結び玉をつくり、つけ位置中心から針を入れ、スナップの端にあたるところから針を出し、小さく返し針をする。
②スナップを置く。
③ボタンホールかがりの要領で、1つの穴に2～3回とめる。
④全部かがったら、表に針が出ないように布の中を通して向こう側に糸を出し、玉どめをする。
⑤スナップと布の間を針をくぐらせてもどし、糸を切る。
　凹型のつけ方も同じ。ただし下前につくので裏側に針目を出す。

●**ドットボタンのつけ方** 市販のドットボタンは、やわらかい布には少し強いようなので、必ず2枚以上(芯をはさむとなおよい)につけること。
①ホソの爪を上にしておいて上前表側にあて、専用の打ち具の棒で爪が突き抜けるまで布を押す。
②ゲンコ(凸)の裏の溝をホソの爪に当てるようにのせ、打ち具を当てて金槌で3～4回叩く。
③同様にして下前表側にバネ(凹)、下前裏側に頭をつける。
＊取りつけは硬い平らなところで。

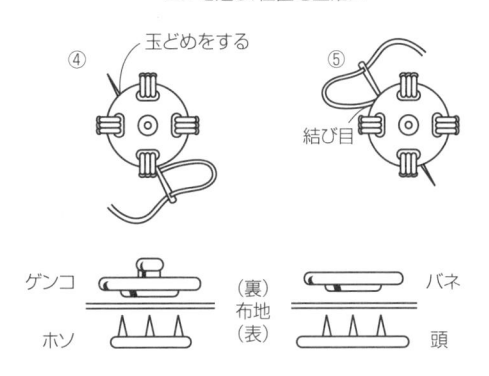

●**かぎホックのつけ方** つき合わせのあき止め(ファスナーのトップ部分)に使う。とめたときに左右の布がぴったり合うように。
①ホックからつける。糸に結び玉を作り、とめ具でかくれる位置に針を入れ、0.1～0.2cmの返し針をする。
②図のようにホックの頭の部分をとめる。
③針を穴から出し、ボタンホールかがりをする。とめ具の根元がかくれるように糸をつめ、表に針目を出さないように布をすくってかがる。
④最後の玉どめは、目立たないところにかくす。
⑤アイも同様にかがりつける。

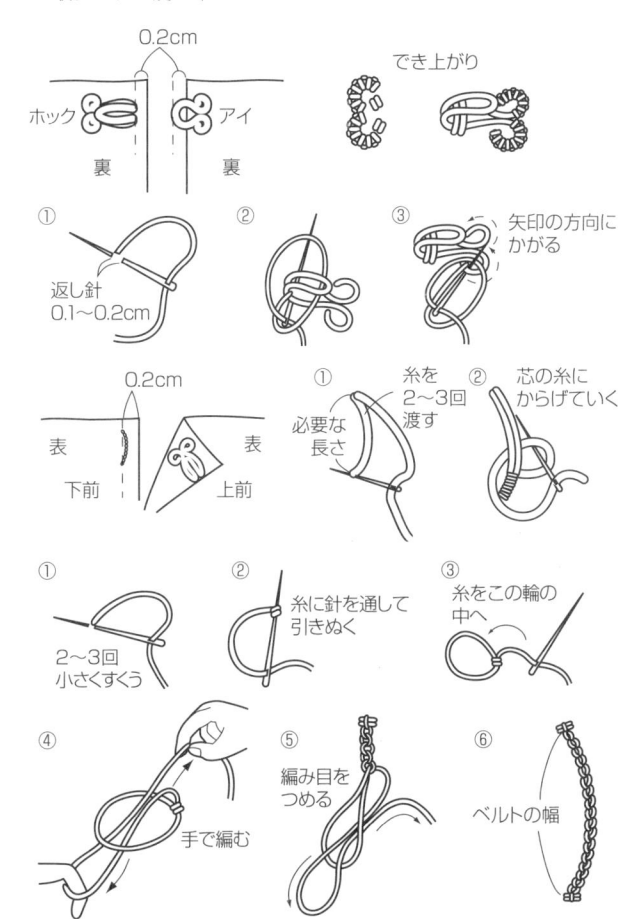

●**糸ループ**
○**芯糸にからげていく方法** かぎホックのアイの代わりに使う。
①必要な長さに糸を2、3回渡す。
②ボタンホールかがりの要領で、芯糸に糸をからげていく。
○**手で編む方法** ワンピースのベルト通しや裏スカートをとめるときに。まつり糸や穴糸などで。レース編み用のかぎ針でくさり編みをするのもよい。
①糸を表に出し、小さく2～3回すくって、しっかり止める。
②①で渡した針目に糸を通す。
③輪をつくる。
④輪の中に糸をくぐらせ、左右に引いて編み目をつくる。
⑤編み目をつめながらくり返す。
⑥最後の1目は糸を引き抜き、針で布にしっかり縫いつけて裏で玉どめをする。

●**ファスナーのつけ方** チェリー柄の長袖ワンピースp.85、ボックスプリーツのワンピースp.82を参照。

●**くるみボタンのつくり方**
①一回り大きな円に布を裁ち、周囲を丸く縫い縮める。
②キットにかぶせて糸をひく。
③布地止めをはめこむ。

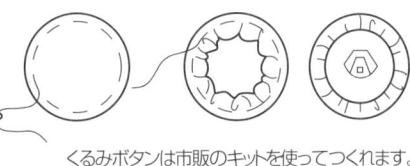

くるみボタンは市販のキットを使ってつくれます。

型紙と割合尺

型紙をつかう前に

●**採寸して使う型紙を決める** 年齢に対応した平均的な基本寸法は表の通りです。一度は子どものサイズをはかってみましょう。はじめに「外胸囲」をはかります。背筋をぴんと伸ばし、腕は脇にきちんと添わせて…。
両腕を入れた胸囲が外胸囲で「胸囲＋14cm」くらいが目安です。その1/2が基本寸法で、この本の実物大型紙を選ぶときの数値、製図をかくときの割合尺の数値になります。たとえば外胸囲が66cmなら「66÷2＝33」で「33cm」がその子どもの基本寸法です。
ただし着丈、背丈、スカート丈、ズボン丈、長袖丈は、実際にはかって確かめてください。

●**別紙に写しとって使う型紙** ベビー服以外はすべて3サイズついているので、使うものを別紙に写しとります。透ける紙を上に置いてなぞるか、厚紙をしき、紙、チャコペーパー、型紙の順に置いてルレットで写します。

型紙には、縫い代はついていません。

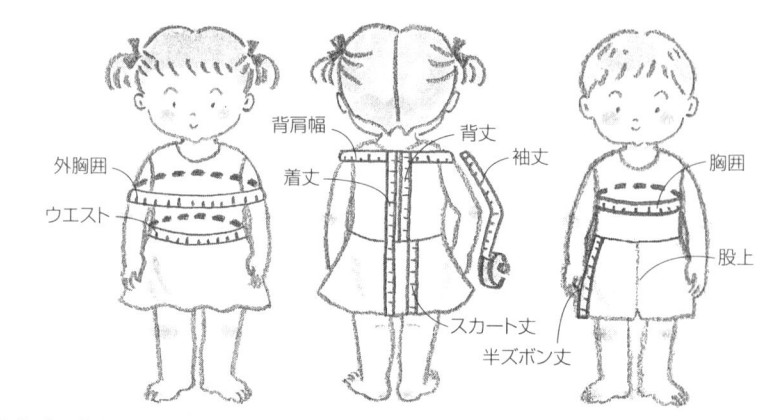

実物大型紙 対応サイズ

	A面	B面	C面	D面
対応年齢	6カ月〜1歳未満	1歳	2歳	3歳
既製服サイズ	70	80	90	95〜100
基本寸法	**31**	**32**	**33**	**34**
胸囲	46	49	51	54
外胸囲	60	64	66	68
着丈（ブラウス・Tシャツ）	−	32	35	38
長袖丈（ブラウス）	−	30	33	36
ワンピース丈	−	39	45	51
パンツ丈	−	41	46	51

単位 cm

上手に仕上げるコツ

●**しつけをきちんとかける**
仕立てのよい、着心地のいい服にするには、しつけをきちんとかけて本縫いすることです。ことに袖つけ、衿のカーブ、レースをはさむなどは、ていねいにしつけをしましょう。しつけは、でき上がり線より糸1本分外側（または内側）にかけると、ミシンで本縫いした後しつけ糸が楽にとれます。

●**ひと仕事ひとアイロン** 洋裁では、ミシンの横にアイロンを置いて作業をするとよいほど、アイロンは重要です。縫い代を割る、たおす、折る、またはしぜんな丸みやふくらみをつけるなど、ひとつずつの工程でまめにアイロンをかけると、仕事としてもやりやすく、仕上がりもきれいになります。

ごく標準的な基本寸法

6カ月未満	30 cm
〜1歳未満	31 cm
満1歳代	32 cm
満2歳代	33 cm
満3歳代	34 cm

JIS乳幼児用衣料のサイズ

サイズの呼び方		単位 cm	50	60	70	80	90	100
基本身体寸法	身　長		50	60	70	80	90	100
	体　重　(kg)		3	6	9	11	13	16
参考	身　長		49.5*	60	70	80	90	100
	体　重　(kg)		3.2*	6.4	8.6	10.9	13.1	16.1
	また（股）の高さ		−	−	23.8	29.6	35.4	40.9
	足　長		−	8.8	10.6	12.8	14.5	16.0
	頭　囲		33.4*	40.5	44.7	47.5	48.7	50.0
	胸　囲　（男子のバスト位で計測）		32.5*	41.7	45.6	48.7	50.7	53.6
	腹　囲		−	39.8	42.0	45.4	47.2	50.2
	ヒップ		−	41.1	44.2	46.9	50.1	54.5
	胴縦囲		−	66.8	74.5	80.7	86.7	93.7
	くび付根囲（くびまわり）		−	23.4	24.0	24.1	25.1	26.6
	上腕最大囲		−	14.2	15.0	15.3	15.9	16.9
	手くび囲（手くびまわり）		−	10.4	11.0	11.0	11.3	11.9
	掌　囲		−	9.9	11.0	11.6	12.3	13.3
	大たい（腿）最大囲（太もも）		−	25.2	26.2	27.2	29.7	32.5
	小たい（腿）最大囲		−	16.3	18.0	19.3	20.4	22.3
	総　丈		−	−	55.9	64.0	72.3	80.9
	腕の長さ		−	17.7	21.0	24.9	28.0	31.3
	背肩幅		−	17.2	19.5	21.8	24.2	26.6

参考欄は、昭和55年度に実施した"既製衣料の寸法基準作成のための日本人の体格調査研究"の解析結果を平成9年に改正したものによった。ただし、*の数値は、厚生省の調査結果にもとづき算出した。

割合尺を使った製図法

この本の製図は「％」が単位です。
これは身体の各部分の寸法は、体格の違いにかかわらず、ほぼ一定の割合を保っていることから考え出された製図法で、割合尺を使って製図します。
一部、「cm」の単位で記載してあるものは、サイズよりもデザインに関係している、固定寸法がよいところです。

割合尺　基本寸法（＝外胸囲÷2）を100％として、1％刻みの目盛りをつけたものさしです。実物大型紙の縁に印刷してある割合尺を厚紙にはってお使いください。

原型

この本に掲載した赤ちゃんと幼児の服の「原型」です。

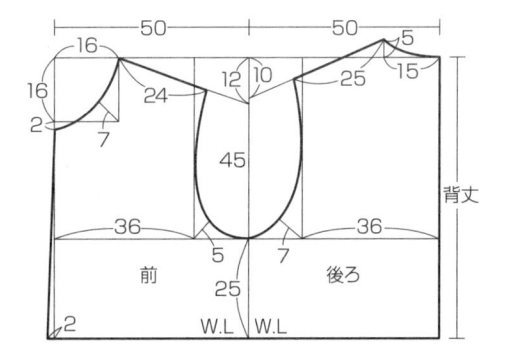

掲載洋服全製図

この本には3サイズの実物大型紙がついていますが、部分的にアレンジしたり、幼児用にサイズを変えてつくる場合には、この製図を参考にしてください。

製図の中の「C」はセンチ、単位表記がないものは割合尺を使う「%」が単位です。

「○〜○」と幅をもたせて表記されている数字は、小さい数が1歳用、大きい数が3歳用、その中間が2歳用です。

・割合尺は実物大型紙用紙の縁に印刷してあります。ボール紙などにはってお使いください。割合尺を使うこの製図法について詳しくは137ページを参照してください。

パイル地のツーウェイオール
カラーp.18 つくり方p.48

おくるみがわりのツーウェイオール
カラーp.18 つくり方p.50

よそゆきベビードレス
カラーp.24 つくり方p.55

はね袖のロンパース　カラーp.19 つくり方p.54

セーラーカラーのロンパース　カラーp.19 つくり方p.52

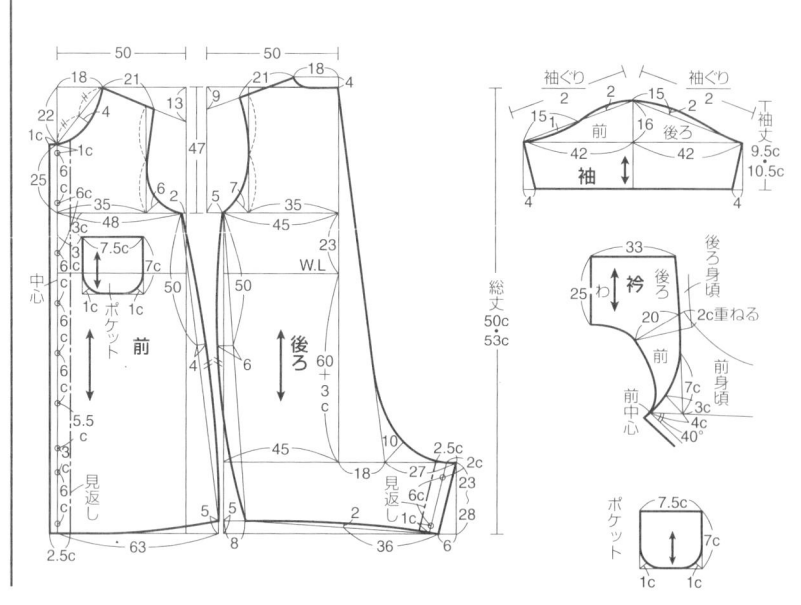

袖なしオーバードレスとケープ
カラーp.24 つくり方p.56

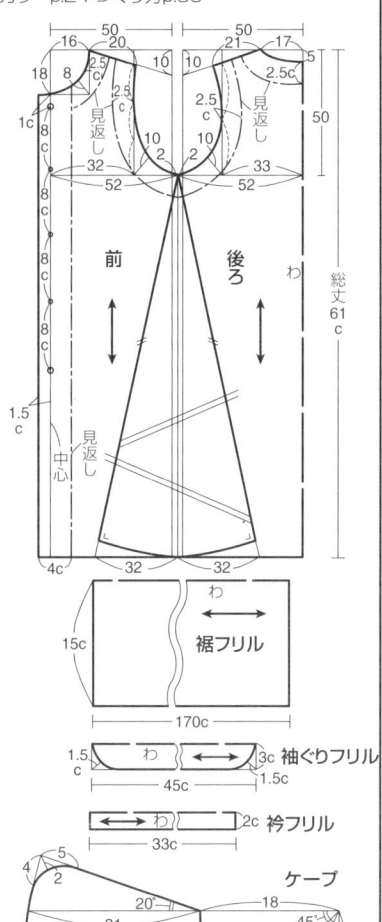

白コットンのブラウス
カラーp.31 つくり方p.62

綿ジャージーのブラウス
カラーp.31 つくり方p.65

花柄の半袖ブラウス
カラーp.31 つくり方p.64

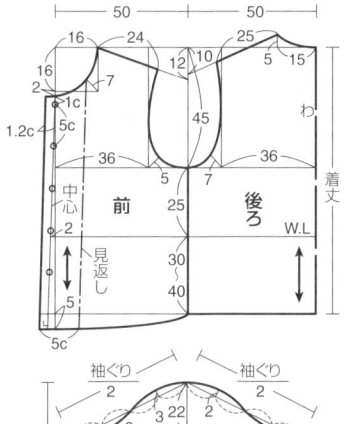

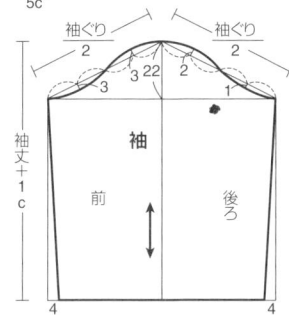

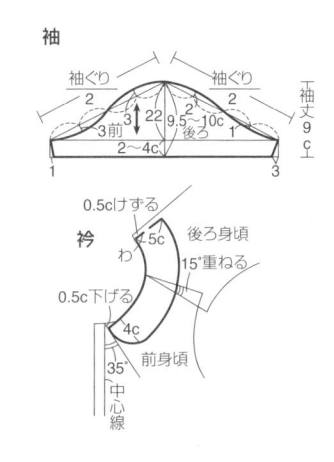

おめかしシャツ カラーp.36 つくり方p.66
チェックのシャツ カラーp.35 つくり方p.66

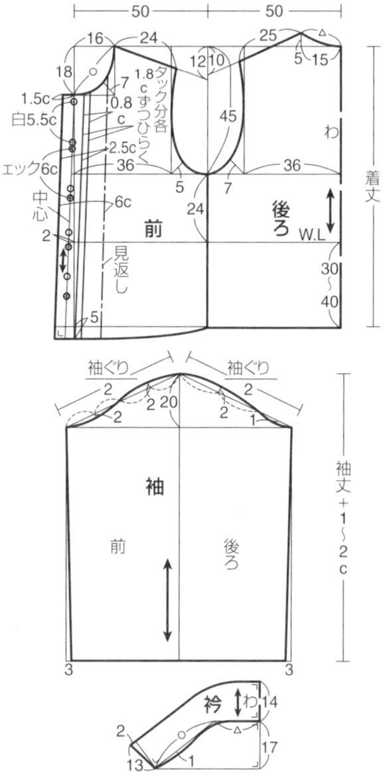

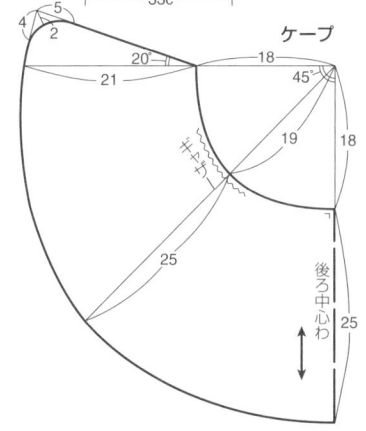

肩ボタンのTシャツ3点
カラーp.26・28 つくり方p.67

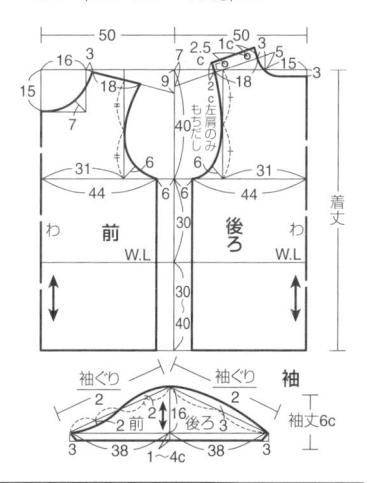

ハイネックのオーバーシャツ カラーp.29 つくり方p.69

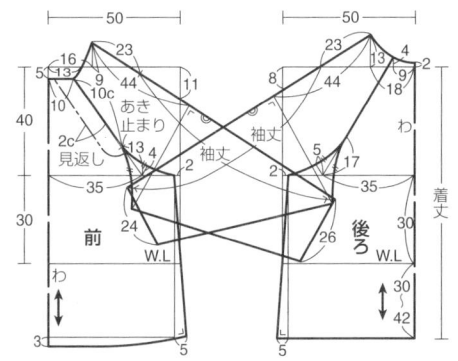

前あきのオーバーシャツ（ラグラン袖） カラーp.28 つくり方p.68

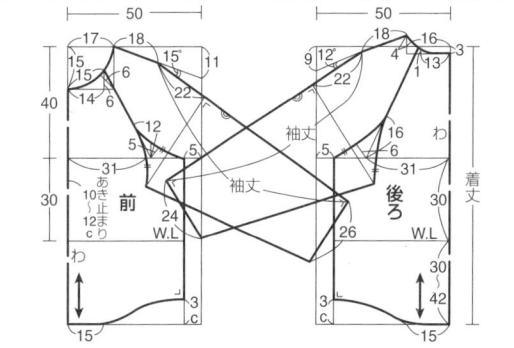

スモックブラウスとブルマース　カラーp.26 つくり方p.75

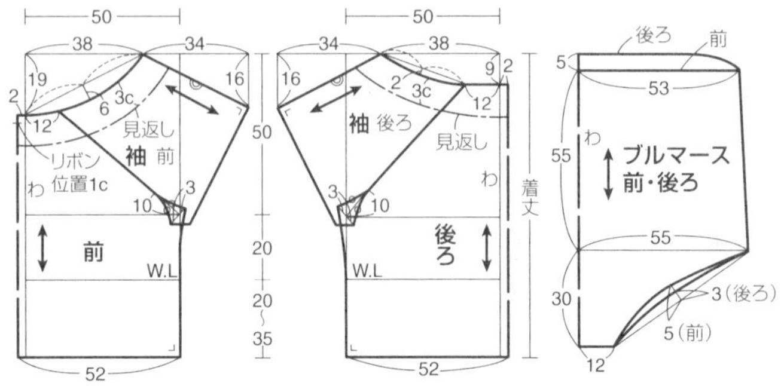

ショートオーバーオール　カラーp.26 つくり方p.70
オーバーオール　カラーp.26 つくり方p.71

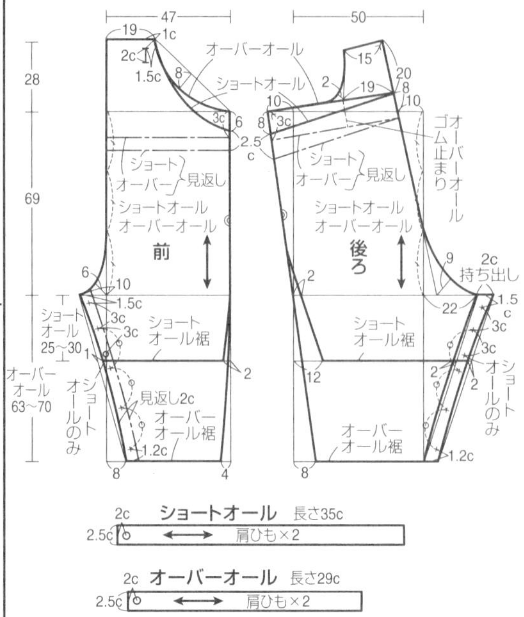

ワッフル地のボレロ　カラーp.33 つくり方p.86

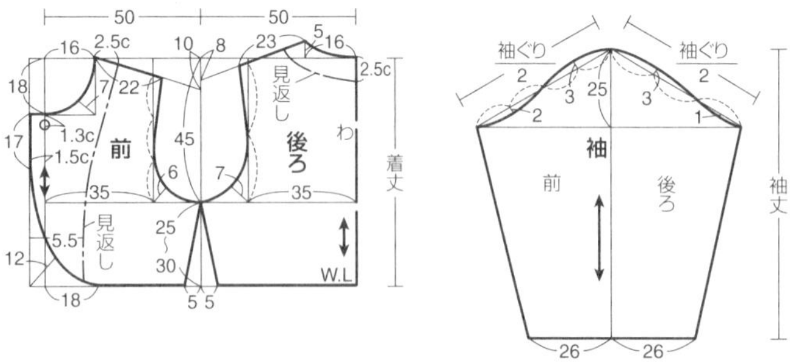

レースのよだれかけとボンネット
カラーp.25 つくり方p.57・58

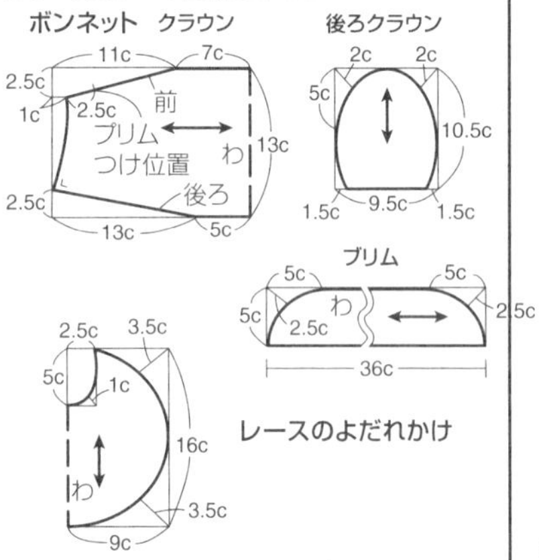

デニムのジャンパースカート　カラーp.31 つくり方p.77

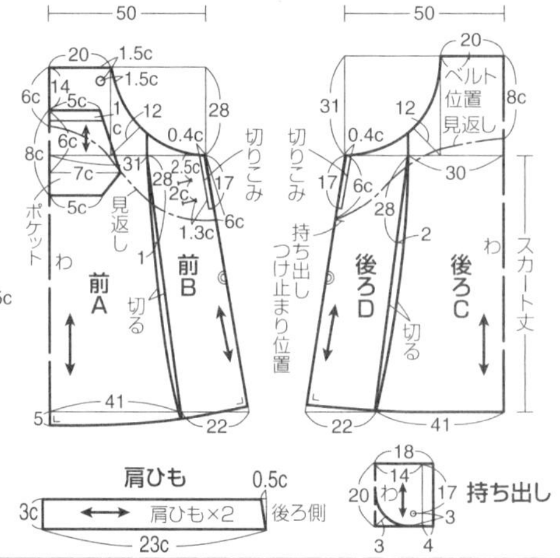

スパッツ　カラーp.28 つくり方p.74

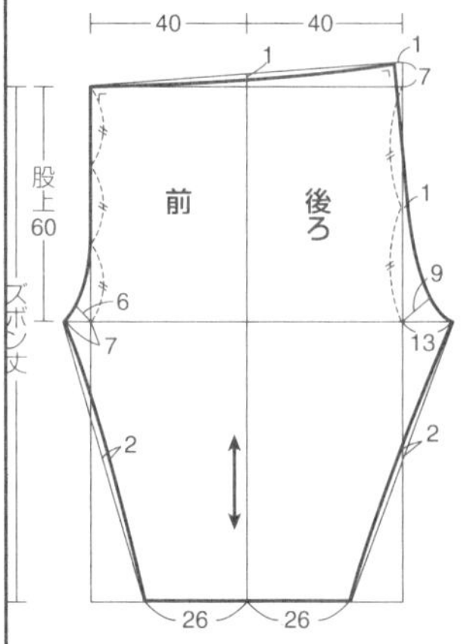

ブーツカットのパンツ　カラーp.29 つくり方p.74

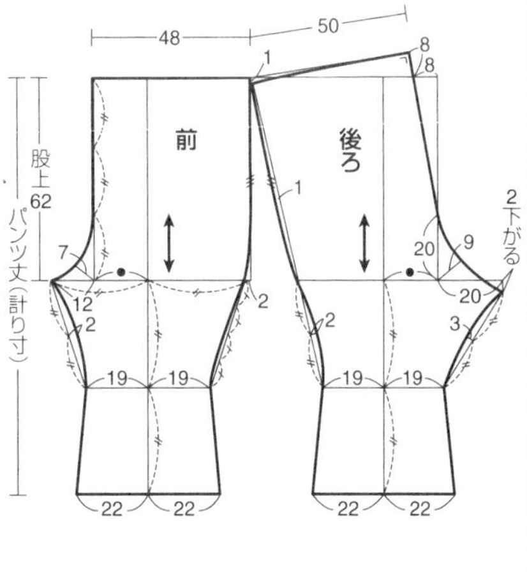

ショートパンツ　カラーp.28 つくり方p.72
ハーフパンツ　カラーp.28 つくり方p.73
コーデュロイのパンツ　カラーp.29 つくり方p.74

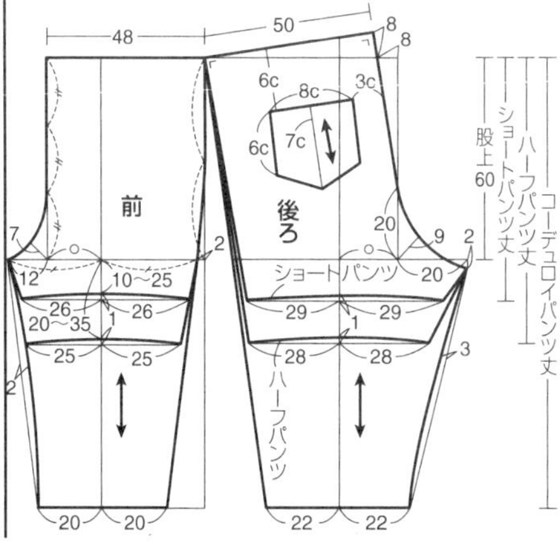

コーデュロイのジャンパースカート
カラーp.31 つくり方p.76

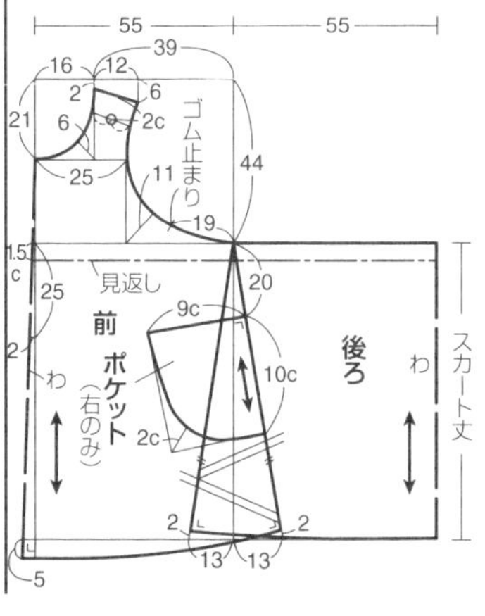

チェックの前あきジャンパースカート
カラーp.31 つくり方p.78

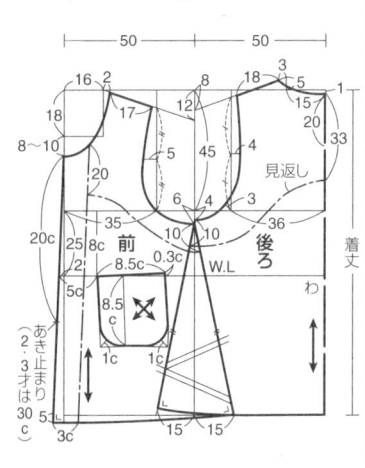

フレンチスリーブのワンピース
カラーp.32 つくり方p.80
ブルマーズはスモックブラウス(p.140)を参照

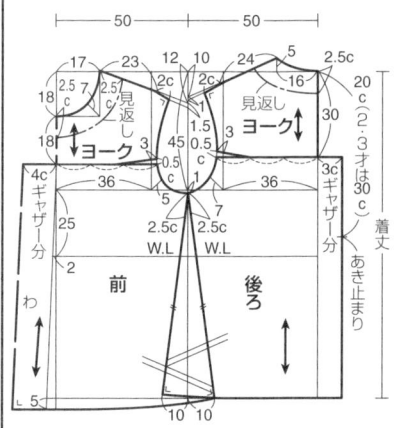

かぶって着られるワンピース
カラーp.32 つくり方p.81
ブルマーズはスモックブラウス(p.140)を参照

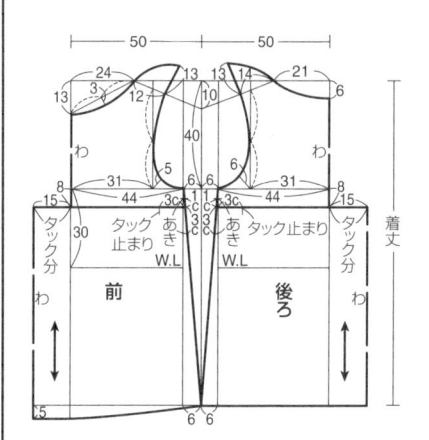

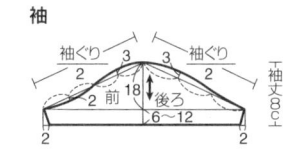

ボックスプリーツのワンピース
カラーp.32 つくり方p.82

バラ飾りのビロードワンピース
カラーp.36 つくり方p.83
ブルマーズはスモックブラウス(p.140)を参照

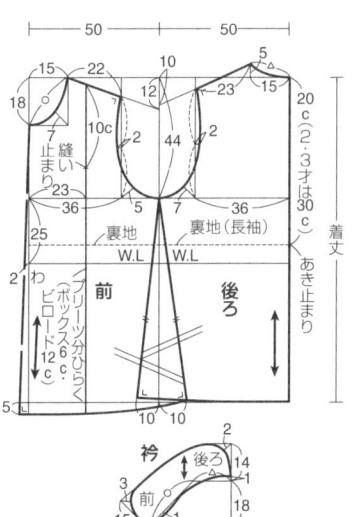

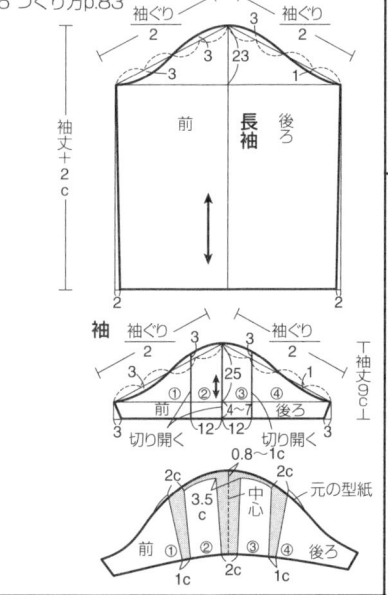

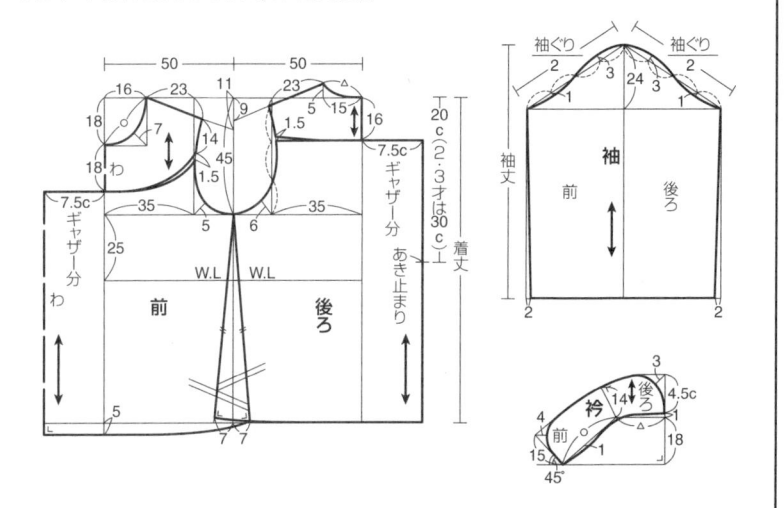

スモックししゅうのワンピース
カラーp.32 つくり方p.84
ブルマーズはスモックブラウス(p.140)を参照

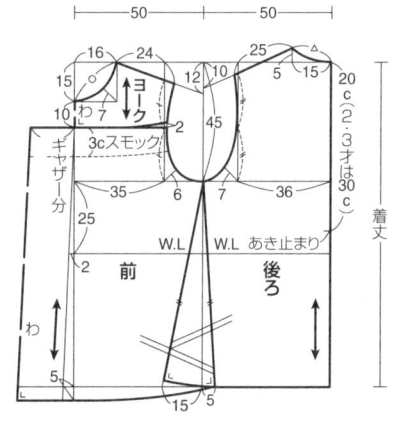

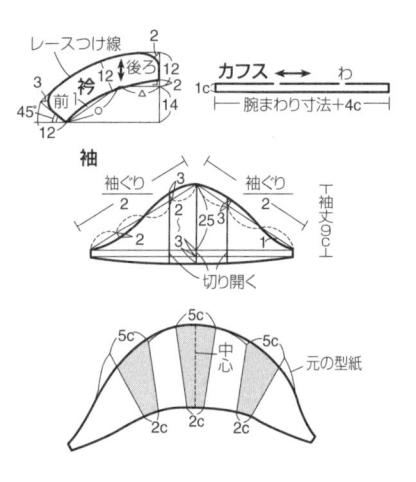

チェリー柄の長袖ワンピース
カラーp.33 つくり方p.85
ブルマーズはスモックブラウス(p.140)を参照

胸あてボタンのパジャマ
カラーp.41 つくり方p.90

夏のパジャマ
カラーp.41 つくり方p.91

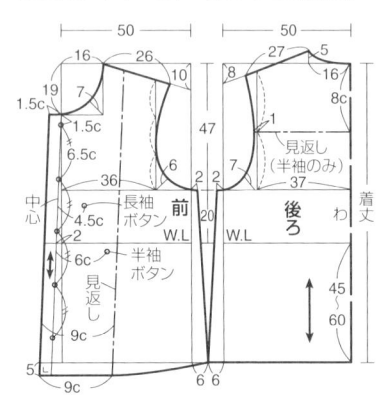

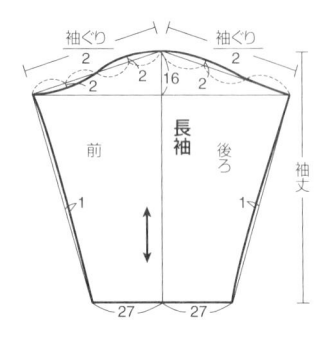

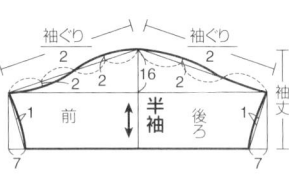

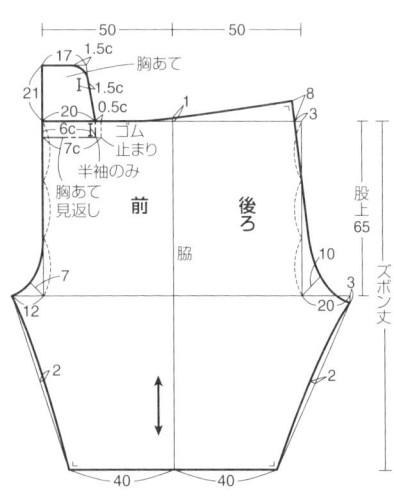

フードつきジャンパー
カラーp.35 つくり方p.87

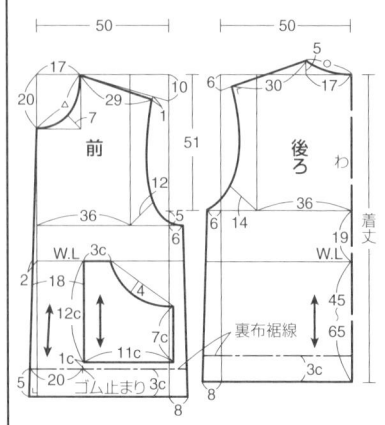

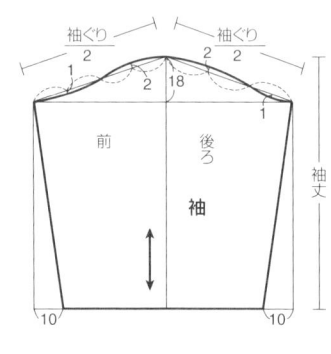

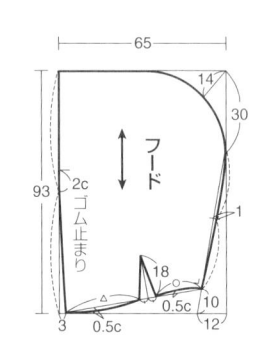

ウールのベストスーツ
カラーp.36 つくり方p.88

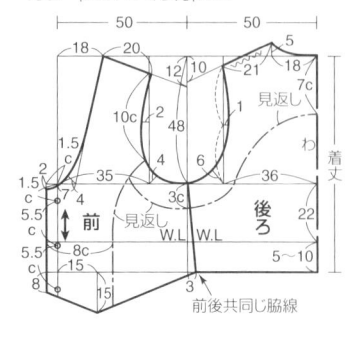

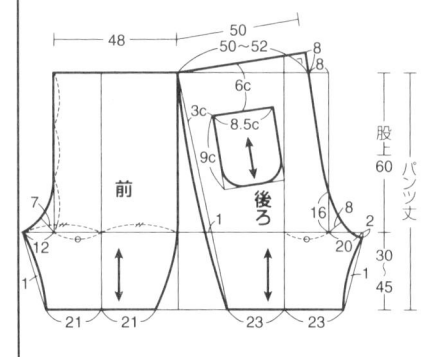

コーデュロイのふだん着ベスト
カラーp.35 つくり方p.79

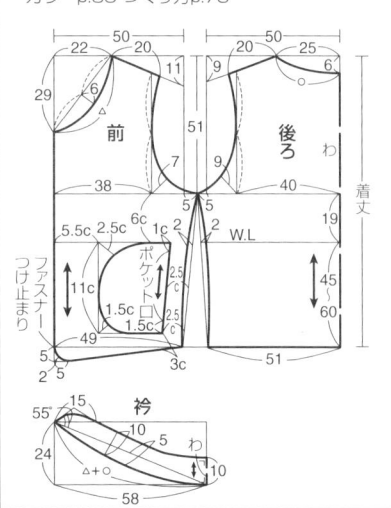

らくらくスモック
カラーp.39 つくり方p.92

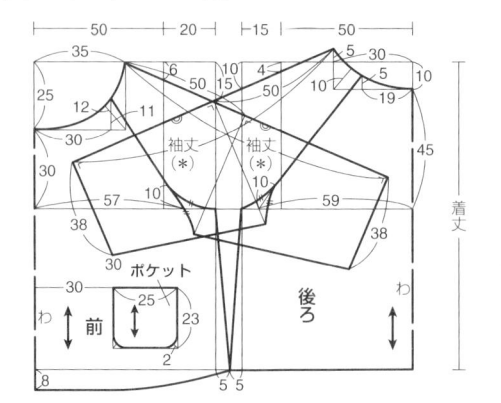

後ろあきの砂場着　カラーp.39 つくり方p.93

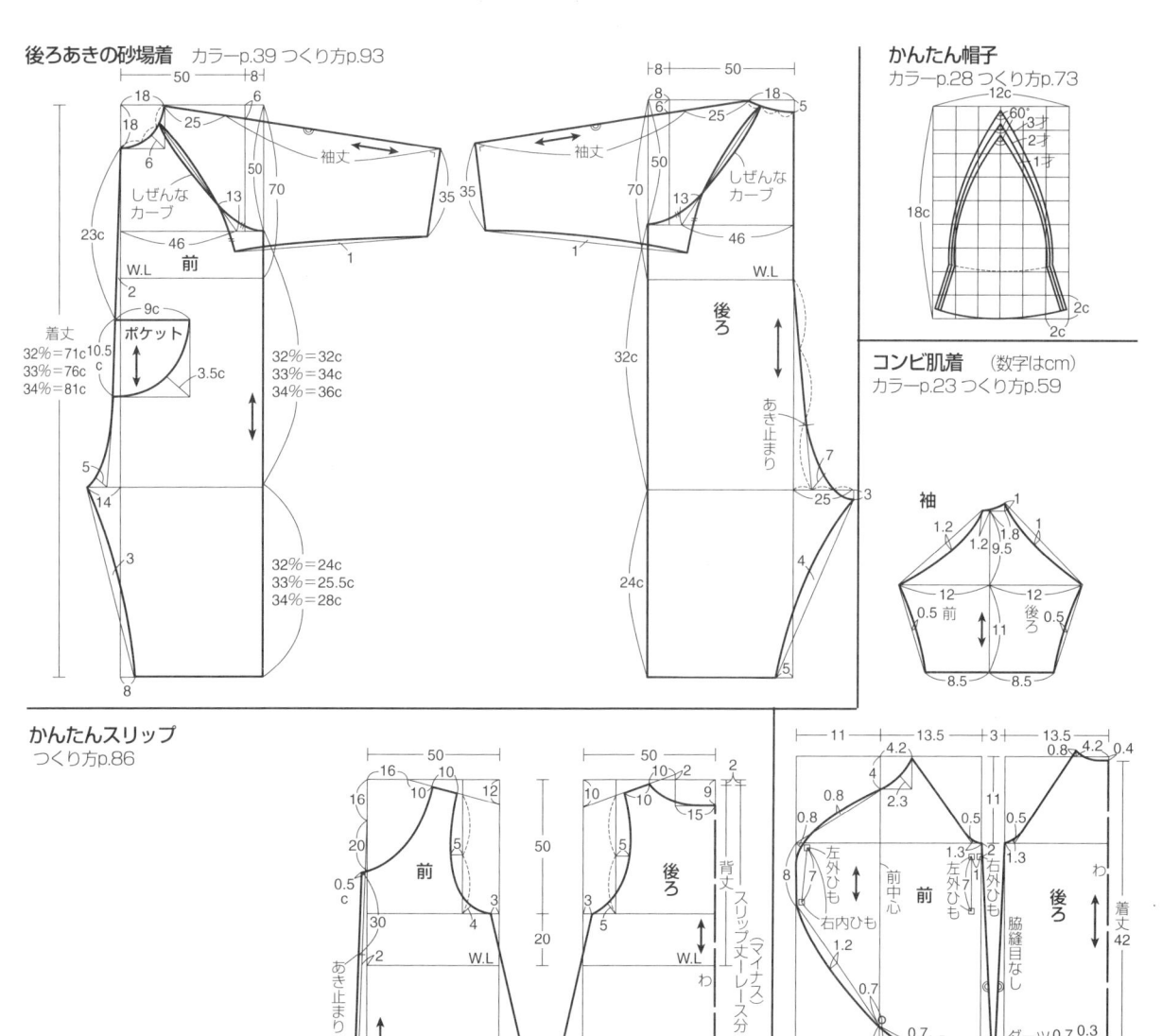

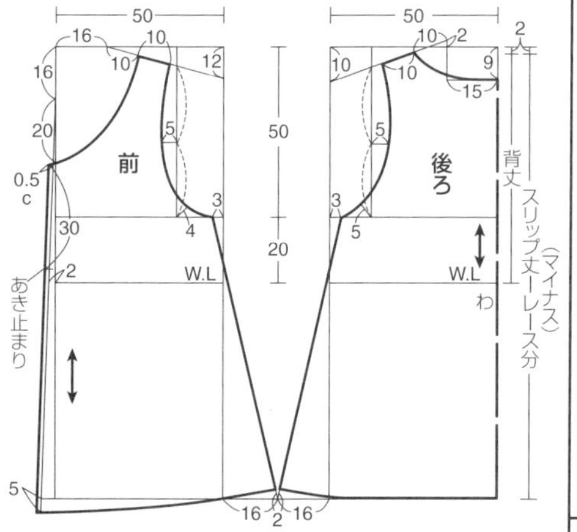

着丈
32%＝71c
33%＝76c
34%＝81c

32%＝32c
33%＝34c
34%＝36c

32%＝24c
33%＝25.5c
34%＝28c

かんたん帽子　カラーp.28 つくり方p.73

コンビ肌着　（数字はcm）　カラーp.23 つくり方p.59

かんたんスリップ　つくり方p.86

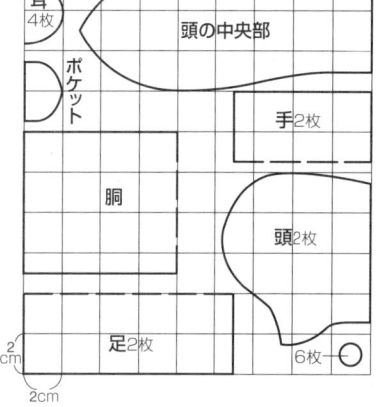

衿いろいろ

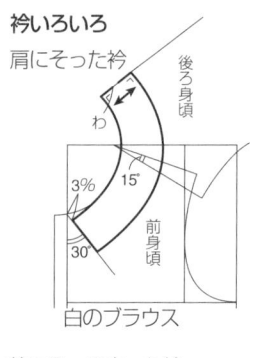

肩にそった衿（フラットカラー）
前後身頃の型紙を図のように置き、肩線を15度重ねる。肩で重ねる分を多くすれば衿が立ってくるが、首の短い幼児には肩にそった形が適する。後ろ中心はわにとるが、布を二つ折りにして裁つ場合、ずれることがあるので1枚に広げた型紙をつくる方がよい。

首にそった衿
前後身頃の型紙を使わずに、衿を単独でかく製図です。図のようにAが多くなれば平らな衿に、少なくなれば首にそって立った衿になる。

肩にそった衿 / 白のブラウス

首にそって立った衿　A(3%)
やや首にそった衿　A(8%)
やや平らな衿　A(15%)
おめかしシャツ・チェックのシャツ

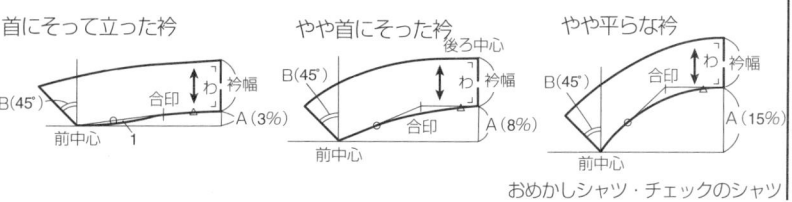

くまのぬいぐるみ　カラーp.46 つくり方p.123

耳4枚 / 頭の中央部 / ポケット / 手2枚 / 胴 / 頭2枚 / 足2枚 / 6枚

装幀・デザイン	奥山有美	
撮影	森　健児	
イラスト	堀江かつ子	スタイル画・基礎ページ
	野尻由起子	p.4〜16
トレース	共同工芸社　小川由加子　木村千晶　讃岐美重	

- ●制作　赤ちゃん服・こもの
  - 洋裁
    - 大山美代子 … おめかしシャツとタイ／チェックのシャツ／チェックの前あきジャンパースカート
      ボックスプリーツのワンピース／バラ飾りのビロードワンピース
      フードつきジャンパー／ウールのベストスーツ／胸あてボタンのパジャマ／夏のパジャマ
    - 金丸陽子 …… ツーウェイオール／はね袖のロンパース／白コットンのブラウス／花柄の半袖ブラウス
      綿ジャージーのブラウス／三枚仕立ての食事エプロン
    - 児玉　文 …… よそゆきベビードレス／袖なしオーバードレスとケープ、ボンネット、よだれかけ
      キルティングのおくるみ／コンビ肌着／肩ボタンのTシャツ2点（ベーシック・スリット入り）
      前あきオーバーシャツ／ショートオーバーオール／オーバーオール
      かんたん帽子／スモックブラウスとブルマース／コーデュロイのふだん着ベスト（白）
      スモックししゅうのワンピース／ワッフル地のボレロ／タオル地のよだれかけ
      ポケットつき食事エプロン／市販のタオルでつくる食事エプロン
    - 岡田淳子 …… フレンチスリーブのワンピース／後ろあきの砂場着
    - 小野理絵 …… くまのぬいぐるみ／ミニタオル／きんちゃく／はじめてのリュック／タオルのにぎにぎ（イラストも）
    - 柄澤敦子 …… スパッツ／らくらくスモック
    - 鈴木実奈 …… コーデュロイのパンツ／コーデュロイのふだん着ベスト（茶）
    - 原　淳子 …… コーデュロイのジャンパースカート／デニムのジャンパースカート
      かぶって着られるワンピース／チェリー柄の長袖ワンピース
    - 三田清美 …… セーラーカラーのロンパース／肩ボタンのTシャツ（ギンガムの肩あき）
      ハイネックのオーバーシャツ／ショートパンツ／ハーフパンツ／ブーツカットのパンツ
      フェルトのコロコロボール
    - 吉浦亮子 …… おくるみがわりのツーウェイオール／一枚仕立てのベスト
      綿ジャージーのブラウスのししゅう
    - 渡辺香奈子 … パッチワークキルトのプレイマット
  - 編みもの
    - 赤木博子 …… 段染めのセーターとステッチししゅうのパンツ／もよう編みの丸首セーター
      白のサマーカーディガンとサマーワンピース
    - 大久保蓉子 … 細方眼編みのカーディガン
    - 菊池洋子 …… ちょうちょのおくるみ・サックコート・くつ下・帽子／縞もようのカーディガン
    - 西田千尋 …… ガーター編みのベスト／アランもようのベスト／デージーもようのベストとおくるみ
    - 錦　衣里子 … タイルもようのベストと帽子
- ●編集協力　小川由加子　西山有布
  実物大型紙：千代かや未　下山田園子　興梠恵津子　田村友美
- ●撮影協力　PROPS NOW　アトリエくまたん・東南郁子
  自由学園明日館　自由学園工芸研究所　自由学園消費経済研究所

着せたい縫いたい赤ちゃん服

2002年11月25日第1刷発行
2020年8月20日第15刷発行

編　者	婦人之友社編集部
発行所	婦人之友社
	〒171-8510 東京都豊島区西池袋2-20-16
電　話	03-3971-0101
振　替	00130-5-11600
印　刷	株式会社東京印書館
製　本	大口製本印刷株式会社

乱丁・落丁はおとりかえいたします
©Fujin-no-tomo-sha 2002　　Printed in Japan
ISBN978-4-8292-0442-9